Zu diesem Buch

Immerhin zehn Prozent der Menschen sind Linkshänder; eine recht bedeutende Minderheit macht alles mit der linken Hand. Bis heute ist die Ursache dieses Phänomens ungeklärt. Doch was bedeuten die Begriffe «links» und «rechts», die unsere Wahrnehmung und unser Verhalten so grundsätzlich prägen? Was assoziieren wir eigentlich mit Linkshändigkeit? Auf seiner spannenden Reise durch Kultur- und Wissenschaftsgeschichte folgt Rik Smits vielen Spuren und versammelt all die Puzzlesteine und Geschichten zu einem bunten, ebenso informativen wie amüsanten Kaleidoskop.

Der Autor

Dr. Rik Smits, geboren 1953 in Amsterdam, ist Sprachwissenschaftler.

Rik Smits

Alles mit der linken Hand

Geschick und Geschichte einer Begabung

Aus dem Niederländischen von
Christiane Kuby

rororo

Rowohlt

Veröffentlicht im Rowohlt Taschenbuch Verlag GmbH,
Reinbek bei Hamburg, Dezember 1995

Umschlaggestaltung: Walter Hellmann
(Ausschnitt aus dem Gemälde «Gabrielle d'Estrées und eine ihrer Schwestern im Bad», Schule von Fontainebleau, Ende 16. Jh., Paris, Musée du Louvre / Archiv für Kunst und Geschichte, Berlin)
Frontispiz: Picassos erste Radierung, *El zurdo*, Der Linkshänder. Der Künstler hatte vergessen, daß eine Radierung im Druck immer das Spiegelbild des Originals ist, so daß der Picador die Lanze in der Linken hält – ein Unding (Kunstbibliothek Berlin © VG-Bild-Kunst Bonn)
Gesamtherstellung Clausen & Bosse, Leck
Printed in Germany
1490-ISBN 3 499 19975 0

Inhalt

Alles mit der linken Hand

EL ZURDO

Das schiefe Leben

Drei Dinge unterscheiden den Menschen vom Tier: Wir kochen unser Essen, wir sprechen eine Sprache, und wir haben eine auffällige Vorliebe für die rechte Hand. Daß uns die eine Hand lieber ist als die andere, ist an sich nichts Besonderes; das kommt bei anderen Tierarten, zum Beispiel bei den Mäusen, auch vor. Was uns einzigartig macht, ist die unausgewogene Verteilung von Links- und Rechtshändern. Nur jeweils einer von zehn ist Linkshänder, während bei den Tieren im Schnitt immer ungefähr gleich viele Links- wie Rechtsbeiner vorzukommen scheinen.
Dieses Ungleichgewicht hat praktische Folgen. Fast alle Apparate, Maschinen und Geräte, von der Lokomotive bis hin zum Kartoffelschäler, sind für Rechtshänder entworfen. Es gibt sogar Gegenstände, die für Linkshänder absolut unbrauchbar sind, wie zum Beispiel die Fischkelle mit ihrem hochstehenden rechten Rand. Aber auch beim Hantieren mit Büchsenöffnern, Linealen, Nähmaschinen, Handkreissägen und anderen Geräten stehen die Linkshänder auf der ganzen Welt – immerhin ungefähr fünfhundert Millionen Menschen – im wahrsten Sinne des Wortes mit zwei linken Händen da. Daß das im täglichen Leben kaum auffällt, sagt vor allem etwas über ihre Fähigkeit aus, sich an die Welt der Rechtshänder anzupassen.
Linkshänder sind denn auch im allgemeinen nicht weniger erfolgreich als ihre rechtshändigen Artgenossen. Im Gegenteil. Von den letzten fünf amerikanischen Präsidenten sind immerhin vier (Ford, Reagan, Bush und Clinton) Linkshänder. Nur der unglückselige Carter nicht. Die Präsidentschaftswahlen 1992 waren sogar eine rein linkshändige Angelegenheit. Nicht nur der damals amtierende Präsident Bush und der Wahlsieger Clinton, sondern auch der unabhängige Kandidat Ross Perot sind Linkshänder.

Wie erfolgreich manche von ihnen auch sein mögen und wie wenig ihr «Gebrechen» auffallen mag, Linkshändigkeit wird seit Urzeiten mit Ungeschicklichkeit gleichgesetzt. Zudem dichtet der Volksmund den Linkshändern auch noch allerlei unangenehme Eigenschaften an, wie Unzuverlässigkeit und Unaufrichtigkeit, und darunter leiden Linkshänder bei weitem mehr als unter ihrer Linkshändigkeit selbst. Dieser negative Beiklang ist übrigens nicht nur auf Aberglauben zurückzuführen – auch die Wissenschaft trägt ihr Steinchen dazu bei. So behauptete der berüchtigte Schädelmesser Cesare Lombroso zu Anfang unseres Jahrhunderts, Linkshändigkeit sei eindeutig ein Zeichen kriminellen Charakters, und in den vierziger Jahren verkündete der bekannte amerikanische Psychoanalytiker Abram Blau, Linkshändigkeit komme «infantilem Negativismus» gleich, also etwa der Weigerung, seinen Teller leer zu essen. Beweise für solche harschen Urteile konnte keiner der beiden Herren anführen, doch das störte sie nicht. In dieser Hinsicht hat sich bis auf den heutigen Tag wenig geändert. Immer noch gibt es Psychologen, die leichtfertig behaupten, Linkshänder seien anfällig für Alkoholismus, Asthma, Heuschnupfen, Homosexualität, Zuckerkrankheit, Schlaflosigkeit, Selbstmord, Kriminalität und sogar Schwachsinn. Auffallend daran ist nicht so sehr die Assoziation von Linkshändigkeit mit verschiedenen «Neigungen» als vielmehr die Tatsache, daß es sich dabei vornehmlich um *negative* Assoziationen handelt.

Wenn Linkshänder wirklich an so vielen Mängeln gleichzeitig litten, dann wäre es ein wahres Wunder, daß es sie überhaupt noch gibt. Dennoch scheint Linkshändigkeit heutzutage nicht mehr und nicht weniger häufig vorzukommen als vor hundert, vor tausend oder vor zehntausend Jahren. Wer nicht an Wunder glaubt, kann daraus nur eines schließen: Das Bild, das wir uns von der Linkshändigkeit machen, wird viel weniger von der Wirklichkeit als von den anscheinend tief in unserem Denken verwurzelten Vorstellungen von links und rechts bestimmt. Wer das Rätsel der

Linkshändigkeit lösen will, muß daher neben den physischen Aspekten auch diese von der Kultur geprägten Vorstellungen untersuchen.

Die Vorstellungen, die unser Bild der Linkshändigkeit bestimmen, werden im ersten Teil dieses Buches behandelt. Welche Rolle spielen «links» und «rechts» in unserer Gedankenwelt, und woher kommt das? Woher kommt die negative Bewertung der Begriffe links und linkshändig, und wie negativ ist sie eigentlich wirklich? Ist sie auf der ganzen Welt gleich? Was haben Religion und Etikette damit zu tun? Hier läßt sich eine weitere Frage anschließen: Warum wurden Linkshänder, trotz ihrer vermeintlichen schlechten Eigenschaften, nie, wie fast alle anderen Minderheiten, verfolgt? Dies führt uns zur nächsten Frage, nämlich inwieweit es stimmt, daß Links- und Rechtshänder zwei streng voneinander getrennten Gruppen angehören. Und schließlich: Wie links- oder rechtshändig sind Sie selbst?

Im zweiten Teil beschäftige ich mich mit der Frage, woher wir eigentlich wissen, was links und rechts ist. Wie können wir den Unterschied wahrnehmen, und zwar bewußt wahrnehmen? Warum steigt oder fällt in unseren Augen ein Strich, der diagonal über ein Blatt Papier gezogen wird, statt einfach schräg zu verlaufen? Was vermittelt uns die Richtung einer Bewegung und was die Komposition einer Zeichnung, eines Fotos oder eines Gemäldes? Warum ist auf Frauenporträts so viel öfter die linke Gesichtshälfte zu sehen als auf Darstellungen von Männern? Und schließlich die Frage nach der Schreibrichtung: Warum schreiben wir von links nach rechts, statt umgekehrt, und wie wirkt sich das auf unser Weltbild aus?

So kommen wir von der Kultur und dem Aberglauben über die Psychologie im dritten Teil schließlich zu den physischen Ursachen der Linkshändigkeit, besser gesagt: zu den Ursachen der Einhändigkeit, links wie rechts. Woher kommt Einhändigkeit ursprünglich, und wie kommt es, daß ein Baby sich zum Rechts- oder Linkshänder entwickelt? Wieso gibt es nicht genauso viele

Links- wie Rechtshänder? Und was wissen wir eigentlich darüber?

Außer den Ursachen gibt es natürlich auch noch die Folgen, die wahren und die eingebildeten. Die kommen im vierten Teil an die Reihe. Wie ungeschickt oder querköpfig sind Linkshänder wirklich, und was hat es auf sich mit ihrer anscheinend so großen Anfälligkeit für allerlei Übel? Stimmt es, daß Linkshänder kreativere Menschen oder besonders visuell eingestellt sind? Haben Linkshänder Probleme beim Schreiben, und wenn ja, läßt sich daran etwas ändern? Und nicht zuletzt: Inwieweit muß man den Berichten Glauben schenken, Linkshänder hätten im Durchschnitt ganze neun Jahre weniger zu leben als ihre rechtshändigen Artgenossen?

Der fünfte und letzte Teil schließlich enthält ein Verzeichnis berühmter Linkshänder, Ausdrücke in verschiedenen Sprachen für alles, was mit Linkshändigkeit zu tun hat, und nützliche Adressen.

Was auch immer von all den Behauptungen über Linkshänder stimmen mag: Berühmte Linkshänder gibt es genug, von Alexander dem Großen über Beethoven bis hin zu Bill Clinton, aber Linkshändigkeit allein hat noch keinen berühmt gemacht. Die einzige Ausnahme von dieser Regel ist eine Figur, die aus Versehen zum Linkshänder wurde und die zudem gar nicht wirklich existiert hat: der linkshändige Picador.

Der linkshändige Picador

1899 versuchte der achtzehnjährige Pablo Picasso, noch ganz am Anfang seiner künstlerischen Laufbahn, sich erstmals im Radieren. Es wurde das Porträt eines stehenden Picadors, des Mannes, der beim Stierkampf dem Stier zu Pferd mit der Lanze zusetzt. Das Ergebnis war eine große Enttäuschung, vor allem deshalb, weil der Picador unbeabsichtigt die Lanze in der linken Hand trägt. Natürlich hatte Picasso einen normalen rechtshändigen Picador radiert, in seiner Unerfahrenheit jedoch vergessen, daß eine Radierung im Druck immer das Spiegelbild des Originals ist. Schlau, wie er war, machte er aus der Not eine Tugend und schrieb in wilden Buchstaben *El zurdo*, der Linkshänder, über das Bild (Frontispiz). Seine Ehre war gerettet, aber ans Radieren wagte er sich erst fünf Jahre später wieder.

Picassos heftige Enttäuschung zeigt, wie tief der Unterschied zwischen links und rechts in uns wurzelt, wie wichtig die richtige Seite für uns ist, wie gern wir uns alle, eigensinnige Künstler eingeschlossen, der – rechtshändigen – Norm unterordnen. Wir finden es anscheinend wichtig, die richtige Seite zu wählen. Aber zugleich ist das eben auch schwierig; es hat mit den besonderen Merkmalen des Unterschieds zwischen links und rechts zu tun und mit der Art und Weise, wie wir die Welt um uns herum wahrnehmen und begreifen.

Menschen sind zwar unbestreitbar kluge Wesen, gleichzeitig aber so primitiv, daß sie nur mit großer Mühe mit der Dreidimensionalität der Welt zurechtkommen. Was meint Ihr Makler zum Beispiel, wenn er von einem 1,40 Meter breiten Balkon spricht? Meint er ein unscheinbares, knapp anderthalb Meter langes Anflugbrett für Tauben oder einen stattlichen Balkon, der anderthalb Meter aus der Fassade herausragt? Das Problem ist, daß wir nicht mit Sicherheit wissen, welche der zwei horizontalen Dimensionen mit dem Wort «breit» gemeint ist, da uns die Fähigkeit fehlt, die beiden auseinanderzuhalten. Höhe und Tiefe beziehungsweise Punkte in der Vertikalen können wir unterscheiden, weil uns die Schwerkraft dabei hilft. Höhe ist einfach etwas anderes, das spürt man buchstäblich. Aber auf der horizontalen Ebene macht die Natur keinen Unterschied, und wir von Natur aus auch nicht.

Unsere Gedankenwelt beruht auf Zweiteilung (Dichotomie), auf *Dualismus*. Vielleicht hat das mit der Tatsache zu tun, daß es zwei Geschlechter gibt, vielleicht auch mit dem Unterschied zwischen dem «Ich» und dem Rest der Welt. Eine Dichotomie ist jedenfalls eine Unterscheidung innerhalb *einer* Dimension, die wir uns etwa als Strich vorstellen können. Nach einem von uns gewählten Kriterium hacken wir die Welt kurzerhand in zwei Teile: Menschen teilen wir auf in Männer und Frauen, die Vertikale in hoch und tief, Umfang in dick und dünn, Zeit in früh und spät. Begriffen, die in der Natur nicht vorkommen, sondern von Menschen erfunden wurden, ergeht es nicht anders. Wir teilen die Welt ein in gut und schlecht, schön und häßlich, angenehm und unangenehm, wahr und falsch. Dreiteilungen kennen wir nicht, neben «wahr» und «falsch» oder neben «hoch» und «tief» gibt es keinen selbstverständlichen dritten Begriff der gleichen Ordnung. Auch ein System, in dem zwei Dimensionen gleichzeitig bestehen, etwa Breite und Tiefe, ist uns zu kompliziert. Wir können zwar lernen, wie man beides auseinanderhält, aber wir müssen dabei immer erst nachdenken und machen auch immer wieder Fehler.

Natürlich kämen wir nicht weit, wenn wir nur in solchen groben Zweiteilungen denken könnten. Wir können unser Weltbild nuancieren, indem wir einen Begriff isolieren und nochmals in zwei teilen. Wenn wir zum Beispiel Eßbares von Nichteßbarem unterschieden haben, können wir die erste Gruppe wieder neu unterteilen in «appetitlich» und «unappetitlich». Teilen ist ein rekursiver Vorgang: das Resultat jeder Teilung kann nochmals geteilt werden. Dadurch entsteht mit dem primitiven Mittel der Zweiteilung dennoch ein recht nuanciertes Weltbild.

Obwohl wir also durchaus fähig sind, Abstufungen zu unterscheiden, tun wir das noch lange nicht immer. Ganz im Gegenteil: Wir lieben geradezu die extremen und absoluten Dichotomien und fassen gerne jede Zweiteilung als Gegensatz auf. Ein deutliches Schwarzweiß gibt uns eher das Gefühl, die Wirklichkeit im Griff zu haben, als die Grautöne der Nuance und der Präzision. Demagogen, von Danton und Marat über Lenin, Hitler und Mussolini bis hin zum rechtsradikalen Le Pen unserer Tage, waren sich dessen sehr wohl bewußt. Die Menge bespielt man, indem man *polarisiert*: verzwickte Angelegenheiten müssen auf einfache Gegensätze reduziert werden. Daher sind ihre Schlagworte auch immer Variationen auf ein und dasselbe Thema: Wer nicht für uns ist, ist gegen uns. Die Geschichte strotzt von solchen erfolgreichen, miesen kleinen Philosophien: «Wir» sind gut, und daher sind alle anderen auf der Welt schlecht; Proletarier sind rechtschaffen, arm und unterdrückt, also ist jeder, der kein Proletarier ist, ein Handlanger des verlogenen Kapitals; Kapitalisten halten die Freiheit hoch, «also» wollen die Kommunisten sie überrennen. Auf die gleiche Art und Weise hält fast jede Religion ihre Schäfchen beieinander: Die Anhänger sind die Auserwählten, alle anderen sind verdammt. Sogar das Christentum, das doch die Nächstenliebe und die Gnade zum Lehrsatz erhoben hat, kennt schließlich den Tag des Gerichts, an dem unwiderruflich die Schafe von den Böcken geschieden werden.

Die Jagd auf vermeintliche linke Sympathisanten im Amerika der fünfziger Jahre, in der sogenannten McCarthy-Ära, ist ein gutes Beispiel für diesen Mechanismus. In Wirklichkeit war Senator Joseph McCarthy nicht mehr als ein Mitläufer, der sich die seit dem Zweiten Weltkrieg ständig wachsende Angst vor dem Kommunismus geschickt zunutze machte. Stalins Sowjetunion hatte im Krieg ihre militärische Macht unter Beweis gestellt, und die Amerikaner, die revolutionäre Rhetorik der zwanziger und dreißiger Jahre noch frisch im Gedächtnis, hatten eine Heidenangst vor einem kommunistischen Staatsstreich oder gar einer Invasion. Überall glaubte man Spione zu entdecken, bis schließlich die Regierung 1947 zu den sogenannten Loyalitätsprüfungen überging. Der Kongreß ließ sich nicht lumpen und setzte eine Kommission ein, die landesverräterische Elemente aufspüren sollte. Ihr eifrigstes Mitglied war ein junger, ehrgeiziger Politiker namens Richard M. Nixon. Die Kommission trug den aufschlußreichen Namen «Kommission für unamerikanische Aktivitäten». Nicht «antiamerikanisch» oder «prokommunistisch», sondern einfach «unamerikanisch». So sieht die primitivste und zugleich effektivste Form der Schwarzweißmalerei aus: stelle deinem Ideal ein «un» voran, und du weißt, was du zu bekämpfen hast.

Nicht alle Zweiteilungen sind gleicher Art. Die meisten zerteilen das Stückchen Welt, auf das sie angewendet werden, in ungleiche Teile. So finden die meisten Menschen, daß es viel weniger schmackhaftes als unschmackhaftes Essen gibt. Auch über den Inhalt der beiden Teile besagt dieser Typ Dichotomie nichts: Gilt dem einen geschmorter Schweinedarm als Leckerbissen und Hamburger als Brechmittel, gilt für den andern genau das Gegenteil, und der Vegetarier graust sich vor beidem. Wer diese Art Zweiteilung handhabt, bestimmt also völlig willkürlich, wieviel und was zur einen oder zur anderen Seite gehört.

Es gibt ein paar Zweiteilungen, die aus einer Spaltung in zwei ungefähr gleiche Teile bestehen und die auch den Inhalt der beiden Hälften bestimmen: die symmetrischen Zweiteilungen wie vorn–hinten oder oben–unten. Die obere Hälfte eines Menschen reicht ungefähr vom Scheitel bis zum Nabel, nie vom Scheitel bis zu den Knien. Der untere Teil eines Hundes umfaßt alles von den Zehen bis zu einer imaginären Linie, die ungefähr vom Brustbein zum Anus verläuft. Der Schwanz zum Beispiel gehört nicht zum Unterteil eines Hundes. Ähnlich gehen wir vor bei der Aufteilung von Menschen, Tieren und Gegenständen in Vorder- und Rückseite.

Die eine Hälfte muß sich bei den meisten symmetrischen Zweiteilungen eindeutig von der anderen unterscheiden. Ein Ball besitzt zum Beispiel weder eine Unter- noch eine Rückseite, weil er eben überall gleich ist. Wenn wir dennoch von der Rückseite eines Balls sprechen, so meinen wir nicht einen bestimmten Teil des Balls, sondern den Teil, den wir zufällig in dem Moment nicht sehen können. Bei Bäumen hingegen kann man immer eindeutig oben und unten unterscheiden: Selbst wenn ein Baum auf dem Kopf stünde, gehörte die Wurzel oder der Stamm immer zum unteren Teil.

Im sichtbaren Leben der Natur haben die meisten Wesen eine deutlich unterscheidbare Ober- und Unterseite, sowohl was die in der jeweiligen Hälfte konzentrierten Funktionen als auch was das Aussehen betrifft. Bei den meisten Tieren, jedenfalls bei fast allen Wirbeltieren, unterscheiden sich Vorder- und Rückseite ebenfalls deutlich voneinander. Das gilt jedoch nicht für links und rechts. In dieser Hinsicht sind Tiere und Pflanzen gewöhnlich symmetrisch, und das macht den Gegensatz von links und rechts zu etwas Besonderem. In der Regel bilden die linke und die rechte Hälfte äußerlich einen fast vollkommenen Gegensatz – gleichsam spiegelverkehrt –, sind jedoch auch gleich.

Unsere Einhändigkeit ist ein unumstößlicher Beweis dafür, daß Gleichförmigkeit noch lange keine Gleichwertigkeit bedeutet. Kein Wunder, daß das den Menschen, den geborenen Zweiteiler, schon lange beschäftigt und daß links, rechts und Symmetrie schon immer eine große Rolle in Kunst, Schrift und Symbolik gespielt haben.

Gegenpole und Widersprüche

In vorgeschichtlicher Zeit, vor mehr als dreitausend Jahren, muß Griechenland eine agrarische Bevölkerung gehabt haben, deren Götter Erdgötter waren. Am wichtigsten war natürlich die Erde selbst, die fruchtbare Urmutter allen Lebens. Man vermutet daher, daß es sich um ein matriarchalisches Volk handelte, in dem die Frauen, weil sie der Erde am nächsten standen, das Zepter schwangen. Wie dem auch sei, eines bösen Tages fielen indoeuropäische Nomaden in Griechenland ein, ein kriegerisches Volk, das die eingesessene Bevölkerung mühelos überrannte. Diese Indoeuropäer hatten ein völlig anderes Weltbild. In ihrer Vorstellung spielte die Erde kaum eine Rolle, wichtiger waren ihnen weite Fernen, Reisen, Jagd und Kampf. In ihrer Gemeinschaft hatten die Männer das Sagen. Wie überall und allzeit war ihre Götterwelt ein getreues Spiegelbild ihrer eigenen Welt. Daher waren ihre Götter vornehmlich Männer: Mächte, die Sonne, Licht und Wind personifizierten. Ihren Sitz hatten sie nicht in der warmen Finsternis der Erde, sondern hoch im Himmel.

Die Eroberer ließen sich im unterworfenen Land nieder und vermischten sich allmählich mit der einheimischen Bevölkerung. Nach einiger Zeit erinnerten nur noch Geschichten an die einst so dramatischen Ereignisse, Geschichten, von denen niemand mehr wußte, was an ihnen wahr und was erfunden war, und die sich mit der Zeit in Mythen verwandelten. Menschen wurden zu Helden, die nach und nach göttliche Züge annahmen. Etwas Ähnliches geschah mit den Göttern. Religion ist zäh: Statt zu verschwinden, vermischten allerlei Elemente der alten Erdkulte sich mit der neuen Götterwelt. In der klassischen Mythologie sind noch Spuren dieses Verschmelzungsprozesses sichtbar, so in den wunderlichen und manchmal widersprüchlichen Familienverhältnissen vieler Götter und Halbgötter.

Das Resultat war eine dualistische Götterwelt, in der die Olympier unter Zeus' Führung herrschten, in der aber auch alte Götter wie der Erderschütterer Poseidon, die Fruchtbarkeitsgöttin Demeter und der über die Unterwelt herrschende Hades eine wichtige Rolle spielten. Manche anderen alten Kulte, wie etwa die Verehrung der Mondgöttin Kybele, wurden jedoch von der «offiziellen» Religion nahezu verdrängt. Sie nahmen allmählich den

Charakter von Geheimgesellschaften an, denen man mit Argwohn begegnete und die ausgerottet werden mußten, auch wenn nach einiger Zeit niemand mehr wußte, warum. Dies hatte zur Folge, daß Finsternis, Weiblichkeit, Erde und Fruchtbarkeit wie selbstverständlich assoziiert wurden mit Heimlichkeit, Bedrohung, Schlechtigkeit und Magie.

Die aus Asien stammenden Indoeuropäer kamen nicht nur nach Griechenland, sie breiteten sich über ganz Europa und Westasien aus, bis hin nach Indien. Überall setzten sie ihre Normen und Wertvorstellungen durch, die sich ihrerseits mit den Resten der von ihnen überrannten Kulturen vermischten. So entstanden in diesem gewaltigen Gebiet Mythologien und Religionen, die sich im Grunde alle ähnelten. Ob er nun Zeus heißt, wie bei den Griechen, Dyaus, wie im Sanskrit, oder Tiu, wie die Germanen ihn nannten, immer ist der Obergott ein Mann, ein Vater, der hoch im Himmel thront und mit Sonne, Blitz und Donner und anderen Himmelserscheinungen zu tun hat. Ihm stehen die unterirdischen Kräfte der Finsternis gegenüber. Sie sind meist verdächtig und rangieren immer an zweiter Stelle.

Die Apostel und Missionare, die Europa später zum Christentum bekehrten, verkündeten zwar nur einen einzigen Gott, doch die Grundlage, eine selbstverständliche Symbolik, in der Begriffe wie Mann, Herrscher, gut, Licht und Himmel zusammengehörten, fanden sie bereits vor. Aus dem irdischen, finsteren Gegenpol ließ sich mühelos die Vorstellung vom Teufel entwickeln. Bis auf den heutigen Tag hat sich diese Symbolik auf allerlei Gebieten erhalten. Zum Beispiel in der Babykleidung. Jungen tragen Blau, die Farbe des Firmaments, Mädchen dagegen Rosa, dem Blut und der Erde verwandt.

Als die ersten Denker, die Wissenschaftler des Altertums, den Versuch unternahmen, die Phänomene der Natur und des Menschen zu deuten, konnten sie sich auf keine Tradition stützen. Sie mußten sich alles im wahrsten Sinne des Wortes selbst ausdenken, und dabei standen ihnen nur wenige Mittel zur Verfügung: nicht mehr als die bestehenden religiösen Symbolsysteme und ihr eigenes dualistisches Denkvermögen, das Vermögen zur Zweiteilung und Polarisierung. Daraus entstanden Systeme von Gegensätzen, aber auch von Zusammenhängen, die die Struktur der Welt verdeutlichen sollten.

Eines der ältesten Systeme, die wir kennen, weil Aristoteles es in seine *Metaphysica* aufnahm, ist die Tafel der Gegensätze des Pythagoras, etwa aus dem 6. Jahrhundert v. Chr. Sie enthält unter anderem folgende Gegensatzpaare:

weiblich – männlich
dunkel – hell
schlecht – gut
kalt – warm
krumm – gerade
links – rechts

Die männliche Dominanz läßt sich an dieser Tafel leicht ablesen. Ganz selbstverständlich assoziiert Pythagoras sie mit gut. Der weibliche Gegenpol wird genauso selbstverständlich mit dem Gegenpol von gut assoziiert, und somit ist die endgültige Verbindung des Weiblichen mit dem Negativen hergestellt. Licht, Sonne und Himmel sind in den indoeuropäischen Kulturen eng mit den dominanten männlichen Gottheiten verbunden, Finsternis und Erde mit den weiblichen. Die uralte Verbindung des Mondes mit dem Menstruationszyklus der Frau und dem Rhythmus des Landbaus läßt es verständlich erscheinen, daß auch der Mond zur weiblichen Seite gerechnet wird.

Dasselbe gilt für den Begriff der Kälte: Licht und Sonne gehören zum Männlichen, also auch Wärme; es spricht für sich, daß der Gegenpol sich zu den Damen gesellt. Etwas mühsamer mutet die Zuordnung von «gerade» und «krumm» an. Eine mögliche Erklärung liegt vielleicht in der Tatsache, daß man in der Natur mit dem bloßen Auge kaum eine gerade Linie entdecken kann. Gerade Dinge werden vom Menschen gemacht. Das bedeutet, daß harte Arbeit nötig war, wollte man etwas gerade hinkriegen; daher ist es nicht verwunderlich, daß alles Gerade auch als gut galt, sonst hätte der Mensch sich nicht so anzustrengen brauchen. «Gerade» gehört demnach in dieselbe Gruppe wie «gut» und «Mann» und «krumm» in dieselbe Gruppe wie «Frau».

Schon in diesem frühen symbolischen System gehört rechts zur Gruppe des Guten. Man dachte lange, das habe mit der Sonnenverehrung zu tun. Viele alte Völker orientierten sich nach dem Osten, zum Sonnenaufgang hin. In der arabischen Welt ist das noch heute so. Auf alten Landkarten liegt der Osten immer oben, und das bedeutet, daß der Süden da liegt, wo die Sonne für Wärme und Leben sorgt, rechts. Aus diesem Grund sei, so meinte man, rechts die gute Seite geworden, die mit Licht, Wärme, Leben, göttlichem Beistand assoziiert wurde. Polarisierung sorgte für den Rest.

Und doch kann diese Erklärung nicht stimmen. Denn unterhalb des Äquators, in der südlichen Hemisphäre, wandert die Sonne ebenfalls von Ost nach West, nur tut sie es nicht über den Süden, sondern über den Norden. Im südlichen Halbrund müßte demnach links als gute Seite gelten; davon kann jedoch keine Rede sein. Rechts und links werden dort nicht anders gewertet als bei uns.

Gerade die Tatsache, daß die Völker auf der ganzen Welt die gleiche Einteilung handhaben: links dem «Bösen» und dem «Weiblichen», rechts dem «Guten» und dem «Männlichen» zuordnen, läßt vermuten, daß der wahre Grund ein ganz anderer ist, nämlich die Dominanz der Rechtshänder und der Männer. Rechtshänder sind bei allen uns bekannten Völkern weit in der Mehrheit. Es ist fast unvermeidlich, daß schon deshalb rechts eher mit «gut» assoziiert wird als links. Auf diese Weise kann die Mehrheit der Menschen unbesorgt sein. Außerdem leben fast alle Völker unter der Herrschaft des Patriarchats. Wenn also «rechts» zu «gut» gehört, muß es logischerweise dem Männlichen zugeordnet werden.

Paradoxerweise schloß man daraus, daß «links» dem Weiblichen zuzuordnen ist, obwohl Linkshändigkeit bei Männern häufiger vorkommt als bei Frauen. Daß das noch nie jemandem aufgefallen ist, beweist nur, wie unwichtig wir es eigentlich finden, unser auf Symbolen beruhendes Weltbild mit unseren Erfahrungen zu vergleichen. Uns ist die Illusion, die Welt zu begreifen, also zu beherrschen, wichtiger als ihre getreue Beschreibung. Ein solches Wertesystem darf die verrücktesten Widersprüche enthalten. So verbindet die Tafel des Pythagoras zum Beispiel «Frau» mit «Kälte» und «Finsternis», typischen Merkmalen des Todes, obwohl die Frau gleichzeitig als Symbol der Fruchtbarkeit und als Quelle neuen Lebens gilt. Symbolische Wertesysteme bringen Ordnung ins Chaos der Welt, ohne daß dies unbedingt Konsequenzen für unsere Wahrnehmung zu haben braucht.
Wertesysteme beeinflussen unsere Sicht der Welt bis auf den heutigen Tag. Sie bilden die Grundlage der tief in uns verankerten Traditionen und Normen. Frauen hat es das Leben schwergemacht, Linkshändern, wenn auch in geringerem Maße, ebenfalls. In manchen Kulturen ruht auf links, besonders auf der linken Hand, ein vollkommenes Tabu. Während jemand, der mit der Linken ißt, in großen Teilen Europas höchstens ein wenig befremdet, ist so etwas in anderen Kulturen, zum Beispiel der islamischen, völlig undenkbar.

Tabus, Sex und die linke Hand

In den arabischen Ländern haben die linke und die rechte Hand verschiedene Funktionen. Auch dort ist die Mehrheit der Bevölkerung rechtshändig, also muß die rechte Hand traditionsgemäß die wichtigsten Handlungen verrichten, wie Essen, Schreiben und Grüßen. Mit der linken Hand verrichtet man die schmutzige Arbeit, wie zum Beispiel den Hintern säubern. In einer Kultur, in der häufig mit der Hand gegessen wird, ist eine solche Trennung sinnvoll, und ganz besonders in den warmen Zonen, in denen der Islam seine Wiege und seine größte Verbreitung hat. Nun lädt aber nichts so sehr zur Übertretung ein wie ein Verbot, das auf Vernunft gründet. Weit besser funktioniert ein Tabu, ein Verbot, das auf undefinierbaren Ängsten beruht. Und genau damit haben wir es zu tun: Die linke Hand ist tabu, sie ist unrein.

Manche behaupten, in der islamischen Welt sei die unreine Hand auch die Hand fürs Liebesspiel. Verläßliche Informationen darüber gibt es kaum, und mir kommt es eher unwahrscheinlich vor. Erstens gehören die Regeln, die bestimmen, mit welcher Hand man was tut, zu den Verhaltensregeln: Was man nicht mit der Lieblingshand tun darf, muß einem anerzogen werden. Nun gilt aber sowohl für die christlichen wie die islamischen Länder, daß Sex um so mehr geleugnet wird, je traditioneller die Auffassungen sind. Ein Junge darf ein Mädchen noch nicht einmal anschauen – geschweige denn, daß ihm jemand erklärte, mit welcher Hand er seiner Frau oder Freundin unter den Rock greifen darf. Und umgekehrt genauso: Ein anständiges Mädchen faßt keinen Jungen an, weder mit der linken noch mit der rechten Hand. Auf diese Weise macht das eine Tabu das andere überflüssig.

Das hält die Menschen natürlich nicht vom Liebesspiel ab, nur müssen sie die Spielregeln im allgemeinen selbst entdecken, in aller Heimlichkeit. Dabei sind Verhaltensregeln viel weniger wichtig als körperliche und andere Beschränkungen. So hängt vieles einfach von der jeweiligen Position der Partner ab: Nicht immer gelangt man mit der linken Hand dahin, wo man will.

Drittens besteht meiner Meinung nach kein Zusammenhang zwischen der Lieblingshand beim Liebesspiel – einschließlich der Onanie – und zum Beispiel der Schreibhand. Wer links schreibt, bevorzugt manchmal, aber eben nicht immer, auch bei der Liebe die linke Hand und umgekehrt. Die meisten geben allerdings eine eindeutige Vorliebe für eine bestimmte Hand an, vor allem beim Masturbieren; mit der anderen Hand geht es einfach nicht. Da diese Vorliebe so stark und so unabhängig ist, kann man sich schwer vorstellen, daß Menschen, in welcher Kultur auch immer, diese Vorliebe verleugnen, wo sie doch auf sexuellem Gebiet nie ausdrückliche Anweisungen bekommen haben.

Nur scheinbar eine Ausnahme bilden die Kaguru, ein Volk in Tansania. Dort reden Jungens untereinander anscheinend ziemlich offen über Sex. So prahlen sie manchmal damit, wie gut sie es hinkriegen, so zu liegen, daß sie die Frau mit der linken, unreinen Hand nach Herzenslust befingern können, während die Frau die reine Rechte benutzen muß. Ob es in dieser Geschichte um Unreinheit und Reinheit oder einfach um eine Machtdemonstration der Frau gegenüber geht, bleibe dahingestellt. Jedenfalls handelt es sich um eine Erniedrigung der Frau. Die Vermutung, Macho-Verhalten spiele hier eine größere Rolle als die Sorge um Reinheit, liegt nahe; dieselben Jungens geben ohne weiteres zu, daß sie sich für dieses recht verschwommene Ideal in der Praxis nicht besonders anstrengen.

Tabus und Etikette haben nicht überall das gleiche Gewicht. Im allgemeinen kann man sagen, daß die Regeln um so strenger gehandhabt werden, je formeller die Situation ist. Das liegt auf der Hand, denn je offizieller die Umstände, desto schlechter kennen die Teilnehmer einander, und desto mehr Mühe kostet es, eventuelle Mißverständnisse wieder zu beseitigen. Wir brauchen Deutlichkeit und Vorhersehbarkeit, daher halten wir uns gern an ein strenges Protokoll mit vielen Ritualen und Symbolen. Wer sich in einer solchen Situation über die Regeln lustig macht, läßt das ganze Kartenhaus einstürzen. Daher kommt es, daß mancher Würdenträger zu Hause ungeniert herumfurzt, in der Nase bohrt oder sich nach Herzenslust kratzt, was er in seiner offiziellen Funktion niemals tun würde.

Was fürs Nasebohren gilt, gilt auch für das Tabu, mit dem die linke Seite behaftet ist. Dies mußte die englische Regierung zu ihrer Schande während des Zweiten Weltkriegs erfahren. Als Präsident Roosevelt und der britische Premierminister Churchill zu

Beratungen mit König Ibn Saud nach Saudi-Arabien kamen, mußten natürlich Geschenke ausgetauscht werden. Churchill versprach seinem Gastgeber einen gepanzerten Rolls-Royce, so daß er sich endlich sicher und modern fortbewegen könnte. Der König war sehr erfreut über das Angebot, wenn auch aus ganz anderen Gründen: So ein Wagen eignete sich hervorragend für die Jagd. Als der Wagen geliefert wurde, stellte sich heraus, daß der König ihn nie würde benutzen können. Wie bei allen englischen Autos war das Steuer rechts, und das bedeutete, daß der König links von seinem Chauffeur hätte sitzen müssen. Das war völlig undenkbar in einer Welt, in der, ganz wie bei uns, der Ehrenplatz immer rechts ist. Saud schenkte das Prunkstück enttäuscht seinem Bruder Abdullah, dem das anscheinend weniger ausmachte.

Der Rolls-Royce für Ibn Saud war ein diplomatischer Schnitzer ersten Ranges, der leicht zu verhindern gewesen wäre, wenn das britische Außenministerium sich einen Moment Gedanken gemacht hätte. Aber manchmal verbirgt eine Beleidigung sich dort, wo man sie am allerwenigsten vermutet. So zog in den Jahren 1762 und 1763 eine vom dänischen König Friedrich V. ausgesandte Expedition von vier Wissenschaftlern und einem Maler durch den Südwesten der arabischen Halbinsel, durch das Gebiet, das auf arabisch Jemen, wörtlich «das Land des Südens», im damaligen Europa jedoch Arabia Felix, das Glückliche Arabien, genannt wurde. Die Expedition, die das Gebiet kartieren, Kontakte knüpfen und Informationen sammeln sollte, endete mit einer Katastrophe; der Geograph Carsten Niebuhr kam schließlich nach vielen Irrfahrten als einziger Überlebender zurück. In seinem 1776 erschienenen Buch *Reisebeschreibung nach Arabien und andern umliegenden Ländern* äußerte er sich ziemlich positiv über die Araber. Wer ihnen Respekt zolle, schrieb er, könne mit einer anständigen Behandlung rechnen. Spätere Entdeckungsreisende wunderten sich daher über die spröde, unfreundliche Art, mit der man ihnen begegnete. Der Grund dafür lag, wie sich herausstellte, in den

Karten, die Niebuhr angefertigt hatte und die, wie in Europa üblich, nach Norden orientiert waren, so daß Jemen links von Arabien lag. Die Jemeniten faßten das als Beleidigung auf. Ein anständiger Araber orientiert sich nach Osten, der demnach oben auf den Karten erscheint, so daß Jemen im äußersten Südwesten auf der günstigen rechten Seite der Karte liegt – daher auch der lateinische Name Arabia Felix – statt auf der vermaledeiten linken.

Übrigens gibt es auch ein regelrechtes Pendant zur Bezeichnung Jemen. Das arabische Wort für Syrien ist *Sam*, ein Name, der mit *simâl* (Norden, links) und mit dem Verb *sa'ama* verwandt ist, das sowohl «Unglück bringen» wie «links abbiegen» bedeutet und noch eine dritte Bedeutung dazubekommen hat: «nach Syrien gehen». Der Zusammenhang mit Unglück taucht in verschiedenen Ausdrücken und Redewendungen über die unangenehmen Wüstenwinde aus dem Norden auf.

Die arabische Kultur ist bei weitem nicht die einzige, in der links und Linkshändigkeit streng tabuisiert sind. Am allerschlimmsten ist es wahrscheinlich in Japan, das ohnehin nicht gerade ein Muster an Flexibilität und Toleranz ist. Dort ist, oder war, Linkshändigkeit völlig inakzeptabel. Linkshändige Frauen verbargen ihr «Gebrechen» vor ihren Ehemännern, da Linkshändigkeit ein Grund sein konnte, von ihnen verstoßen zu werden. Eine vor kurzem veranstaltete Umfrage unter japanischen Schulkindern ergab zwei Prozent Linkshänder, während fast überall sonst auf der Welt die Zahl bei zehn Prozent liegt. Die japanischen Forscher erklärten die niedrigen Zahlen mit dem besonderen Charakter der japanischen Schriftzeichen, die nur mit der rechten Hand geschrieben werden könnten. Ich wage das zu bezweifeln und vermute die Ursache eher im repressiven Schulsystem, das Linksschreiben einfach nicht zuläßt. Für diese Vermutung spricht die Tatsache, daß es früher auch in Europa und den Vereinigten Staaten viel weniger linksschreibende Jugendliche gab als heute, gleichfalls nur etwa zwei Prozent. Erst seitdem man dem Linksschreiben mit größerer Toleranz begegnet, ist die Zahl der linkshändigen Schüler auf jene magischen zehn Prozent gestiegen.

Auch manche Völker Afrikas haben nicht viel für links übrig. Oft hängt das mit dem Einfluß des Islam zusammen. Am Unterlauf des Niger gibt es Stämme, bei denen die Frauen beim Kochen nur die Rechte benutzen dürfen, es sei denn, sie brauchen beide Hände. Die Ovambo in Namibia zeigen nie mit der Linken auf etwas und betrachten einen Gruß mit der Linken sogar als Beleidigung. Die WaChaggas scheinen so weit zu gehen, daß sie linkshändige Männer von Jagd und Kriegführung ausschließen. Es heißt, daß sie Unglück bringen. Woher aber die schauerlichste Geschichte stammt, die seit Anfang dieses Jahrhunderts im Westen die Runde macht, läßt sich nicht mehr ermitteln. In Afrika soll es Völker geben, die ihren Kindern die Linkshändigkeit abgewöhnen, indem sie die Hand in eine Kuhle eingraben und mit kochendem Wasser übergießen, so daß das Kind in seinem weiteren Leben nur noch die rechte Hand gebrauchen kann.

Diese Geschichte ist natürlich mit Skepsis zu betrachten. Ein Naturvolk, das mit den wenigen verfügbaren Händen so rigoros umspringt, würde seine Überlebenschancen nicht gerade erhöhen. Die gleiche Skepsis ist bei so manchen Geschichten aus unzugänglichen Gebieten angebracht. Oft ist der Informant ein Missionar, ein Abenteurer oder ein Anthropologe, dessen Aussagen schwer zu überprüfen sind. In den Zeiten des Kolonialismus war der Blick vieler Menschen durch das Christentum getrübt, so daß sie manches, was ihnen begegnete, falsch deuteten. Oft sprachen sie auch nicht die Sprache der Völker, bei denen sie zu Gast waren. Wie viel mögen diese einsamen Ruhmsüchtigen, diese Diener des Herrn geraten, romantisiert, übertrieben oder gar erfunden haben! Zweifellos hielten sie manchmal auch zufällige Ereignisse für Bräuche. Von vielen dieser sogenannten Sitten fand sich jedenfalls in der modernen Zeit, nachdem das Innere Afrikas und anderer Kontinente erschlossen war, keine Spur.

Beispielhaft ist in diesem Zusammenhang die Geschichte vom Stamm der Ovimbundu im Süden Angolas, bei denen eine bestimmte Geste eine schwere Beleidigung darstellt. Das spielt sich folgendermaßen ab: Man streckt den linken Arm mit geballter Faust hoch, umfaßt mit der Rechten das linke Handgelenk und schüttelt den linken Arm hin und her. Daraus schlossen ausländische Betrachter, daß links bei den Ovimbundu soviel wie schlecht bedeute, da ja der linke Arm hochgehalten wird. Die Faust könnte freilich ebenso den Kopf des zu Beleidigenden symbolisieren, das Handgelenk seinen Hals. Die andere Hand hält diesen Hals fest im Griff, und am Schütteln kann man sehen, daß der andere sich wehrt. So wird auf anschauliche Weise zum Ausdruck gebracht: Dich würde ich am liebsten erwürgen! Daß gerade der linke Arm das Opfer spielen muß, wird wohl keinen überraschen: Auch die meisten Ovimbundu sind Rechtshänder, also ist rechts die Würgehand. Mit gut und böse hat das erst einmal wenig zu tun.

Links-Liebhaber

Der Zusammenhang zwischen rechts und gut einerseits und links und schlecht andererseits mag weltweit verbreitet sein, Ausnahmen gibt es, wie immer, überall auf der Welt.
Die wichtigste Ausnahme von der Rechtsregel ist China, ein Land, das die größten Gegensätze in sich zu vereinen weiß. Die Geschichte dieses ältesten, ohne Unterbrechung bestehenden Staates der Erde, der schon früh über einen ausgeklügelten Beamtenapparat verfügte, starrt im wahrsten Sinne des Wortes von Blut, von Bürgerkriegen und Grausamkeiten. Nirgends sonst gab es durch die Jahrhunderte hindurch prächtigere Paläste, auserlesenere Dichtung und geschliffenere Umgangsformen, nirgends sonst jedoch auch abscheulichere Formen der Armut, des Hungers und des Elends. Lange vor dem Westen wurden dort

Kompaß, Papier und Schießpulver erfunden und ausgezeichnete Schiffe gebaut; Industrie und Entdeckungsreisen hingegen waren den Chinesen fremd. Wohl kein anderes Volk vereint ein so starkes Gefühl für Tradition mit der bizarren Neigung, die eigene Kultur zu zerstören. Die Kulturrevolution der sechziger Jahre war sicher nicht das letzte Beispiel dafür.

Aber Chinesen sind natürlich Menschen wie alle anderen. Auch am Gelben Fluß sind ungefähr neunzig Prozent der Bevölkerung Rechtshänder und zehn Prozent Linkshänder. Genauso wie anderswo werden Linkshänder dort gezwungen, mit der Rechten zu essen und zu schreiben, aber anders als bei uns hat das nichts mit einer negativen Einstellung zur linken Seite im allgemeinen zu tun. Im Gegenteil, in mancherlei Hinsicht ist links traditionsgemäß die günstige Seite, und Linkshänder werden nicht weniger geachtet als Rechtshänder. Und doch müssen bestimmte Handlungen aus besonderen traditionsgebundenen Gründen mit der Rechten ausgeführt werden.

Ihr traditionelles Weltbild ermöglicht es den Chinesen, mit den Unvereinbarkeiten ihrer Geschichte zurechtzukommen. Während unsere Symbolik auf den statischen Gegensatz der einander ausschließenden Pole Gut und Böse zurückgeht, beruht die chinesische Symbolik auf dem Gleichgewicht von Yin und Yang. Zwar sind Yin und Yang in gewissem Sinn auch Gegenpole, aber ein Werturteil ist mit ihnen nicht verbunden: Weder ist Yin grundsätzlich gut noch Yang grundsätzlich böse und umgekehrt. Wichtiger ist, daß sie einander ergänzen und ein harmonisches Ganzes bilden.

Die Symbolreihen, die mit Yin und Yang assoziiert werden, kommen uns nur allzu bekannt vor: Zu Yang gehören Männlichkeit, Autorität, Luft, Atem, Licht und Sonne. Yin verkörpert unter anderem Weiblichkeit, Unterordnung, Blut und Erde. Damit aber hört die Parallele auf. Denn zu unserem Erstaunen stellen wir fest, daß Yang mit der linken und Yin mit der rechten Seite verbunden ist, genau umgekehrt als bei uns. Der Grund dafür ist, daß die Chinesen sich nach Süden orientieren. Kaiser, Könige und Edelleute empfingen ihre Vasallen auf einem Podium, das Gesicht gen Süden gerichtet: Damit betonten sie ihre Verbundenheit mit der Sonne, mit dem Führertum und mit Yang. Die Seite des Sonnenaufgangs, der Osten, liegt dann links von ihnen, so daß auch der Osten und links zu Yang gehören.

Links ist in China auch der Ehrenplatz, und das wiederum hängt mit der militärischen Tradition zusammen. Heerführer waren traditionsgemäß Bogenschützen, die das Heer von ihrem Streitwagen aus kommandierten. Die Anführer mußten mit dem Gesicht nach Süden stehen, also mußten die Heere immer nach Süden ziehen. Da dies die Kriegführung stark eingeschränkt hätte, wurde dem Heer eine rote Fahne vorangetragen, die die Sonne symbolisierte. Und wo auf dem Streitwagen steht der Kommandant? Links natürlich, denn wenn er das Gesicht dem symbolischen Süden zuwendet, liegt der symbolische Osten, der auch Yang ist, links vom Wagen. Der Wagenlenker steht also rechts vom Kommandanten, und der Pikenier, oft der dritte Mann, ganz rechts, von wo er den Wagen mit der Lanze leicht verteidigen kann – ein praktischer Nebeneffekt.

1974 fanden pflügende Bauern in der Nähe von Xi'an in der Provinz Shaanxi durch Zufall die mehr als siebentausend Mann starke Terrakotta-Armee des Kaisers Qin Shi Huang, die gut einundzwanzig Jahrhunderte unter der Erde gewacht hatte, jeden Moment bereit, einen Angriff auf das kaiserliche Grab abzuwehren. Neben Fußvolk und einem vollständigen Kommandoposten umfaßte das Heer mehr als hundert Kampfwagen. Die Holzwagen selbst waren längst zu Staub zerfallen, die lebensgroße tönerne Bemannung hingegen hat sich ziemlich unbeschadet erhalten. Auf Abbildung 1* ist das deutlich zu sehen: Hinter den Pferden stehen drei Figuren, an ihren flachen Mützen als Offiziere zu erkennen. Der mittlere umklammert mit beiden Händen die ver-

* Die numerierten Abb. beziehen sich auf den Bildteil.

schwundenen Zügel. Der rechts Stehende umfaßte ursprünglich mit der Rechten einen Speer, der links Stehende ist der Wagenkommandant. Seine Haltung ist typisch für einen Rechtshänder, der einen Bogen, wahrscheinlich einen Kreuzbogen, in der Linken hielt, ungefähr so, wie er in unserer Zeit den Lauf seines Gewehrs anlegen würde.

Wenn aber links in China so beliebt ist, warum werden Linkshänder dann nicht regelrecht verehrt? Warum lernen Kinder konsequent mit der rechten Hand essen und schreiben? Um das zu verstehen, müssen wir uns in mythische Zeiten zurückversetzen und die Geschichte des chinesischen Äquivalents von Luzifer betrachten.

In jenen Urzeiten hieß China noch zu Recht das Reich der Mitte. Es lag im Zentrum der Welt, wie ein ebenmäßig und fest gebautes Haus. Den Boden bildete die Erde, darüber wölbte sich das Dach, der Himmel mit Sonne und Sternen. Er wurde von vier gewaltigen Pfeilern getragen, einem im Nordwesten, einem im Südosten, einem im Nordosten und einem im Südwesten. Der Thron des Kaisers befand sich in der Mitte des Universums, so daß die Sonne genau über dem Palast stand, der daher keinen Schatten werfen konnte. Von diesem sonnenüberfluteten Thron aus lenkte der Kaiser das Reich, von treuen und fähigen Ministern beraten.

Eines Tages empörte sich einer der Minister, der schlimme Kong Kong, gegen den Kaiser. Er wurde zwar mit Mühe und Not bezwungen, jedoch erst, nachdem er die Weltordnung ernsthaft ins Wanken gebracht hatte: Er hatte den nordwestlichen Pfeiler, auf dem der Himmel ruhte, den Berg Pou-Tcheou, in Stücke gehauen. Die Folgen waren gewaltig. Auf der Westseite brach der Himmel ein, die Erde neigte sich nach Osten, und so kam es, daß Sonne und Sterne seither Tag für Tag von Ost nach West wandern und daß alle Flüsse in China von West nach Ost abwärts strömen. Außerdem hatte sich das Ganze durch die enorme Gewalt verschoben, der Himmel zum Westen hin, die Erde zum

Nordosten. Daher liegt der kaiserliche Palast seit jener Zeit nicht mehr auf dem Äquator, also nicht mehr im Mittelpunkt des Universums, wo er eigentlich hingehört.

Die Welt lag von nun an wie ein halb eingefallenes Haus da, das Dach hing schief über dem Fußboden. Im Westen ragte der Himmel ein Stück aus der Erde heraus, im Osten war er zu kurz, um die Erde zu bedecken. Kurzum: am oberen Ende ist das Universum im Westen zu kurz, am unteren im Osten. In einem Weltbild, in dem alles, das Große wie das Kleine, letztendlich eine Einheit bildet, hat das weitreichende Folgen. Zum Beispiel für den menschlichen Körper, der traditionellen chinesischen Anschauung zufolge eine Replik des Universums im kleinen: Der runde Kopf entspricht der runden Sonne, die viereckigen Füße der viereckigen Erde. Wie ernst dieser Gedanke genommen wurde, zeigt sich daran, daß es Tänzern am chinesischen Hof lange verboten war, einen Handstand zu machen: Sie hätten ja die Weltordnung im wahrsten Sinne des Wortes auf den Kopf gestellt, und das wäre wohl das allerletzte gewesen, was ein Kaiser wollte.

Was für das Universum gilt, gilt auch für den Menschen. Auch bei ihm ist der obere Teil an der Westseite, der rechten Seite, zu kurz, und der untere an der Ostseite, unserer linken. Da die Grenze zwischen oben und unten auf der Höhe des Nabels liegt, gehören Ohren und Augen zur oberen, Füße, Beine und auch Hände jedoch zur unteren. Hände im Ruhezustand hängen ungefähr auf der Höhe des Geschlechts. Dadurch, daß der obere Körperteil rechts mangelhaft ist, sind das linke Auge und Ohr besser als ihre Geschwister auf der rechten Seite. Für Hände und Füße aber gilt genau das Umgekehrte: Der rechte Fuß und die rechte Hand sind besser als ihr Pendant auf der linken Seite, also dient die rechte Hand zur Bewältigung schwieriger Aufgaben wie Essen und Schreiben.

Dieser komplizierte Gedankengang zeigt recht gut, daß Chinesen zwar philosophisch veranlagt, tief im Herzen jedoch praktische

Menschen sind. Denn so kann links die Lieblingsseite und gleichzeitig rechts die Lieblingshand sein.
Daß die Bevorzugung der Rechten weniger moralische als praktische Gründe hat, kann man deutlich an der chinesischen Version des Triumphzuges erkennen. Bei diesem Ritual muß der siegende General ein Schwert in der Rechten und eine Flöte in der Linken halten. Krieg ist ein Handwerk, ein blutiges, trauriges, das Unglück bringt. Krieg ist Yin. Die geschickte Rechte, die auch Yin ist, ist dazu auserkoren. Aber die wahre Hauptrolle ist für die Linke, die Yang-Hand, reserviert. Triumphzüge markieren schließlich das Ende eines Krieges, und zwar ein gutes. Sie bedeuten den Anbruch des Friedens, und die Linke trägt das Symbol des Friedens: die Musik schenkende, gewaltlose, friedliche Flöte.

Auch in anderen Ländern ist der negative Charakter der linken Seite und der linken Hand mitunter gar nicht so selbstverständlich. Bei den Wageira-Kavirondo in Ostafrika zum Beispiel gilt links gerade als Glücksseite und rechts als Unglücksseite. Wer sich vor Antritt einer Reise zweimal den rechten Fuß stößt, sollte besser zu Hause bleiben. Geschieht das Umgekehrte, dann kann die Reise nur erfolgreich werden.
Dieselben WaChagga, die Linkshänder von der Jagd und vom Krieg ausschließen, sind, wenn es um die Füße geht, etwas praktischer. Stößt ein WaChagga sich vor einer Reise den linken Fuß, gilt das als schlechtes Zeichen, da der rechte Fuß der Glücksfuß ist. Wenn er die Reise aber trotzdem unternimmt und alles gutgeht, war sein linker Fuß eben sein Glücksfuß. Und die Massai, die bekannten Viehhüter der ostafrikanischen Ebenen, glauben, daß Gesundheit und linke Hand zusammengehören, ein Aberglaube, dem wir noch des öfteren begegnen werden. Bei Neumond werfen sie einen Stein oder Stock mit der Linken weg und rufen dabei «Schenk mir ein langes Leben» oder «Gib mir Kraft». Sie haben auch eine besondere Farbsymbolik. Die mei-

sten afrikanischen Völker assoziieren rechts mit Licht und Weiß, links mit Dunkel und Rot, genauso wie es auch bei Pythagoras steht. Bei den Massai ist es umgekehrt. Wer im Kampf einen Feind erschlagen hat, erwirbt sich damit das Recht, seine linke Körperhälfte weiß und seine rechte rot zu bemalen.

Sogar im jüdisch-christlichen Denken ist Linkshändigkeit durchaus nicht immer negativ besetzt. Die Bibel erweckt den Eindruck, rechtslastig zu sein, da die rechte Hand und die rechte Seite oft genannt werden und die Verdammten am Tag des Letzten Gerichts nach links in die Hölle verschwinden. Linkshändigkeit wird nur zweimal erwähnt, beide Male im Buch Richter, interessanterweise beide Male positiv. Die Ironie will, daß es beide Male um Mitglieder des Stamms Benjamin geht, ein Name, der «Söhne des Südens» oder «Söhne der rechten Hand» bedeutet. Diesen Namen verdankte der Stamm dem Umstand, daß das Stammgebiet, die Gegend um Jerusalem und Jericho, genau südlich von dem des Hauptstammes Ephraim lag und daß die alten Israeliten sich, wie im Mittleren Osten üblich, nach dem Osten orientierten.

Im einen Fall handelt es sich darum, daß eine Bande Benjaminiten eine Frau aus einem anderen Stamm vergewaltigt und umbringt. In dem Bürgerkrieg, der daraufhin zwischen Benjamin und den anderen Stämmen ausbricht, wird Benjamin besiegt, aber auch die Gegner erleiden schwere Verluste. Das kleine, aber tapfere Heer der Benjaminiten verfügte nämlich über eine Einheit, die eigens Erwähnung findet: ein Elitebataillon von siebenhundert linkshändigen Schleuderern.

Die zweite Geschichte handelt vom linkshändigen Helden Ehud, der Israel von den Moabitern befreite. Ehud erhält von Jahwe persönlich den Auftrag, Eglon, den König der Moabiter, zu ermorden. Kein einfacher Auftrag, denn Eglon wird gut bewacht. Ehud versteckt ein Messer unter den Kleidern am Oberschenkel und läßt sich mit einer Delegation vor Eglon führen. Bei der Durchsuchung finden die Wachen nichts, da sie an der Innenseite des rechten Beins nichts vermuten. Rechtshänder würden eine Waffe nämlich immer links verstecken, und genau das war der Grund, warum Jahwe sich einen Linkshänder ausgesucht hatte. Eglon überlebt die Audienz nicht, Ehud entkommt im James-Bond-Stil und wird zum Nationalhelden.

Aus beiden Geschichten spricht ein Pragmatismus, den viele Linkshänder aus eigener Erfahrung kennen. Zwar ist die linke Hand nicht ganz in Ordnung, manchmal aber kann man Linkshänder recht gut gebrauchen, und warum sollte man es dann nicht tun? Anscheinend sind die negativen Assoziationen mit links nicht unüberwindbar, selbst nicht in der biblischen Mythologie. Dies wirft die Frage auf, wie unverbrüchlich die Verbindung zwischen links und schlecht in unserem symbolischen Denkschema eigentlich ist und ob es vielleicht andere Verbindungen gibt, die unser Urteil nuancieren.

Links und rechts in Volkssagen und Aberglauben

Von welchen Normen, Werten und Werturteilen lassen Menschen sich in ihrem täglichen Leben, das heißt beim «Denken ohne nachzudenken», leiten? Aberglauben kann in dieser Hinsicht sehr aufschlußreich sein, da er mit unserem tiefsten Wesen verbunden ist und jegliche Unterdrückung bis heute überdauert hat. Schon der Kirchenvater Augustinus und alle Autoritäten nach ihm wetterten dagegen, ohne daß es viel gefruchtet hätte. Allem Anschein nach nüchterne und sachliche Menschen fahren bisweilen mit einem Hufeisen auf der Kühlerhaube herum oder vermeiden es, unter Leitern durchzugehen. Außerdem – was fast noch wichtiger ist – entsteht Aberglauben spontan. Er ist weder ausgedacht noch vorgeschrieben, und es gibt selten eine einzig richtige Version. Er spiegelt klarer wider, was wir im tiefsten Innern wirklich mit links und rechts assoziieren, als die zwar auf ihm beruhenden, aber vereinfachten und zum Teil ausgedachten

Systeme der offiziellen Religionen, der Etikette oder der Philosophie wie etwa die pythagoreische Tafel der Gegensätze.

Aberglauben, in dem links und rechts oder die linke Hand eine Rolle spielen, ist in Europa weit verbreitet, und fast immer dreht es sich um Hexerei und Betrug. So gibt es die verschiedensten Überlieferungen, wie man ungestraft einen Meineid schwören kann. In manchen Gegenden genügt es schon, wenn man während des Eides die linke Hand in der Hosentasche behält oder mit ihr einen Knopf der eigenen Jacke berührt. Das wiederum kann man durch die Forderung verhindern, den Eid mit der linken Hand zu schwören, was andernorts allerdings bedeuten kann, daß der Eid ungültig ist. Zum Beispiel in Amerika, wie jeder aus den zahlreichen Fernsehserien über Prozesse weiß.

Aus Weißrußland stammt der Glaube an den *Hecktaler*, eine Münze, die immer zu ihrem Besitzer zurückkehrt, wenn dieser sie mit der Linken ausgibt und dabei dem Verkäufer sanft auf den linken Fuß tritt. Ideal für jemanden, der mit einem Schlag reich werden will, aber wie kommt man zu so einem Ding? Hecktaler gehören ursprünglich Menschen, die ihre Seele dem Teufel verkauft haben, oder Juden, was in Weißrußland anscheinend das gleiche war. Andere können in den Besitz eines Hecktalers gelangen, indem sie sich der gleichen Methode bedienen wie der Besitzer: Sie müssen die Münze mit der Linken annehmen und dabei unauffällig dem Käufer auf den linken Fuß treten.

Wer keinen Hecktaler besitzt, kann immer noch durchs Glücksspiel reich werden, auf folgende etwas unappetitliche Weise. Am Tag vor dem Spiel fängt man eine Kröte. Gegen Abend durchsticht man ihr mit einer Nadel den Kopf, zieht den Faden vom einen Auge zum andern durch (undeutlich ist, ob die Kröte noch leben muß) und bindet ihn an den Fingern der linken Hand fest. So bleibt man bis zum Morgengrauen sitzen.

Auch in Geschichten über Hexen, Zwerge und Vampire spielt die linke Seite (oder die rechte) manchmal eine Rolle. Sowohl links wie rechts sind von Bedeutung bei einem uralten erprobten Mittel, mit dem junge Eltern ihr Neugeborenes gegen Vertauschung durch böse Zwerge schützen: Man legt dem Kind einen rechten Hemdsärmel und einen linken Socken in die Wiege, dann wird es mit Sicherheit nicht gestohlen – wobei das Risiko, daß es in den Stoffetzen erstickt, allerdings nicht ganz auszuschließen ist. In Schwaben drücken Bäcker seit Menschengedenken die Fingerspitzen der linken Hand in den Teig des letzten Brotes, das sie in den Ofen schieben, um es vor der Macht der Hexen zu schützen. Wußten Sie übrigens, daß man einen Vampir in seinem Sarg nicht nur an seiner gesunden Gesichtsfarbe erkennt, sondern auch daran, daß sein linkes Auge immer offenbleibt? Und da wir schon in Rumänien, dem Land des Drakula, angelangt sind: Wenn in jenen Gegenden jemand aus dem linken Nasenloch blutet, stirbt ihm im gleichen Moment ein Verwandter. Das Bellen und Heulen der Hunde kündigt Brand, Tod und Krieg an; man kann das Unglück beschwören, indem man dem betreffenden Hund mit der linken Hand das Herz eines schwarzen Hundes vorhält, in dem ein Hundezahn steckt.

Geradezu grotesk werden die Beispiele, wenn die linke Hand mit Mord und Totschlag in Verbindung gebracht wird. So kann man etwa eine Hexe, die sich in eine Kröte verwandelt hat, nur mit einem Beil erschlagen, das man mit der Linken festhält. Schwieriger wird es einem gemacht, wenn man unliebsame Bekannte aus dem Weg räumen will. In Mitteleuropa ist die folgende, etwas unpraktische Methode im Umlauf: Man bemächtige sich einiger Tropfen Bluts des Opfers und schmiere diese auf die linke Fußsohle einer frischen Leiche, kurz bevor das Begräbnis stattfindet. Der Erzfeind wird von einer schleichenden Krankheit dahingerafft werden.

Und dann gibt es natürlich das weite Feld der Liebe, auf dem die seltsamsten Kapriolen vollführt werden. In der Landshuter Gegend war man zum Beispiel der Meinung, daß ein junger Mann auf Freiersfüßen die Liebe seiner Angebeteten gewinnen konnte, indem er ihr ein Hemdchen stahl, das sie beim Baden getragen hatte, und durch den rechten Ärmel pinkelte. Gefiel sie ihm hinterher doch nicht, dann konnte er die Liebe wieder löschen, indem er den linken Hemdsärmel als Pissoir benutzte. Nicht besonders hygienisch, aber doch gar nichts, verglichen mit der Liebeslist, wie sie folgende Geschichte aus Breslau erzählt. Der Anbeter nehme zuerst eine Muskatnuß und verschlucke sie als Ganzes. Da eine solche Nuß unverdaulich ist, kommt sie nach ein oder zwei Tagen ziemlich unbeschädigt wieder zum Vorschein. Nun muß er sie aus dem Kot herausfischen und säubern und bis zum erstfolgenden Freitag aufheben. An diesem Tag muß der heiratslustige junge Mann sie in der *hora veneris* eine Stunde lang unter seine linke Achsel klemmen. Danach wird die Nuß geraspelt und der Angebeteten vorgesetzt, die nach Verspeisung wie Wachs in den Händen des Mannes ist.

Nicht nur in Zentraleuropa gehört die linke Seite zu den magischen Mitteln, die Balz zu beschleunigen. Auf einem ägyptischen Zauberpapyrus aus dem dritten Jahrhundert findet sich ein Rezept für einen Liebestrank, dessen Hauptingredienz Blut aus dem linken Ringfinger ist.

Was all diese Geschichten miteinander gemein haben, ist eine gewisse Boshaftigkeit und Verlogenheit, mit der Unschuldige verführt werden. Andere wiederum haben mit Gut oder Böse nichts zu schaffen. Eher märchenhaft ist zum Beispiel der weitverbreitete Glaube, daß kleine Kinder, solange sie noch nicht in einen Spiegel geblickt haben, ihr Spiegelbild in ihrer linken Hand wahrnehmen können. Und was soll man von folgendem Trick halten, mit dem Schweizer Milchmädchen glaubten, eine störrische Kuh, die sich nicht melken lassen wollte, zum Aufstehen zu bringen: Sie banden ihr linkes Strumpfband um das rechte Horn des Tieres. Überraschenderweise kann das Böse übrigens auch leicht mit der linken Hand verjagt werden, und zwar nicht nur, wenn es sich um schwäbische Hexen oder verzauberte Kröten handelt: So verjagt man Alpträume, indem man mit der Linken über die Bettwäsche streicht. Ähnliches finden wir im fernen Punjab in Nordindien, wo junge Männer sich einen alten Lappen um den linken Arm binden, um sich gegen den bösen Blick zu schützen.

Zum Abschluß noch einen etwas bizarren Fall, bei dem links sowohl gut wie böse sein kann. Vor nicht allzu langer Zeit noch wurde durch das Los bestimmt, wer seinen Wehrdienst ableisten mußte und wer nicht. Für Reiche war das kein Problem. Sie heuerten sich einen Stellvertreter, der die Barbarei in den Kasernen auf sich nahm. Doch für die weniger Begünstigten war die Verlosung ein wahres Damoklesschwert, da die erzwungene Abwesenheit eines gerade erwachsenen Sohnes eine empfindliche Einbuße für das Familieneinkommen bedeuten konnte. Diese Leute suchten ihr Heil bei Magie und Aberglauben. Der Betreffende mußte die drei letzten Tage vor der Verlosung alles mit der linken Hand tun, bis hin zum Kreuzschlagen, und danach mußte er auch das Los mit der linken Hand ziehen. Ob diese linkshändige Aktion gut oder böse ist, hängt völlig vom Standpunkt des Betrachters ab: Ein militanter, wohlhabender Patriot wird sie als Mittel, sich der Ehrenpflicht feige zu entziehen, ablehnen; ein armer Schlucker hingegen wird sie als gesegnete Möglichkeit sehen, seine Familie vor Armut und Hunger zu bewahren.

Eines wird aus all diesen Geschichten deutlich: Die linke Seite des Körpers, ob es nun die Hand, den Fuß oder die Achsel betrifft, besitzt magische, beschwörende Eigenschaften, die sowohl zum Guten wie zum Bösen eingesetzt werden können. Dabei geht es vor allem um eine ganz bestimmte Art von Magie, wie die folgenden Weisheiten zeigen.

Was tut man gegen hartnäckiges Fieber? Billiger als der Doktor ist diese Methode: Der Fiebrige bindet einen blauen Wollfaden um eine Zehe seines linken Fußes und läßt ihn neun Tage dort; am zehnten Tag geht er dann vor Sonnenaufgang schweigend zu einem Holunderstrauch, löst den Faden von seinem Fuß und bindet ihn an einen Zweig des Strauchs. Weg ist das Fieber. Ähnliches gilt übrigens für viele andere Erkrankungen. Wie lange der

Faden welchen Körperteil umwinden und welcher Strauch oder Baum die Krankheit aufsaugen muß, kann variieren, doch immer geht es um einen linken Finger oder Arm, einen linken Zeh oder ein linkes Bein. Überfällt Sie ein heftiges Husten in Tirol? Lassen Sie Ihren linken Arm schlaff herunterhängen. Haben Sie Nasenbluten? Dann tut ein fest um den linken kleinen Finger gebundener Faden Wunder. Säuglinge schützt man gegen Gicht mit drei Tropfen Blut aus dem linken Ohr eines schwarzen Schafes. Und schon die alten Römer wußten, wie man kranken Schweinen hilft: Vor Sonnenaufgang gräbt man mit der linken Hand Wurzeln der Christrose aus, dann durchsticht man dem kranken Tier die Ohren und steckt die Wurzeln in die Löcher.

Auch Roßkastanien, die man in der linken Hosentasche mit sich herumträgt, helfen gegen mancherlei Übel, vom Zahnweh bis Rheuma; in anderen Gegenden muß es die rechte Hosentasche sein. Und Heil- und Zauberkräuter können zwar zu verschiedenen Zeitpunkten gepflückt werden, kurz vor Sonnenaufgang oder um Mitternacht, bei Neumond oder bei Vollmond – über eines aber sind sich die vielen Rezepte und Vorschriften einig: auf jeden Fall muß mit der linken Hand gepflückt werden, am besten mit Daumen und Ringfinger.

Es geht um die Magie von Leben und Tod, Krankheit und Gesundheit, inklusive der gesunden Krankheit, die man Liebe nennt. Dies ist das wichtigste, stets wiederkehrende Thema. Sogar die katholische Symbolik, in der links im allgemeinen nie positiv gedeutet wird, kennt zumindest eine eiserne Regel, die den Zusammenhang zwischen links, Gesundheit, Liebe und Vitalität bestätigt: die Hochzeitszeremonie, bei der sowohl der Braut wie dem Bräutigam der Ring an den Finger der linken Hand geschoben wird. Diese Zeremonie ist die direkte Fortsetzung eines alten römischen Verlobungsrituals. (Die wiederum aus der Hochzeitszeremonie hervorgegangene kirchliche Verlobung, bei der die Ringe rechts getragen werden, ist ein viel späteres Einsprengsel.) Die römische Verlobung wurde mit einem Ring um den linken Ringfinger, den *digitis medicinalis*, besiegelt, der von großer Bedeutung für die Gesundheit war. Der Ring schützte seinen Träger und bewahrte die Liebe. Dem Schriftsteller Isidorus zufolge glaubte man zudem, daß vom linken Ringfinger eine Ader direkt zum Herzen lief. Das erklärt vielleicht, wieso man auf dem erwähnten ägyptischen Zauberpapyrus das Blut gerade dieses Fingers für den Liebestrank benötigt.

Wie sehr die christliche Kultur Europas vom Zusammenhang zwischen linker Hand, Gesundheit und Lebenskraft durchdrungen ist, zeigt Michelangelos Deckengemälde in der Sixtinischen Kapelle in Rom, und zwar die berühmte Szene, in der Gott Adam das Leben schenkt (Abb. 2). Das tut er selbstverständlich mit der Rechten, Adam jedoch, nach Gottes Ebenbild erschaffen, empfängt das Leben mit der Linken. Das ist bemerkenswert, denn Linkshändigkeit ist in der Regel zunächst ein Kennzeichen des Teufels. Die Erklärung, Michelangelo habe nur der Komposition halber so gemalt, ist wohl nicht befriedigend. Ein Papst, der den berühmtesten Maler seiner Zeit beauftragt, einen so heiligen Raum auszumalen, läßt sich nicht mit faulen Ausreden abspeisen. Es gibt denn auch einen stichhaltigen, auch für die Kirche akzeptablen Grund für Adams Linkshändigkeit: die linke Hand steht für das Leben selbst. An einer anderen Stelle der gleichen Decke sehen wir etwas Ähnliches (Abb. 3). Dort werden Adam und Eva aus dem Paradies vertrieben, zwei jämmerliche, reuige und verzweifelte Gestalten auf der Flucht vor dem über ihnen schwebenden, unerbittlichen Engel des Todes. Der Engel ist Linkshänder, nicht weil er ein Trabant des Teufels ist, sondern weil er über Tod und Leben entscheidet.

Wo der Aberglaube sich aufs Betrügen konzentriert, wie in den Geschichten vom Meineid oder vom Hecktaler, hat er nichts mit Krankheit und Gesundheit zu tun, sondern mit einem gänzlich anderen Thema: der Umkehrung. Ein Thema, so alt wie die Menschheit selbst, das Resultat unseres Bedürfnisses nach Teilung und Polarisierung. In der jüdisch-christlichen Welt hängt es auch direkt mit dem Unterschied zwischen Gut und Böse zusammen; sie kennt die Umkehrung Gottes in der Gestalt des Teufels. Da Gott dem Menschen ähnelt, ist er natürlich wie die meisten Menschen Rechtshänder. Dann aber muß der Teufel Linkshänder sein, wie er sich auch nicht auf Wangen und Mund, sondern auf den Hintern küssen läßt. Solche Umkehrung hat sich bis auf den heutigen Tag erhalten, wie die vielen fundamentalistischen Christen, die teuflische Botschaften auf rückwärts gespielten Platten zu hören glauben, und die Symbole und Rituale der schwarzen Messe beweisen. Der Aspekt des Betrugs verbirgt sich nicht im Element Links an sich, sondern in der Tatsache, daß eine Handlung umgekehrt wird: die meisten Menschen geben, nehmen und schwören automatisch mit der rechten Hand; deshalb muß es in der Verneinung mit der linken geschehen.

Das Motiv der Umkehrung ist über die ganze Welt verbreitet, doch ist es nicht überall mit Gut und Böse verbunden. In der Antike brachte man den alten Erdgöttern Opfergaben, wie Fische und kleine Tiere, oft mit der linken Hand und mit gesenktem Haupt. Umkehrung folgt hier einzig aus der Tatsache, daß die Himmelsgötter über, die Erdgötter unter den Menschen wohnen. Bei den Toradja in Zentral-Celebes in Indonesien ist Umkehrung eng mit dem Gegensatzpaar Leben und Tod verbunden. Sie pflegen die Gräber ihrer Vorfahren ausschließlich mit der linken Hand. Auch eine Handvoll Reis muß man dem Toten mit der Linken opfern. Zudem stellen sie sich die Toten weiß vor, während sie selbst eine dunkle Hautfarbe haben.

Natürlich ist in einer solchen Kultur Linkshändigkeit inakzeptabel, aber nicht, weil mit der linken Hand etwas Negatives assoziiert würde. Ein Linkshänder behandelt seine Mitmenschen, als gehörten sie dem Totenreich an, und das ist schockierend. Jemandem mit der linken Hand ein Getränk anzubieten bedeutet fast, ihm einen Totenkranz zum Geburtstag zu schenken.

Die linke Seite des Körpers mag in den Volkssagen deutlich mit magischen Vorstellungen von Krankheit und Gesundheit verbunden sein; sobald ein Aberglaube mit Dingen außerhalb des menschlichen Körpers zu tun hat, scheint auf den ersten Blick völlige Willkür zu herrschen. In Mitteleuropa bringen Schafe, die jemandes Weg von rechts nach links kreuzen, Unglück. Hingegen glaubten sowohl Römer wie Inder, daß Krähen Tod und Verderb verhießen, die von links nach rechts flogen. Bei den Franzosen sind Krähen zwar auch ein schlechtes Vorzeichen, aber wenn sie von links kommen, ist das Unglück noch zu umgehen; die, die von rechts kommen, sind erst richtig schlimm. Wenn man zu seiner Linken einen Kuckuck rufen hört, bedeutet das Unglück; der Ruf, der von rechts ertönt, bringt dagegen Glück. In manchen Gegenden ist man davon überzeugt, daß Schafe oder Schweine Glück bringen, allerdings nur dann, wenn sie von links unseren Weg kreuzen. Kommen sie von rechts, dann heißt es aufpassen. Aber auch in diesem Fall gilt anderswo genau das Gegenteil. Christliche Rituale gehen mit den Richtungen ziemlich rat- und planlos um. Katholiken schlagen das Kreuz von links nach rechts, Anglikaner und Römisch-Orthodoxe tun es genau andersherum. Die merkwürdigste Inkonsequenz findet sich allerdings bei den alten Römern, die doch unbeirrbar an Vorzeichen glaubten, die sie unter anderem am Vogelflug ablasen. Anfänglich verhieß ihnen die linke Seite Glück, aber von der griechischen Kultur übernahmen sie später ohne weiteres die Auffassung, die rechte Seite sei günstiger.

Der Grund dieser Verwirrung liegt wahrscheinlich im Fehlen eines natürlichen Kriteriums. Zwar bedeutet links im allgemeinen etwas Negatives, aber was und wo ist eigentlich links? Es hängt ganz davon ab, ob man danach urteilt, wo etwas herkommt oder wo etwas hingeht. Im ersten Fall gelten Tiere, die links vor uns auftauchen, links an uns vorbeigehen oder von links nach rechts unseren Weg kreuzen, als schlechte Vorzeichen. Wenn wir uns umdrehen, gilt das Umgekehrte: dann ist das, was von rechts kommt, schlecht.

Kreisbewegungen scheinen auf den ersten Blick genauso willkürlich zu verlaufen, aber wenn wir genau hinschauen, erkennen wir dabei noch ein drittes Motiv. Einerseits führen Prozessionen immer im Uhrzeigersinn um die Kirche, und Priester gehen im Uhrzeigersinn um den Altar. Auch bei den hier und da in Europa noch praktizierten Einweihungsriten neuer Häuser zieht man ausschließlich im Uhrzeigersinn um das Haus. Das gleiche gilt für die Reihenfolge bei Gesellschafts- und Kartenspielen. Im Uhrzeigersinn bedeutet rechtsherum, also denken wir sofort an den Zusammenhang von rechts mit gut. Das ist aber zu einfach, denn warum verlaufen dann die meisten Rennbahnen, ob sie nun für Hunde, für Pferde, für Menschen oder für Autos bestimmt sind, linksherum? Und warum drehen sich Propeller von Flugzeugen und Helikoptern oder Windmühlenflügel gerade gegen den Uhrzeigersinn? Der französische Anthropologe Robert Hertz, der am Anfang unseres Jahrhunderts lebte, fand eine andere Erklärung. Ihm zufolge waren «kreisende» Rituale dazu da, die Bindung an die Gruppe, das beruhigende Gemeinschaftsgefühl, zu stärken: Man wandte die rechte Schulter dem schützenden Zentrum zu und die linke der bösen Außenwelt. Deshalb verliefen Prozessionen automatisch im Uhrzeigersinn. Unbeantwortet bleibt dabei die Frage, ob nicht gerade die fähigere Rechte zur Verteidigung gebraucht werden müßte? Und wie verhält es sich mit den Rennbahnen und den Windmühlen?

Eine bessere Erklärung bietet der Lauf der Sonne. Auf der nördlichen Halbkugel zieht die Sonne im Uhrzeigersinn ihre Bahn. Priester und Gläubige, die um Kirchen, Altäre oder Häuser herumgehen, folgen unbewußt uralten, heidnischen Sonnenritualen. Sie ahmen die Bahn der Sonne um die Erde nach. Bei Gesellschaftsspielen geschieht genau das gleiche. Die Spieler stellen die Sonnenbahn dar, wer an der Reihe ist, ist die Sonne, und der Mittelpunkt, um den die Bewegung kreist, ist das Spiel selbst. Zudem sieht jeder Spieler das Spiel in der Richtung der Sonnenbahn an sich vorbeiziehen, vom Sonnenaufgang zu seiner Linken zum Sonnenuntergang zu seiner Rechten.

Die Windmühlen drehen sich nur scheinbar gegen den Uhrzeigersinn: Wir betrachten die Bewegung von der falschen Seite aus. Bei einer Mühle ist der Bezugspunkt nämlich nicht der zufällige Flaneur, sondern der Müller. Dieser befindet sich normalerweise in der Mühle, also hinter den Flügeln. Von dort aus drehen sie sich, wie es sich gehört, im Uhrzeigersinn und parallel zum Lauf der Sonne. Bei Propellern verhält es sich genauso; der Motor ist die Mühle.

Rennbahnen schließlich unterscheiden sich von allen anderen Rundgängen durch den außerhalb der Bahn liegenden Standpunkt. Normalerweise hält sich das Publikum in einem Stadion nämlich nicht im mittleren Feld auf, das meist sogar leer bleibt, sondern es betrachtet das Geschehen von den Rängen. Damit aber findet eine Umkehrung der wahrgenommenen Bewegung auf der dem Betrachter am nächsten liegenden Seite der Rennbahn statt: Verläuft sie vom Mittelpunkt aus gesehen im Uhrzeigersinn, dann sehen die Zuschauer die Läufer von rechts nach links, also gegen die Sonnenbahn, an sich vorüberziehen. Dadurch, daß die Bahn andersherum gebraucht wird, wird für die Zuschauer der gewohnte Effekt wiederhergestellt; die Läufer spurten, wie es sich gehört, von links nach rechts, dem Lauf der Sonne folgend, am Publikum vorbei. So gilt denn für alle kreisenden Bewegungen dasselbe Prinzip: Sie folgen der Sonne, und nur der Standpunkt des Betrachters wechselt.

Die wahre Art von links und rechts

Gesundheitsmagie, Umkehrung und Sonnenbahn: drei Beispiele, die zeigen, welche Rolle die linke Seite und die linke Hand in unserer Symbolik spielen. Von diesen dreien ist nur die erste wirklich interessant. Bei der Umkehrung ist links letztendlich nur eine Ableitung von der Norm der Rechtshändigkeit, und Rituale, die sich nach der Sonnenbahn richten, haben nur insofern mit links und rechts zu tun, als die Sonne für die Bewohner der nördlichen Halbkugel nun einmal von links nach rechts wandert. Nur die Gesundheitsmagie hat wesentlich mit der linken Seite zu tun, im besonderen mit der linken Hand. Wenn dem so ist, was müßte dann das Gegenstück dazu sein?

Wirklich beweisen kann man natürlich nichts. Es geht schließlich um unreflektierte Gefühle, um intuitive Urteile, und die lassen sich schwer analysieren. Unsere Vorfahren können wir nicht mehr fragen, und auch die Beweggründe, die unser Verhalten im täglichen Leben und die Art, wie wir die Welt sehen, beeinflussen, können wir nicht leicht durchschauen. Es ist auch die Frage, ob das je geschehen wird. Vielleicht gelingt es uns irgendwann einmal, die chemischen Prozesse, die unsere Seelenregungen auslösen, zu ergründen – das erklärt jedoch immer noch nicht, wie es zu diesen Prozessen kommt. Dennoch können wir eine plausible Erklärung zu finden versuchen; dafür müssen wir uns noch einmal dem klassischen Altertum zuwenden.

Vor mehr als zweitausend Jahren, in der Zeit des Hellenismus, entwickelte sich die ursprünglich aus Ägypten stammende Göttin Isis zu einer Gottheit, deren Verehrung von England bis nach Mesopotamien reichte. Isis war eine extrem weibliche Gestalt, Symbol des ausgedehnten ägyptischen Landes, das auf Befruchtung durch die Fluten des Nils wartete, wie Isis auf die des Gottes Osiris. Gemeinsam verkörperten die beiden den Kreislauf von Leben und Tod: auf den Tod folgt wieder Leben, so wie der ausgetrockneten Erde jedes Jahr aufs neue Leben entsprießt. In der Blütezeit des Hellenismus entwickelte der Isiskult sich zu einem Mysterienkult, der große Ähnlichkeiten mit dem späteren Christentum aufwies. Es gab Einweihungsriten mit Taufen, bei denen die Mysten das Licht «erschauten». Wer sich einweihen ließ, den erwartete nach dem Tod ein Leben in den elysischen Gefilden unter Isis' Schutz, unter der Bedingung, daß er oder sie sich an die vorgeschriebenen Pflichten hielt, zum Beispiel Keuschheit. Sünde, Reue, Selbstbeherrschung und Askese waren Begriffe, die im

Isiskult eine Rolle spielten und die uns nur allzu bekannt in den Ohren klingen. Die hellenistische Welt reifte anscheinend einer Religion wie dem Christentum entgegen.

Bei den Isisprozessionen wurden allerlei Symbole mitgetragen. Eines davon, so berichtet Apuleius in seinen *Metamorphosen*, war das Bildnis einer linken Hand, als Sinnbild der Gerechtigkeit. Apuleius fügt hinzu, die linke Hand könne durch ihre angeborene Unbeholfenheit besser als die Rechte diese Tugend symbolisieren. Diese Bemerkung verdeutlicht, was genau die linke Hand darstellte: nicht das raffinierte juristische Denken mit all seinen Manipulationen und verzwickten Interpretationen, sondern das Rechtsgefühl, das gefühlsmäßige Erleben von Gerechtigkeit, Ehrlichkeit und verdientem Lohn.

Ähnliches begegnet uns in der jüdischen Religion. Nach alter jüdischer Tradition hält Gott die Gnade und die Thora in der Rechten, in der Linken hingegen Leben und Gerechtigkeit. Wieder ist hier die linke Hand nicht nur mit dem Leben verbunden, sondern auch, wie im Isiskult, mit Gerechtigkeit. Diesmal ist die Thora, das geschriebene Gesetz, der Gegenpol. Gerechtigkeit ist auch in diesem Fall wieder das reine Gefühl für das, was recht ist, das Verständnis für den gerechten Lauf der Dinge im Unterschied zu den Vorschriften und Gesetzen.

Steht dazu nicht im Widerspruch, daß derselbe Gott in seiner Rechten auch die Gnade hält? Gnade ist doch auch eine Gefühlssache. Nicht im geringsten. Der Begriff «Gerechtigkeit» hat mit Genugtuung, mit Beilegung eines Streites, mit Vergeltung zu tun: Auge um Auge, Zahn um Zahn. Sprichwörter wie «Wohltun bringt Zinsen», «Wer austeilt, muß auch einstecken», «Wer nicht hören will, muß fühlen», «Alle Schuld rächt sich auf Erden» zeigen dies deutlich genug. Mitleid spielt dabei keine Rolle. Der Ausdruck «Gnade vor Recht ergehen lassen» weist vielmehr darauf hin, daß Gnade eine sinnvolle Bremse ist, mit der wir unseren Drang nach Genugtuung mäßigen. Wir würden denjenigen, der uns Unrecht tut, vielleicht am liebsten in Stücke hacken, vierteilen oder ihm das Herz aus dem Leib reißen; statt dessen bringen wir Verständnis für seine Beweggründe und Lebensumstände auf, überlegen uns, welche Folgen unser Handeln nach sich ziehen würde, und verzichten auf einen wichtigen Teil unserer Genugtuung. Gnade hat nichts mit Rührung oder liebevollem Verständnis zu tun; wer Gnade walten läßt, durchbricht hauptsächlich aus Vernunftgründen die drohende Spirale der Gewalt.

So kommt endlich die wahre Bedeutung des Gegensatzes zwischen links und rechts ans Licht: Gefühl versus Vernunft. Links steht für das, was gefühlt, aber nicht begriffen wird; rechts für Analyse und Wissen. Aber links steht auch für das, was uns unabwendbar überkommt, rechts für das, was wir in der Hand haben; Magie steht im Gegensatz zu Können. Das wiederum stimmt überein mit dem Zusammenhang von links mit Gesundheit, Krankheit, Leben und Tod. Kräuterweiber, Handaufleger und Gebetsheiler haben deshalb zu allen Zeiten Konjunktur.

Indirekte Hinweise darauf, daß rechts und links den Gegensatz zwischen Rationalität und Irrationalität symbolisieren, finden sich auch in der Reklame, besonders im Fernsehen. Dabei müssen wir uns daran erinnern, daß links von alters her und überall mit Weiblichkeit assoziiert wird und rechts mit Männlichkeit. Oder man denke an den Glauben, daß der Samen des linken Hodens Mädchen, der des rechten Jungen zeugt. Dieser Glaube, der auf den griechischen Philosophen Anaxagoras zurückgeht und sich bis ins Mittelalter hielt, hatte zur Folge, daß viele Männer ihren linken Hoden abbanden, in der Hoffnung auf männlichen Nachwuchs. Auch auf der anderen Seite der Erde gibt es solche Vorstellungen. Die Maori auf Neuseeland zum Beispiel nennen rechts *tama tane*, die männliche Seite, und tama tane bedeutet zugleich männlicher Geschlechtstrieb, Kraft, Kreativität und Osten. Dem steht *tama wahine*, die weibliche Seite, gegenüber, mit genau den umgekehrten Assoziationen. Auch viele Bantustämme Afrikas sehen das so. Oft wird die rechte Hand auch die männliche, die

starke Hand genannt; die linke dementsprechend die weibliche oder schwache Hand.
In der Reklame für die angenehmen Dinge des Lebens, wie Alkohol und Mode, ist der Mann meist der flotte, selbstsichere Typ, der alles fest im Griff hat. Seine Kleidung ist sorgfältig leger oder von elegantem Schnitt, er fährt einen Wagen, wie nur echte Kämpfernaturen ihn sich leisten können, oder er hat ein Attachéköfferchen bei sich, in dem nur höchst wichtige Dokumente aufbewahrt werden. Alles deutet auf die große Verantwortung, die auf ihm lastet. Er ist ein Mann von Welt, der sich ein Abenteuer erlauben kann, gleichzeitig aber deutlich seine Grenzen zieht.
Frauen haben in diesen Spots andere Eigenschaften. Sie sind keine altmodischen blonden Dummerchen mehr, sondern unternehmungslustige Typen in provozierender Unterwäsche oder extrem unpraktischer, aber bezaubernder Toilette. Manchmal tragen sie sogar Männerkleidung, dies aber so, daß das Spielerische, Freche und Verantwortungslose nur noch mehr betont wird. Eine solche Frau pfeift auf Konventionen. Sie schleicht sich raubtierhaft an den Mann heran, wenn es sein muß, auch quer über einen Bartresen, und verführt ihn zu einem aufreizenden Tango – von Kopf bis Fuß geheimnisvolle Sinnlichkeit. Er geht darauf ein, solange es ihm paßt, oder etwas länger. Im schlimmsten Fall reißt sie ihm die Kleider vom Leib, um darin dann um so verführerischer das Spiel fortzusetzen. Alle Hemmungen fallen, das Leben erscheint als ein einziges Fest der Sinne. Arbeit kommt im Leben solcher Frauen, wenn überhaupt, höchstens in der Form von Malen oder Bildhauern vor.
Ein schönes Beispiel für diese Verteilung der Rollen bot die Reklamekampagne eines Kleidungskonzerns in den späten achtziger Jahren. Gezeigt wurde ein Mann in verschiedenen Situationen, der sich im Bann einer Frau befindet. Einmal wurde er, nur halb bedeckt von einem Bettuch, von einer schaudererregend schönen Masseurin bearbeitet, während sein Anzug außer Reichweite

über einem Stuhl hing; dann wieder bemächtigte sie sich seiner Jacke, während er gerade im Badezimmer war. Das pay off dieser Szenen lautet immer: «Nachher alles wieder unter Kontrolle». Hier fließen alle Elemente unverschnitten zusammen. Sowohl der Mann als auch die Frau legen Mut an den Tag: sie den Mut, sich gehen, sich von Spiel und Sinnlichkeit leiten zu lassen, er den Mut, sich zwar auf ein Risiko einzulassen, sich der Frau aber nicht ganz auszuliefern. Solche Reklamebilder sind, ganz unabhängig davon, ob sie uns gefallen oder nicht, karikaturistische Vergröberungen eingefleischter Vorstellungen: Der Mann verkörpert Beherrschung, Berechnung und Ratio, die Frau Irrationalität, Spontaneität und Emotionalität. Wenn wir dabei die Beziehung zwischen Weiblichkeit = links und Männlichkeit = rechts berücksichtigen, entsteht ein deutliches Bild. Links symbolisiert das natürliche, magische, gefühlsmäßige, rechts das beherrschte, begründete, wohlüberlegte Verhalten.

Aber warum hat links einen so negativen Beigeschmack? Auch das ist nicht schwer zu verstehen. Das Unkontrollierbare, Magische hat etwas Beängstigendes, besonders wenn es um Krankheit, Gesundheit, Leben und Tod geht. Über Gesundheit nachzudenken beschränkt sich bei den meisten Menschen hauptsächlich darauf, daß sie hoffen, nicht krank zu werden. Auch der Kult rund um Jogging, Fitneß und eine gesunde Ernährung will nichts weiter als Krankheit, Gebrechlichkeit und Tod fernhalten. Die negative Konnotation der Begriffe links und Linkshändigkeit wird noch dadurch verstärkt, daß Rechtshändigkeit eben die Norm ist. Linkshänder sind Ausnahmen, gehören zu einer Minderheit, und Minderheiten sind meist verdächtig.

Genaugenommen gibt es drei Bereiche, in denen alles, was mit links zu tun hat, radikal abgelehnt wird: Religion, Etikette und Literatur. Die Kirchen handhaben nicht nur strenge Vorschriften in bezug auf die Hand, mit der rituelle Handlungen verrichtet werden; auch bei der Anordnung von Zeremonien und in der religiösen Bildersprache kommt links schlecht weg. So gilt es manchen schon als Beweis von Frömmigkeit, wenn ein Heiliger als Säugling die linke Brust der Mutter ablehnte. Für religiöse Kunst gelten ähnlich strenge Regeln. Linkshändige Heilige oder Apostel sind undenkbar, geschweige denn, daß es ein linkshändiges Mitglied der Heiligen Familie gäbe. Diese Strenge hat drei Gründe. Erstens benutzt die Kirche das Umkehrmotiv, um den Gegensatz Gott–Teufel noch zu verstärken. Damit wird links teuflisch. Zweitens wollen viele Religionen, allen voran das Christentum und der Islam, nichts mit den menschlichen Trieben oder mit Magie zu tun haben. Nicht als ob Glaube eine Angelegenheit des Verstandes sei; unsere so schwer zu beherrschenden Triebe und das daraus erwachsende Schuldgefühl bieten der Kirche aber ein ideales Mittel, ihre Schäfchen beieinanderzuhalten.

Der dritte Grund ist abstrakter: er liegt im Grad der Ritualisierung des kirchlichen Lebens und der kirchlichen Kunst. Rituale kann man nicht verstehen, daher müssen sie, um nicht durcheinandergebracht und vergessen zu werden, vor allem deutlich und vorhersehbar sein. Bei Ritualen geht es weniger um das, was man tut, als vielmehr darum, daß man es genau so tut, wie es vorgeschrieben ist. Wer davon abweicht, stellt das Ritual in Frage. Folglich müssen Gegensätze so extrem wie möglich dargestellt werden, und dabei schwanken die linke Hand und die linke Seite auf der Skala der Wertschätzung zwischen ein bißchen verdächtig und absolut verboten. Auch Ikonen und andere religiöse Darstellungen sind in gewissem Sinn ritueller Art: Sie müssen dem Betrachter auf Anhieb einleuchten. Wer auf dem Bild dargestellt ist und was die Darstellung zu bedeuten hat, wird durch Symbole vermittelt, und auch hierbei ist Deutlichkeit oberstes Gesetz.

Genauso funktioniert die Etikette, bei der die Rechte als die «schöne Hand» gilt. Der Ehrengast sitzt zur Rechten des Gastgebers oder der Gastgeberin und so weiter. Je schlechter Menschen einander kennen, um so leichter entstehen Mißverständnisse und um so wichtiger ist es, daß sie nichts Unerwartetes oder Unverständliches tun. Deshalb halten sie sich an feste Vorschriften. Wie diese lauten, ist eigentlich nicht so wichtig, wenn sie nur deutlich sind und leicht zu behalten. Da die Rechtshänder in der Mehrheit sind, wird Linkshändigkeit verbannt.

In der Literatur schließlich ist links in vielen Sprachen Synonym für ungeschickt, unecht und hinterhältig. Literatur spiegelte lange die Auffassungen von Staat und Kirche wider, sie folgte gewöhnlich der «offiziellen» Symbolik und trug selbst nicht wenig dazu bei, diese zu kanonisieren und festzulegen. Und da die Literatur schon immer die wichtigste Quelle der Überlieferung war, bis vor kurzem gewöhnlich die einzige, fand eine ständige Bestätigung und Verstärkung dieser ungünstigen Nebenbedeutungen in der Sprache statt. Alles in allem ist es daher kein Wunder, daß die Metaphern, die sich um den Begriff links gebildet haben, sehr viel negativer sind, als es der Wirklichkeit des täglichen Lebens entspricht.

Hexerei und Pogrome

Teufelspraktiken und Schwarze Magie leben von der Umkehrung, ja, sie sind die Umkehrung schlechthin: der Hexensabbat, bei dem alles gegen den Uhrzeigersinn geschieht, Schwarz statt des jungfräulichen Weiß, die Verehrung des Bösen, des Todes und der Unkeuschheit – all das ist die Negation dessen, was im regulären Gottesdienst als wertvoll und heilig gilt. Der Teufel und seine Handlanger sind denn auch in der bildenden Kunst Europas in der Regel linkshändig, so wie der Schurke in alten Cowboy-Filmen meist einen schwarzen Hut trägt. Daher wäre es nicht verwunderlich, wenn Linkshänder mit den Gehilfen des Teufels verwechselt worden wären, jedenfalls in den Zeiten des Hexenwahns, als Leute schon geringerer «Gebrechen» wegen angeklagt wurden.

Dennoch geschah dies erstaunlicherweise nie. Während etwa

Homosexuelle durch die Jahrhunderte hindurch mit verbissener Hingabe verfolgt wurden und Juden, Zigeuner und Landstreicher den Haß der Mehrheit zu spüren bekamen, blieben Linkshänder immer außer Schußweite. In Tausenden von Hexenprozessen wurde eine mögliche Linkshändigkeit der Angeklagten fast nie als zusätzlicher Beweis für den Umgang mit dem Teufel angeführt; andere «linke» Auffälligkeiten wie Muttermale, Warzen und Narben auf der linken Körperhälfte finden sich dagegen immer wieder in den Akten verzeichnet. Was die Linkshänder gerettet hat, ist vermutlich die Tatsache, daß sie sich, anders als Juden und Zigeuner, nie als Gruppe manifestierten.

Eine Gruppe, die sich absondert, erregt in ihrer Umgebung unvermeidlich Neugier, Mißtrauen und Eifersucht: Was machen die da? Wenn sie so geheimnisvoll tun, haben sie bestimmt etwas Interessantes zu verbergen. Ein Mechanismus, den wir tagtäglich auf jedem Schulhof beobachten können. Wenn nicht schnell deutlich wird, woraus das begehrenswerte Geheimnis einer solchen Gruppe besteht – und das wird oft nicht deutlich, weil es in der Regel gar nichts gibt, was Außenstehende ansprechen könnte –, dann regt sich schon bald der Verdacht, es handle sich nicht so sehr um einen Bund zum Schutz und zur Abschirmung eines kostbaren Besitzes als vielmehr um eine Verschwörung. An diesem Punkt kommt zur Eifersucht und Frustration des Ausgeschlossenseins Angst hinzu, und es entsteht ein äußerst explosives Gemisch. Es ist der Moment, an dem wunderliche Geschichten die Runde machen und Glauben finden: Freimaurer opfern auf ihren Zusammenkünften kleine Kinder, Juden verspeisen Christenkinder, Zigeuner stehlen Kinder und verkaufen sie als Schornsteinfeger und so weiter.

Minderheiten eignen sich besonders als Sündenbock. Mißernten und andere Katastrophen können ihnen leicht angekreidet werden. Die jüdisch-bolschewistische Verschwörung zur Eroberung der Weltherrschaft, die die Nazis entdeckt zu haben glaubten, war nur die moderne Fortsetzung eines durch die Jahrhunderte hindurch erscheinenden Feuilletonromans, der früher oder später immer mit Mord und Totschlag endete, meistens in großem Maßstab.

Linkshänder nun betrachteten sich nie als einer Gruppe zugehörig, und selbst in einer Zeit weltweiter Kommunikation ist es in Europa anscheinend nicht möglich, eine lebensfähige Vereinigung für Linkshänder zu gründen. Nur in England und den USA gibt es so etwas. Und so wie Rechtshänder die Linkshändigkeit eines Bekannten oft gar nicht bemerken, so kann es auch bei Linkshändern lange dauern, bis sie die Linkshändigkeit ihres Gegenübers entdecken. Vermutlich liegt es an diesem Mangel an Verbundenheit, an fehlendem Gruppengefühl, daß Linkshänder nie die Aufmerksamkeit auf sich zogen, die anderen Gruppen so fatal geworden ist.

Ein zweiter Grund liegt wahrscheinlich in der Größe der Gruppe. Linkshänder bilden, wie gesagt, etwa zehn Prozent der Bevölkerung und sind ziemlich gleichmäßig über alle Schichten verteilt. In manchen Familien sind sie zahlreicher als in anderen, aber das ist auch schon alles. Jeder hat in seiner Familie, in seinem Freundes- und Bekanntenkreis einen oder mehrere Linkshänder, und das erklärt auch, warum Linkshänder nicht verfolgt werden: Früher oder später würde das Verluste im eigenen Umkreis bedeuten. Genau darauf aber zielen Pogrome und ähnliches: Die zu verfolgende Gruppe muß streng einzugrenzen sein. Bei Linkshändern gelingt das nicht, es gibt ihrer einfach zu viele, und sie sind zu gleichmäßig verteilt.

Aber wie steht es dann mit Homosexuellen? Auch sie machen schätzungsweise etwa zehn Prozent der Bevölkerung aus, auch sie verteilen sich gleichmäßig über alle Bevölkerungsgruppen, und dennoch gehören sie zu den am grausamsten verfolgten Minderheiten der Geschichte. Der Grund könnte darin liegen, daß Homosexualität sich, im Gegensatz zu Linkshändigkeit, geheimhalten läßt. Eben diese Geheimhaltung machte die Verfolgung Homosexueller so viel leichter, da ihre Anzahl gewaltig unterschätzt wurde. Jeder Heterosexuelle konnte der Illusion anhängen, daß so etwas in seinem Kreis nicht vorkam. Wenn es hin und wieder zu unangenehmen Überraschungen kam, wurde das schamhaft verschwiegen. Das Tabu ist so groß, daß es bis auf den heutigen Tag in vielen Teilen der Welt Menschen und selbst Regierungen gibt, die schwören, in ihrem Land gebe es keine Homosexuellen.

Die Tatsache, daß Linkshändigkeit sogar zur Zeit des Hexenwahns keine Rolle spielte, ist bei näherer Betrachtung im übrigen weniger überraschend, als es im ersten Moment scheint. Die großangelegte Verfolgung der Handlanger und besonders der Handlangerinnen des Teufels hatte ja ihre eigene Vorgeschichte. Das 15. Jahrhundert, in dem die Hexenverfolgung begann, ist auch das Jahrhundert, in dem die politischen und sozialen Verhältnisse des Mittelalters definitiv ins Wanken geraten. Unter anderem fordert der Dritte Stand in den Städten seinen Platz auf der politischen Bühne; seine Macht ist das Geld, der Sieg ist ihm gewiß. Jahrhunderte später wird diese Verschiebung in zwei Revolutionen münden: in die Französische Revolution, die mit der mythischen, gottgewollten, über alles erhabenen Autorität abrechnet, und in die industrielle Revolution, die die industrielle Produktion und das Kapital zu den wichtigsten Machtfaktoren werden läßt.

Um 1500 hatte die Kirche bereits einen Großteil ihres Einflusses auf weltliche Angelegenheiten eingebüßt. Daran war sie weitgehend selbst schuld. Interne Zwistigkeiten und politische Machenschaften hatten die päpstliche Autorität untergraben. Gegenpäpste, Erpreßbarkeit und Korruption führten dazu, daß so mancher Fürst den Papst nicht mehr ernst nahm – was im übrigen nicht bedeutete, daß er vom Glauben abfiel –, wenn es auch bis 1534 dauern sollte, ehe Heinrich VIII. sich in aller Öffentlichkeit von Rom lossagte und sich selbst zum Haupt der anglikanischen Kirche ernannte. Schon lange hatte es rumort, die Vorzeichen waren schon seit zwei Jahrhunderten zu erkennen gewesen. Erneuerungsbewegungen wie die von Cluny oder die Gründung neuer Bettelorden wie der der Franziskaner brachten keine Rettung, die Kirche blieb korrupt und verdorben, und die reformatorische Bewegung war nicht mehr aufzuhalten. Mit der Entstehung des Nationalstaates im 18. Jahrhundert verliert die Religion endgültig ihre Bedeutung als maßgeblicher politischer Faktor.

In einem gärenden Vakuum, in dem alle nach einem neuen Gleichgewicht und nach neuen Werten suchen, setzen die Herrschenden alles daran, ihre Macht zu erhalten. Dabei greifen sie gern zu dem erprobten Mittel der Religion. Die Religion ist das Banner, unter dem in den blutigen Kriegen zwischen 1517 und 1648 gekämpft wurde. Inquisition und Hexenverfolgung feierten damals finstere Urständ. Die Mächtigen schützten die zu allen Zeiten im Volk lebendige Angst vor Hexen, bis sie die Ausmaße eines Kreuzzugs gegen das Böse schlechthin annahm. Diese Haltung war eher politisch als emotional bedingt, und wo das Konzept des Nationalstaates sich durchsetzte, hörten die Hexenprozesse denn auch ziemlich rasch auf, zuerst in der Republik der Vereinigten Niederlande, die um 1600 aus spanischem Besitz an der Nordsee entstand. Während in Nimwegen 1603 das letzte Todesurteil vollstreckt wurde, wurden im nahegelegenen Limburg, das dem jungen Staat nicht angehörte, zwischen 1603 und 1637 noch an die siebzig Hexen zu Tode gebracht. In Spanien und Italien, wo die Reformation kaum eine Chance hatte und das politische Klima ziemlich stabil blieb, hörten die Verfolgungen gegen 1620 auf, danach wurden nur noch vereinzelt Todesurteile gefällt. In politisch anfälligen Ländern jedoch wütete der Hexenwahn unvermindert fort: Die letzte deutsche Hexe wurde 1749, im Geburtsjahr Goethes, in Würzburg verbrannt.

Daß der Hexenwahn nicht nur ein Fall von Massenhysterie war, sondern bewußt eingesetzt wurde, beweisen unter anderem die zeitgenössischen Handbücher, allen voran der *Hexenhammer* aus dem Jahr 1486. Er enthält nicht nur eine genaue Definition des

Hexenwesens, sondern beschreibt auch im einzelnen die Prozeßführung, die gut durchdacht und gegen allzu große Willkür abgesichert ist. Folter ist zulässig, aber nicht die bevorzugte Methode, und ein Geständnis, das ausschließlich durch die Folter erzwungen wurde, ist ungültig. Auch ist ein Liebäugeln mit den teuflischen Mächten noch kein hinreichender Grund zur Verfolgung; es muß ein wirkliches *Maleficium* vorliegen, das heißt der begründete Verdacht einer strafbaren Handlung. Eventuelle körperliche Merkmale einer Hexe können höchstens als erschwerender Umstand hinzugezogen werden. Daß Linkshändigkeit auch im *Hexenhammer* keine Rolle spielt, hat wohl einfach damit zu tun, daß sie zu häufig vorkommt; auffällige Warzen sind eben seltener.

Das beidhändige Paradies oder Der ideale Soldat

Die Benjaminitische Geschichte von den siebenhundert linkshändigen Kriegern zeigt, daß Linkshändigkeit schon zu biblischen Zeiten ein ernsthaftes Problem für die Kriegskunst darstellte. Warum sollte sich jemand sonst die Mühe machen und siebenhundert Linkshänder in einer eigenen Einheit unterbringen? In kaum veränderter Form gibt es diese Probleme auch heute noch.

Der Militärbetrieb tanzte und tanzt in dieser Beziehung aus der Reihe. Wie gut der durchschnittliche Linkshänder normalerweise auch funktioniert, in einer organisierten Kampfformation wird er plötzlich zur Gefahr für seine Kameraden. Eine disziplinierte Einheit verdankt ihre Stärke seit eh und je in erster Linie ihrer Uniformität. Soldaten bildeten mit ihren Schilden nur dann einen geschlossenen Schutzwall, wenn kein Linkshänder zwischen ihnen stand, der den Schild rechts hielt. Dann tat sich nicht nur eine gefährliche Lücke in der Deckung auf, sondern der Linkshänder behinderte außerdem noch seinen Nachbarn zur Rechten. Und damit nicht genug. Ein rechtshändiger Soldat bewegt sich nach links vorne, so daß er aus dem Schutz seines Schildes heraus zuschlagen kann; bei einem Linkshänder ist es genau umgekehrt. Bei Kommandos wie «linksum Marsch» und «rechtsum Marsch» verheddert er sich nur allzuleicht in seine Nachbarn. Ein Linkshänder schwächte also nicht nur die Schlagkraft der Formation, er erschwerte zudem auch noch die Manöver.

Auch heute stellt Linkshändigkeit für die Armee ein ernsthaftes Problem dar. Das Schloß eines Gewehrs befindet sich für einen Linkshänder auf der falschen Seite, so daß er zum Durchladen länger braucht. Kugelhülsen springen aus jedem Standardgewehr nach rechts, weg vom rechtshändigen Schützen. Ein Linkshänder hält das Gewehr an die linke Schulter, so daß ihm die heiße Hülse ins Gesicht oder auf den rechten Arm springen kann. Zusätzlich gereicht ihm zum Nachteil, daß der Kolben sich der Form der rechten Schulter anpaßt. Die linke Schulter leidet dadurch doppelt unter der Wucht des Rückschlags. Gewehre für Linkshänder lösen das Problem nicht. Wenn es nämlich darauf ankommt, muß ein Soldat das Gewehr seines Nebenmannes benutzen können, und dann hat er keine Zeit, damit umgehen zu lernen. Einförmigkeit, Verläßlichkeit und Vorhersehbarkeit sind die Schlüsselbegriffe jeder erfolgreichen Einheit, und Linkshänder stören all das per Definition.

Dennoch hat auch ein linkshändiger Soldat seine Vorteile. Ein Rechtshänder kann zwar, ohne sich eine Blöße zu geben, links um die Ecke schießen, will er das gleiche aber rechts tun, muß er sich voll ins Schußfeld begeben. Da nun kommt der Linkshänder zum Einsatz. Daher hat es beim Militär immer wieder Leute gegeben, die vom idealen Soldaten träumten, vom beidhändigen Krieger, der das Schwert, die Lanze oder den Schild links so gut wie rechts führt, der sein Pferd links genauso leicht wie rechts besteigt und der aus der linken Schulter heraus genauso mühelos und präzise schießt wie aus der rechten.

Im letzten Viertel des 19. Jahrhunderts schien dieser Traum Wirklichkeit zu werden. Es war die Zeit des Optimismus und der Fortschrittsgläubigkeit. Zwischen 1871 und 1914 war die politische Lage in Europa dank eines komplizierten Bündnis- und Allianzsystems ziemlich stabil. Der Glaube, in einer Zivilisation unbegrenzter Möglichkeiten zu leben, war noch nicht von zwei Weltkriegen getrübt. Grandiose Bauwerke wie der Suez- und der Panamakanal bewiesen, in welchem Ausmaß der Mensch die Natur beherrschte. Dampfer und Eisenbahn hatten in wenigen Jahrzehnten die ganze Welt erschlossen. Die ersten Autos knatterten herum, und 1903 machten Wilbur und Orville Wright auf dem Strand von Kitty Hawk ihre ersten Flugversuche. Gerade auf dem Gebiet der Technik schienen die Möglichkeiten unbegrenzt zu sein, die Welt war machbar geworden.

Auch die Wissenschaft hatte beeindruckende Fortschritte erzielt. Besonders folgenreich war die Evolutionslehre von Charles Darwin, die allerdings meist falsch verstanden wurde. Zwei Dinge hatte Darwin ein für allemal deutlich gemacht: daß der Mensch mit dem Tier, besonders dem Menschenaffen, nah verwandt ist und daß menschliche Eigenschaften nicht von Gott gegeben, also unveränderlich sind, sondern sich vielmehr allmählich entwickelt hatten. Warum sollte nicht auch der Mensch, zumindest teilweise, machbar sein?

Vor diesem Hintergrund wandte man sich dem Phänomen der Links- beziehungsweise Rechtshändigkeit mit neuem Interesse zu. Denn wenn unsere Eigenschaften nicht unveränderlich sind und wir bei unseren nächsten Verwandten im Tierreich nicht die geringste Spur von Einhändigkeit feststellen, warum sollte sich der Mensch nicht durch Training zum beidhändigen, vollkommenen Wesen entwickeln können? Daß die Menschenaffen es etwas weniger weit gebracht hatten, wurde dabei der Einfachheit halber übersehen.

In England wurde eine Gesellschaft, die *Ambidextral Culture Society*, gegründet, die in modischen Kreisen ziemlich viele Anhänger fand. Die Adepten der Beidhändigkeit, die vornehmlich aus besseren Kreisen stammten, waren der heiligen Überzeugung, Einhändigkeit sei das letzte ernstzunehmende Hindernis auf dem Weg zur endgültigen, vollständigen Selbstentfaltung. Ihre Kinder würden, vorausgesetzt, man trainierte sie im gleichwertigen Gebrauch beider Hände, zu vollkommenen, nicht mehr auf den Besitz einer Vorzugshand beschränkten Menschen heranwachsen. Dabei blieb es undeutlich, warum eine Vorzugshand eigentlich schlecht sein sollte. Alles in allem erwies sich die *Ambidextral Culture Society* als eine würdige Vorläuferin späterer Moderichtungen wie etwa der antiautoritären Erziehung der sechziger Jahre oder der Bhagwan-Bewegung.

Wie es solchen Bewegungen zu eigen ist, fehlte es den Beidhändigkeitsdenkern nicht nur an einer gut durchdachten Grundlage, sondern sie eigneten sich auch mir nichts, dir nichts bedeutende Gestalten der Geschichte postum als Verteidiger ihrer Theorie an. In diesem Fall war wieder einmal Rousseau der Glückliche, der auch heute noch, lange nach dem Ende der Bewegung, regelmäßig als Pionier der Erziehung zur Beidhändigkeit genannt wird.

Man beruft sich dabei auf einen Abschnitt in seinem Erziehungsroman *Emile* aus dem Jahr 1780. Darin heißt es, ein Kind müsse sich nur eine einzige Gewohnheit aneignen, nämlich die, keine Gewohnheiten zu haben. Es dürfe nicht auf einem bestimmten Arm getragen werden, es müsse rechts und links die Hand geben und überhaupt beide Hände unterschiedslos gebrauchen dürfen. Armer Rousseau! Während er nur einen Protest gegen die Konvention der «schönen Hand» verlauten ließ und für die natürliche Entfaltung des Kindes plädierte, sahen seine Leser darin einen Aufruf zur Beidhändigkeit. Rousseaus Plädoyer für die Freiheit wurde mühelos in sein Gegenteil, den Zwang, verwandelt.

Die treibende Kraft hinter diesen Bestrebungen war ein gewisser John Jackson, der 1905 ein flammendes Plädoyer für (Erziehung zur) Beidhändigkeit unter dem Titel *Ambidexterity* veröffentlichte. Das Vorwort schrieb kein Geringerer als Lord Baden-Powell, der

Gründer der Pfadfinderbewegung und Held aus den Kriegen gegen die Ashanti. Seine Unterschrift leistete er kurioserweise mit beiden Händen gleichzeitig (Abb. 4).

Baden-Powell, ein Mann mit radikalen Ideen, schätzte die Körperertüchtigung über alles – für einen Berufssoldaten nichts Besonderes. Die Pfadfinderbewegung sah er als Möglichkeit, den Körper eines Jungen bis zur Vollkommenheit zu entwickeln, und er war davon überzeugt, daß die Einseitigkeit des Menschen, ob es nun um Hände, Füße oder Augen ging, dieser von ihm erstrebten Vollkommenheit ernsthaft im Wege stand. Daher war das Training beider Hände von klein auf in seinen Augen von unschätzbarem Wert. Auch behauptete er, seine Schreibtischarbeit nur bewältigen zu können, indem er abwechselnd mit beiden Händen schrieb, und er bedauerte es, als Kind nicht auch das Schreiben über zwei Themen gleichzeitig gelernt zu haben. Ob er dann ein großer Denker geworden wäre? Auch englische Lords haben bekanntlich nur ein Hirn, und wie das mit zwei Themen gleichzeitig, aber unabhängig voneinander fertig wird, darüber fehlt jede Nachricht.

Bis auf den heutigen Tag finden sich Spuren von Baden-Powells Auffassungen in der Pfadfinderbewegung, so zum Beispiel die Sitte, einander mit der linken Hand zu begrüßen. Eine Sitte, die im übrigen ihren Ursprung darin hat, daß Baden-Powell 1896 von einem besiegten Ashanti-Häuptling voller Ehrfurcht mit der Linken begrüßt wurde, zum Zeichen dafür, daß er ihn als den Mutigsten von allen betrachtete.

Die *Ambidextral Culture Society* erwies sich um 1914 als nicht mehr ganz so modischer Zeitvertreib. Ernsthaftere Probleme wie etwa der Krieg beschäftigten die Menschen, und so starb die Gesellschaft einen stillen Tod.

Die hundert Formen der Einseitigkeit

Obwohl das ruhmlose Ende der englischen *Ambidextral Culture Society* beweist, daß Beidhändigkeit nicht alleinseligmachend und auch nicht unbedingt erstrebenswert ist, hatten die Anhänger der Bewegung in einer Hinsicht nicht ganz unrecht. Denn waren nicht einige der größten Künstler aller Zeiten beidhändig gewesen? Holbein, Leonardo und Michelangelo zum Beispiel, aber auch der bekannte britische Maler Sir Edwin Landseer, ein Intimus der Königin Viktoria, von der es auch hieß, sie sei Beidhänderin. Von Landseer erzählt man, er habe einmal bei einem Fest, als die Rede auf Beidhändigkeit kam, zwei Leinwände und zwei Stifte bringen lassen und mit der einen Hand den Kopf eines Rehs, mit der anderen den eines Pferdes gezeichnet – gleichzeitig, wohlgemerkt. Ob die Geschichte stimmt oder nicht, es ist jedenfalls deutlich, daß es Menschen gibt, die mit beiden Händen gleich viel leisten können. Nur ziehen die Anhänger der Beidhändigkeitslehre einen falschen Schluß. Die Tatsache nämlich, daß es begabte Beidhänder gibt, bedeutet noch lange nicht, daß Beidhändigkeit an sich zu irgendwelchen herausragenden Leistungen führt. Es gibt genug Virtuosen der Beidhändigkeit, die mit keiner Hand irgend etwas Nennenswertes zustande gebracht haben. Diese werden nicht berühmt, sondern müssen sich im Gegenteil oft genug damit abfinden, daß sie in den Augen Dritter «zwei linke Hände» haben.

Behaupten läßt sich indes, daß man die Menschheit nicht einfach in reine Rechts- und reine Linkshänder einteilen kann. Im Gegenteil, zwischen diesen beiden Extremen liegt eine ganze Skala von Variationen. So machen viele Linkshänder bestimmte Dinge trotz ihrer Linkshändigkeit dennoch wie Rechtshänder. Manchmal ist es nicht anders möglich, zum Beispiel beim Bedienen mancher Apparate. Oft ist die Gewohnheit unter Zwang entstanden, wie etwa bei Linkshändern, die mit der rechten Hand schreiben und essen gelernt haben. Manchmal hat es sich spontan so entwickelt. Weniger bekannt sind die Rechtshänder, die manches links machen, was mindestens genausooft vorkommt. Das bizarrste Beispiel, das ich kenne, ist das eines Mannes, der alles mit rechts macht außer essen. Dies ist um so merkwürdiger, als ausgerechnet Tischmanieren zu den Dingen gehören, auf die in den meisten Familien großer Wert gelegt wird, wobei mit der rechten Hand essen eben die Norm ist.

Diejenigen, die nicht alles mit rechts, aber auch nicht alles mit links machen, bilden die Gruppe der Mischhänder. Diese Gruppe gibt es allerdings nur in den Statistiken, niemand würde sich im täglichen Leben so nennen. Die meisten Mischhänder betrachten sich selbst als Links- oder Rechtshänder und sind sich oft nicht einmal bewußt, daß sie nicht konsequent einhändig sind.

Ein Mischhänder ist übrigens etwas völlig anderes als ein Beidhänder. Der Mischhänder verrichtet eine bestimmte Handlung am liebsten oder ausschließlich mit einer bestimmten Hand, eine andere mit der anderen Hand; das bedeutet aber nicht, daß er jede Handlung mit beiden Händen gleich gut verrichten kann. Der echte Beidhänder könnte das theoretisch – aber es ist die Frage, ob es ihn überhaupt gibt. Mir ist noch keiner begegnet, dem es wirklich gleich ist, mit welcher Hand er schreibt, zeichnet, Brot schneidet, Kartoffeln schält oder seine Suppe löffelt. Möglich, daß sie sich, sollte es sie wirklich geben, aus praktischen Erwägungen unbewußt zur Links- oder Rechtshändigkeit entschließen und daher eine Hand vernachlässigen. Es ist nämlich nicht besonders angenehm, wenn man jedesmal, bevor man etwas aufschreiben oder essen will, erst entscheiden muß, mit welcher Hand man es diesmal tun soll.

Natürlich gibt es genug Leute, die Dinge, die sie mit der einen Hand tun, fast genauso gut mit der anderen tun können. Bei einfachen Handlungen, wie etwa Anstreichen oder Schrauben, kommt das sogar oft vor. Wem dabei die Vorzugshand ermüdet, der kann oft ohne weiteres auf die andere Hand umschalten. Das gleiche gilt für Arbeiten an schwer zugänglichen Stellen. In der

Regel aber gebraucht man automatisch immer die Lieblingshand. Sobald es um kompliziertere Dinge geht, wie Fensterrahmen streichen, Mahlzeiten zubereiten oder, schlimmer noch, schreiben und zeichnen, wird es kaum jemanden geben, der ohne weiteres umschalten kann.

Michelangelo konnte es, und dieser Fähigkeit verdankt er seinem Ruf der Beidhändigkeit. Das Ausmalen der Decke der Sixtinischen Kapelle in Rom war nicht nur in künstlerischer, sondern auch in körperlicher Hinsicht eine *tour de force*. Große Teile der Arbeit mußte der Maler auf einem hohen Gerüst direkt unter der Decke liegend durchführen. Wer schon mal eine Lampe aufgehängt oder ein Loch in der Decke repariert hat, kann sich vorstellen, was es bedeutet, tagaus, tagein, stundenlang mit erhobenen Armen arbeiten zu müssen. Schwerkraft und Milchsäure machen sich in kürzester Zeit bemerkbar und verursachen lahme Arme und Schmerzen. Vielleicht haben wir das weltberühmte Deckengemälde der Fähigkeit des Künstlers zu verdanken, beide Arme abwechselnd zu gebrauchen. Aber damit ist die Frage, ob Michelangelo wirklich Beidhänder war, nicht beantwortet. Um dies zu klären, müßte man wissen, ob er morgens immer mit der gleichen Hand begann und wie er normalerweise in seinem Atelier arbeitete.

Wie viele Linkshänder, Mischhänder und Rechtshänder es nun eigentlich gibt, darüber streiten sich die Gelehrten. Dies hat damit zu tun, daß es fast genauso viele Meßmethoden und Untersuchungen gibt, Methoden, die alle mehr oder weniger umstritten sind. Am einfachsten ist natürlich die Frage: Sind Sie Links- oder Rechtshänder? Diese Methode hat drei Nachteile. Erstens geben viele Leute lieber eine Antwort, die der Konvention entspricht und sich mit ihrer Vorstellung von anständigem Benehmen deckt, als daß sie die Wahrheit sagen. Andererseits wollen viele den armen Interviewer nicht enttäuschen und bemühen sich, ihm etwas Besonderes zu bieten, indem sie sich selbst eine Spur interessanter machen, als sie eigentlich sind. Drittens – und dies ist das

Entscheidende – wissen viele Menschen eigentlich nicht so genau, mit welcher Hand sie was machen, und geben daher in gutem Glauben falsche Antworten. Diese Nachteile gelten im großen und ganzen natürlich für jede Meinungsumfrage und machen zum Beispiel Prognosen vor Wahlen so schwierig. Sollten Sie nun denken, das gelte für Sie selbst keinesfalls, so überlegen Sie doch mal, ob Sie genau wissen, in welcher Haltung Sie morgens normalerweise aufwachen, ob Sie sich die Fußnägel erst rechts oder erst links schneiden und welches Schienbein das obere ist, wenn Sie sich im Schneidersitz hinsetzen.

Forscher, die an eine – wohl oder nicht angeborene – unterschiedliche Entwicklung der beiden Körperhälften glaubten, versuchten es mit anderen, manchmal sehr seltsamen Meßmethoden. So maß man beispielsweise die Kneifkraft beider Hände, in der Überzeugung, die stärkere Hand sei die eigentliche Vorzugshand. Ein Mann namens Jules van Biervliet versuchte es 1897 mit einer noch fragwürdigeren Methode. Er hängte seinen Versuchspersonen gleiche Gewichte an die Zeigefinger beider Hände und fragte sie, welches Gewicht schwerer sei. Sagte die Versuchsperson, das linke Gewicht sei schwerer, dann war sie Linkshänderin, und umgekehrt. Wieder andere maßen den Umfang von Händen und Armen. Und jedesmal kamen andere Zahlen heraus. Diese Forscher gingen davon aus, daß die Vorzugshand diejenige sei, die unter bestimmten Umständen am besten funktioniert: am kräftigsten, am schnellsten oder am sensibelsten. Das ist aber noch lange nicht die Hand, die wir am liebsten gebrauchen oder mit der wir uns am sichersten fühlen.

Zum Glück begriffen die meisten, daß es letztendlich um den *Gebrauch* der beiden Hände geht und weniger um unbewiesene Theorien über die Ursachen. Also hieß es beobachten. Nun ist auch das gar nicht so einfach, da ein Teil der natürlichen Linkshändigkeit im herrschenden sozialen und kulturellen Klima verborgen bleibt. Denken Sie nur ans Schreiben. Viele linkshändige Kinder lernen auch heute noch mit der rechten Hand schreiben, so daß in einem eifrig kratzenden Klassenzimmer immer viel weniger Linkshändigkeit zu sehen ist, als der Wirklichkeit entspricht. Man muß sich demnach vor allem an nicht kulturgebundene Kriterien halten und auf das achten, was an die Vorzugshand gebunden ist und wofür keine Vorschriften gelten.

Eine originelle Methode dachte sich der Amerikaner Ira S. Wile in den dreißiger Jahren aus. Er stellte sich an eine Straßenecke und zählte die Passanten, die den Regenschirm oder die Einkaufstasche links beziehungsweise rechts trugen. Die erklärte er dann zu Links- oder Rechtshändern. Im Prinzip ist diese Methode nicht schlecht, nur gibt es so viele Gründe, den Regenschirm oder die Tasche in der anderen Hand zu tragen, daß es nicht verwunderlich ist, daß Wiles Methode die höchsten Linkshändigkeitsquoten aller Zeiten erbrachte: fast ein Drittel aller Menschen.

Im Laufe der Zeit dachten sich verschiedene Forscher eine ganze Reihe von alltäglichen Handlungen aus, die leicht zu beobachten sind und von denen wir ziemlich sicher sagen können, daß sie mit der Vorzugshand ausgeführt werden. Weil aber jeder so seine eigenen kleinen Tests durchführt, die Versuchspersonen bei weitem nicht immer einen repräsentativen Durchschnitt durch die Bevölkerung darstellen, manche Kulturen strenger gegen Linkshändigkeit auftreten als andere und auch weil das Ergebnis auf unterschiedliche Weise errechnet wird, weichen die Resultate stark voneinander ab. Dennoch ergibt sich aus all diesen Untersuchungen ein recht einheitliches Bild. Die Gruppe Menschen, die keine konsequenten Rechtshänder sind, macht etwa zehn bis dreißig Prozent der Menschheit aus. Wenn man die Skala von Rechts- und Linkshändigkeit in eine Grafik umsetzt, ergibt sich eine Kurve, die an ein windschiefes J erinnert (Figur A). Die Kurve verläuft von extrem linkshändig über alle Grade der Mischhändigkeit bis hin zu extrem rechtshändig. Die extremen Rechtshänder bilden weitaus die Mehrheit, die extremen Linkshänder eine ziemlich kleine Minderheit, am seltensten aber sind diejenigen, die alles gleich über beide Hände verteilen, genau in der Mitte der

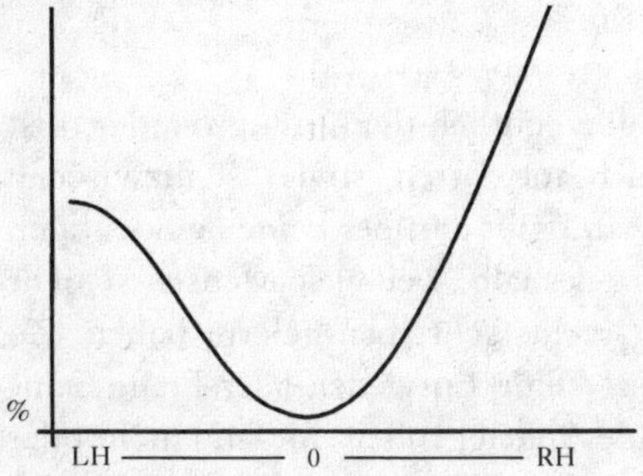

Figur A *Linkshändigkeit (LH) und Rechtshändigkeit (RH) in ihren graduellen Abstufungen, bezogen auf den Bevölkerungsanteil*

Grafik. Fast alle bevorzugen eine Hand, nur kann diese Vorliebe stärker oder weniger stark ausgeprägt sein.

Noch zweier anderer Tatsachen können wir ziemlich sicher sein. Linkshändigkeit (oder überwiegend linksorientierte Mischhändigkeit) kommt bei Männern etwas öfter vor als bei Frauen, und noch etwas öfter bei Zwillingen. Aber in beiden Fällen ist der Unterschied nicht so groß, daß man stichhaltige Theorien darauf gründen könnte, wenn dies auch bisweilen geschieht. Auch Rasse scheint nicht ausschlaggebend zu sein, obwohl Untersuchungen vor allem aus Afrika bekannt sind, die einen extrem niedrigen Anteil Linkshänder ausweisen. Dabei ging es aber immer um Völker, bei denen Linkshändigkeit streng tabuisiert ist. Zudem wurden diese Zahlen nicht durch amerikanische Umfragen unter der schwarzen Bevölkerung bestätigt, so daß die Vermutung naheliegt, die niedrige Anzahl der Linkshänder lasse sich vor allem auf Unterdrückung zurückführen. Wirklich wichtig scheint interessanterweise das Alter zu sein. Unter Älteren scheint es durchgehend weniger Linkshänder zu geben als unter Jüngeren, wenn auch der Unterschied manchmal schamlos übertrieben wird.

Zu welcher Hand neigen Sie?

Die Frage, welche Hand nun eigentlich die Vorzugshand sei, ist nicht so eins, zwei, drei zu beantworten, soviel ist inzwischen wohl deutlich. Die Schreibhand gibt darüber keinen eindeutigen Aufschluß, und dies nicht nur deshalb, weil viele Menschen mehr oder weniger unter Zwang rechts schreiben gelernt haben. Zu welcher Hand Sie neigen, ist keine Entweder-oder-Frage, sondern eine graduell verlaufende Angelegenheit: Sie sind mehr oder weniger rechts- oder linkshändig. Wer es wirklich wissen will, muß sich ein wenig anstrengen.

Im folgenden finden Sie einen einfachen Test. Wollen Sie ein möglichst zuverlässiges Ergebnis erzielen, lassen Sie sich die Aufgabe von jemandem vorlesen. Nicht daß ich Ihnen unlautere Absichten unterstelle, aber Spontaneität ist hier entscheidend, und jeder Aufschub gibt Ihnen Zeit zum Nachdenken. Um zu verhindern, daß Sie, ohne es zu wollen, die jeweilige Lösung lesen, sind Fragen und Antworten in Spiegelschrift und auf dem Kopf stehend gedruckt. Der, der den Test mit Ihnen macht, kann sie mühelos lesen, indem er das Buch flach auf den Tisch legt und einen Spiegel dahinterstellt.

WAS SIE BRAUCHEN

Für den Testabnehmer:
einen Stift und ein Blatt Papier, um die Ergebnisse zu notieren

Für sich selbst:
einen Stift
einen Notizblock
einen Besen
einen Hammer
einen Nagel
ein kleines Brett
eine (saubere) Zahnbürste
einen Tennisball oder einen anderen weichen Ball
einen Wurfpfeil oder ähnliches
dazu eine Scheibe oder eine nicht allzu empfindliche Holzwand
ein Buch
eine Schüssel, in ein paar Meter Abstand aufgestellt
ein Brotmesser oder ein anderes großes Messer
ein Brot oder Kuchen oder etwas Vergleichbares
eine Schachtel Streichhölzer
einen Behälter mit Scharnierdeckel (zum Beispiel eine Zigarrendose)
eine Nadel
ein Stück Faden

Endresultat:
11 oder 12 Punkte: stark linkshändig
8 bis 10 Punkte: schwach linkshändig
5 bis 7 Punkte: mischhändig
2 bis 4 Punkte: schwach rechtshändig
0 oder 1 Punkt: stark rechtshändig

1. Zeichnen Sie mit dem Bleistift eine Blume auf den Notizblock.
   Stift in der linken Hand: 1, sonst 0
2. Werfen Sie den Ball von unten in die Schüssel.
   Ball in der linken Hand: 1, sonst 0
3. Nehmen Sie die Streichholzschachtel und zünden Sie ein Streichholz an.
   Streichholz in der linken Hand: 1, sonst 0
4. Nehmen Sie das Buch und schlagen Sie es auf Seite 30–31 auf. Blättern Sie eine Seite um.
   Rechte Hand hält das Buch: 1, sonst 0
5. Nehmen Sie die Zahnbürste und putzen Sie sich die Zähne.
   Zahnbürste in der linken Hand: 1, sonst 0
6. Schreiben Sie Ihren Namen mit dem Bleistift in den Notizblock.
   Stift in der linken Hand: 1, sonst 0
7. Nehmen Sie den Besen und kehren Sie den Fußboden.
   Linke Hand oben am Besen: 1, sonst 0
8. Nehmen Sie den Hammer und schlagen Sie den Nagel ein Stückchen in das Brett hinein.
   Nagel in der rechten Hand: 1, sonst 0
9. Schneiden Sie eine Scheibe Brot oder Kuchen ab.
   Messer in der linken Hand: 1, sonst 0
10. Werfen Sie den Wurfpfeil so gut Sie können ins Schwarze der Scheibe.
    Pfeil in der linken Hand: 1, sonst 0
11. Nehmen Sie den Behälter und öffnen Sie ihn.
    Linke Hand am Deckel: 1, sonst 0
12. Fädeln Sie den Faden durchs Nadelöhr.
    Linke Hand fädelt ein, rechte Hand hält still: 1, sonst 0

Die Macht des kleinen Unterschieds

In früheren Zeiten waren die Lebensumstände eines Soldaten für gewöhnlich miserabel, die Behandlung war rüde und die Belohnung schlecht. Wer irgend konnte, entzog sich dem Tragen des Waffenrocks, was in einer Zeit, in der das Los bestimmte, nicht besonders schwierig war. Wer Geld hatte, kaufte sich einfach einen Stellvertreter. Folglich wurden die Kasernen vor allem von den Armen und den Dummen bevölkert, die sich nicht zu helfen wußten. Oft waren es ungebildete Bauernjungen, die zum erstenmal in ihrem Leben weiter als ein paar Kilometer von zu Hause weg waren. Sogar das einfachste Exerzieren war ihnen kaum beizubringen, da so mancher Rekrut sich schwertat, links und rechts auseinanderzuhalten und daher nicht wußte, welchen Fuß er zuerst vorsetzen mußte. Doch dafür hatte man sich eine wirksame Methode ausgedacht. Jeder Rekrut bekam in seinen linken Schuh eine Handvoll Heu und in den rechten Stroh – das kannten sie –, und der Sergeant rief fortan nicht mehr «links-rechts», sondern «Heu-Stroh». In Kürze verwandelte sich so eine übereinander stolpernde Horde Chaoten in eine stramm marschierende Formation.

Vielleicht ist diese Geschichte nur eine moderne Legende, eine jener Geschichten, wie jeder sie mal gehört hat, von der aber niemand mehr weiß, wo oder wann sie stattgefunden hat. Jedenfalls ist sie weit verbreitet. In den Niederlanden erzählt man sie sich von belgischen und limburgischen Soldaten, in England von den Rekruten der schottischen Hochlande, in Amerika vom Heer der russischen Zaren und in Frankreich von den Korsen oder den Mannschaften, die die Fahne des deutschen Kaisers hochhalten mußten. Doch wie meist bei solchen Legenden, enthält auch diese einen Kern von Wahrheit: Wir verwechseln rechts und links leicht miteinander, während wir mit anderen Gegensatzpaaren, wie etwa oben und unten, nicht die geringste Schwierigkeit haben.

Und doch spielt gerade der Unterschied zwischen rechts und links da, wo wir es am wenigsten erwarten, eine wichtige Rolle in unserem Leben. Natürlich weiß jeder, wie wichtig er im Straßenverkehr und beim Lesen und Schreiben ist. Aber er bestimmt in subtiler Weise auch die Art, wie wir das, was wir um uns herum wahrnehmen, interpretieren.

Einerseits lieben wir die Symmetrie, die gleichmäßige Verteilung zwischen links und rechts. Schon an der Einrichtung unserer Wohnungen ist das leicht abzulesen. Stühle, Tische und die meisten anderen Gebrauchsgegenstände sind für gewöhnlich symmetrisch. An beiden Seiten des Tisches müssen gleich viele Stühle stehen, und zwar einander genau gegenüber, sonst sieht es unordentlich aus. Asymmetrie schätzen wir als etwas, das die Symmetrie durchbricht, um sie desto mehr zu betonen: So stellen viele Leute die Blumenvase absichtlich nicht in die Mitte des Tisches. Weiter reicht es normalerweise aber nicht. Richtig asymmetrische Möbel sind etwas für künstlerisch angehauchte Leute, die zeigen wollen, wie originell und nonkonformistisch sie sind.

Doch nicht nur Symmetrie ist wichtig für uns. Das Gegenteil, die Störung der Symmetrie, bedeutet uns viel mehr, als wir uns gewöhnlich bewußtmachen. Der Unterschied zwischen rechts und links bestimmt zu einem großen Teil das, was wir auf einem Gemälde, einem Diagramm oder auf der Leinwand wahrnehmen; Künstler und Designer berücksichtigen das durchaus – bewußt oder unbewußt. Das hat sowohl mit der Beschaffenheit der Dinge um uns herum als auch mit unserem eigenen Sehvermögen zu tun. Aber auch mit der Schreibrichtung und, wenn es um Gemälde geht, mit der Rechtshändigkeit der meisten Künstler. Doch bevor wir darüber mehr aussagen können, müssen wir erst eine andere Frage beantworten: Weshalb können wir links und rechts eigentlich voneinander unterscheiden?

Wie Freud seine rechte Seite wiederfand und Pu nicht

In *Das Haus am Puwinkel* erzählt A. A. Milne, wie es Pu dem Bären nicht gelingen will, links und rechts auseinanderzuhalten: «Pu betrachtete seine beiden Pfoten. Er wußte, daß eine von beiden die rechte war, und er wußte auch, daß, sobald man festgestellt hat, welche die rechte war, die andere die linke sein mußte, nur konnte er sich nie entsinnen, auf welcher Seite man anfangen mußte.» Es ist das gleiche Problem, mit dem auch die Bauernrekruten zu kämpfen hatten und das Kindern noch mehr Kopfzerbrechen bereitet als Erwachsenen. Sigmund Freud, der Begründer der Psychoanalyse, erinnerte sich als Erwachsener noch genau, wie er sich als schon etwas älterer Bub einen Trick dafür ausgedacht hatte: er tat unauffällig ganz kurz so, als schriebe er etwas auf. Die Hand, die sich von selbst bewegte, war seine rechte, das wußte er, und damit stand auch fest, welche die linke war. So oder ähnlich behelfen sich auch andere Kinder: Sie orientieren sich an einem Muttermal auf der Hand oder dem Arm, an einem Armband oder etwas Ähnlichem.

Wenn es Erwachsenen auch weniger schwerfällt, links und rechts auseinanderzuhalten, so sind doch auch sie nicht fehlerfrei. Wie vielen Autofahrern ist es nicht schon passiert, daß sie rechts einbogen, wenn jemand links sagte, und umgekehrt. Computerprogrammierer wissen nur allzugut, wie leicht die Zeichen < (kleiner als) und > (größer als) in Programmzeilen aus Versehen verwechselt werden und wie schwierig es dann sein kann, diesen einfachen Irrtum ausfindig zu machen. Bei ungeübten Schreibern trifft man nicht selten Buchstaben in Spiegelschrift an. Das passiert übrigens auch regelmäßig in sehr groß geschriebenen Texten, wie etwa auf der Tafel mit dem Angebot der Woche vorm Laden des Metzgers oder Gemüsemannes.

Ganz und gar schwierig wird es in Situationen, wo ein eindeutiger, selbstverständlicher Orientierungspunkt fehlt. Was zum

Beispiel ist die linke Seite einer Bühne? Das hängt ganz davon ab, ob man sich im Saal befindet oder hinter den Kulissen. Unter solchen Umständen ist es wichtig, daß Verabredungen getroffen werden, die dafür sorgen, daß eine Bühnenanweisung wie «Auftritt von rechts» nur eine einzige Interpretation zuläßt. Die Franzosen haben dafür eine schöne Eselsbrücke. So wie links und rechts in der Schiffersprache backbord und steuerbord heißen, so haben sie auch auf Frankreichs Bühnen ihre eigenen, abweichenden Namen. Die linke Seite heißt *jardin*, die Gartenseite, die rechte wird *cour*, die Hofseite, genannt. Die Zuschauer im Saal können jardin und cour durch die Reihenfolge der Initialen von *Jésus Christ* auseinanderhalten: Das J steht links und gehört zu jardin, das C von cour steht rechts. Dem Schauspieler prägt sich der Unterschied ein durch die Klangverwandtschaft von cour und *cœur*, dem Herzen, das links von der Mitte schlägt. So kann er hinter der Bühne nach links gehen und dann, vom Saal aus gesehen, von rechts her auftreten, ohne daß das je zu Verwechslungen führt.

Solche Schwierigkeiten haben wir mit links und rechts viel öfter als mit Gegensatzpaaren wie vorn–hinten oder oben–unten. Sagen Sie zu hundert Menschen, sie sollen Ihnen links aus einem Schrank etwas reichen, dann werden immer ein paar darunter sein, die rechts suchen werden; kein einziger aber wird sich hinknien, wenn Sie ihn um etwas aus dem oberen Teil des Schrankes bitten. Kinder, die schreiben lernen, verwechseln zwar häufig *d* und *b*, aber nur ausnahmsweise *p* und *b*. Der Unterschied zwischen oben und unten (und zwischen vorne und hinten) ist selbstverständlicher als der zwischen links und rechts.

Diese Schwierigkeit haben wir mit den Tieren gemeinsam, denen das Auseinanderhalten im allgemeinen freilich noch viel schwerer fällt als uns. Das heißt, sie können zwar vorzüglich wahrnehmen, ob eine Gefahr von links oder von rechts kommt oder ob es links oder rechts was zu fressen gibt, und sie können adäquat darauf reagieren. Aber was sie nicht oder kaum können, ist eine Verbindung herstellen zwischen der Entscheidung für links oder rechts und einem davon unabhängigen Stimulus.

Angenommen, wir sperren eine Ratte, eine Taube oder sonst ein Tier in einen Käfig, in dem sich ein Knopf mit einem kleinen Pfeil befindet. Weist der Pfeil nach links, dann bedeutet ein Druck auf den Knopf einen Leckerbissen, weist er aber nach rechts, dann passiert etwas Unangenehmes, etwa ein Stromstoß. Das Tier muß also lernen zu entscheiden, ob es je nach der Richtung des Pfeiles ratsam ist, auf den Knopf zu drücken oder nicht, und das gelingt kaum einem Tier. Wenn aber der Pfeil abwechselnd nach oben und nach unten weist, sieht die Sache ganz anders aus. Ratten, Tauben, Affen und sogar Tintenfische können damit ziemlich gut umgehen lernen. Der Unterschied zwischen der Aufwärts- und der Abwärtsbewegung ist anscheinend erkennbar, während < in ihren Augen nichts anderes ist als >. Eine Zeitlang dachte man, daß das für Tauben nicht gelte, bis sich herausstellte, daß diese schlauen Vögel ihr Köpfchen schräg hielten, so daß der Unterschied zwischen rechts und links sich in einen zwischen oben und unten verwandelte.

Dieser blinde Fleck hat wohl damit zu tun, daß der Unterschied zwischen links und rechts in der sichtbaren Natur kaum eine Rolle spielt. Oben und unten sind von größter Wichtigkeit. Raubvögel belauern ihre Beute ausschließlich von oben, aus der Luft, nie von unten. Höhlen scharrt man in der Erde, nicht in der Luft. Vorne und hinten unterscheiden sich ebenso strikt voneinander: Wenn man fliehen muß oder etwas ergattern will, dann muß man sehr genau wissen, was bei einem selbst vorne und was hinten ist, sonst wird nichts daraus. Was links und rechts betrifft, ist das anders, da kann es selbst nachteilig sein, wenn man beide Seiten als grundlegend verschieden erfährt. Auf beiden Seiten können die gleichen Feinde lauern und können sich die gleichen begehrenswerten Gegenstände befinden. Wer einmal von links angegriffen wurde und danach eine von rechts kommende Gefahr als gleichwertig einstuft – also weiß, daß er in die entgegengesetzte

Richtung fliehen muß –, der ist eindeutig im Vorteil gegenüber dem, der einen Angriff von rechts als eine völlig neue Situation erfährt.

Der Unterschied zwischen links und rechts ist auch nie das wichtigste Merkmal, das die eine Tier- oder Pflanzenart von der anderen unterscheidet. Manche Muscheln sind asymmetrisch gemustert, und dieses Muster weist fast immer in die gleiche Richtung, nur manchmal genau in die entgegengesetzte; bei Plattfischen entwickelt sich mal die rechte, mal die linke Seite zum Unterteil, ohne daß das die Tierart als solche beeinflußt. Es ist eine Variation ohne Bedeutung.

Ganz anders sieht es in der Welt der Atome und Moleküle aus. Ein Molekül, das das Spiegelbild eines anderen ist, besitzt damit auch vollkommen andere Eigenschaften. Abgesehen von dieser für das bloße Auge nicht wahrnehmbaren Welt spielt der Unterschied zwischen links und rechts nur bei von Menschen hergestellten Dingen eine wichtige Rolle. Wenn man das Spiegelbild eines idyllischen Landschaftsfotos mit dem eines Fotos von einer vollen Einkaufsstraße vergleicht, fällt auf, daß es im ersten Fall nicht leicht ist, das Spiegelbild vom Foto zu unterscheiden, während es im zweiten Fall mehr als deutlich ist.

Das Alphabet gehört zu den besonders «spiegelempfindlichen» Kulturgütern. Nicht nur, daß manche Buchstaben auf einmal keine mehr sind, wenn wir sie im Spiegel betrachten (*S, Z, R* und *N* zum Beispiel), andere verwandeln sich durch Spiegelung in einen ganz anderen Buchstaben. So ist *p* das Spiegelbild von *q*, und umgekehrt; das gleiche gilt für *b* und *d*. Dagegen haben *p* und *b, q* und *d* dieselbe Form, nur auf den Kopf gestellt. Und wenn wir das *n* sowohl horizontal wie vertikal spiegeln, sehen wir ein *u*. Doch «Spiegelempfindlichkeit» beschränkt sich nicht auf asymmetrische Formen wie Buchstaben. Unser Verkehrssystem, in dem der Gegensatz zwischen links und rechts wohl am allerwichtigsten ist, ist ein hervorragendes Beispiel für perfekt symmetrische Spiegelung. Ob man von Frankfurt nach München fährt oder von München nach Frankfurt, das Verkehrsbild bleibt sich gleich.

Trotz solcher subtilen Spielchen mit Spiegelbildern funktioniert unser Gehirn immer noch in Übereinstimmung mit unserer Natur, sozusagen mit dem Tier im Menschen. Beim Betrachten von Abbildungen speichern wir wenig Information über links und rechts. Das ergab sich aus Experimenten, die eine gewisse Ähnlichkeit mit dem *Memory*-Spiel haben. Dem Betrachter wird eine große Anzahl willkürlicher Abbildungen vorgelegt. Kurz danach zeigt man ihm eine neue Serie Abbildungen; manche sind dieselben, manche sind anders, manche seitenverkehrt und wieder andere stehen auf dem Kopf. Es stellt sich heraus, daß der Betrachter die seitenverkehrte Version eines Bildes oft mühelos wiedererkennt, ohne daß ihm die Spiegelung auffällt. Abbildungen dagegen, die auf dem Kopf stehen, sind viel schwerer wiederzuerkennen. Anders gesagt: Das Spiegelbild eines in unserer Erinnerung verankerten Bildes erkennen wir kaum als solches, die vertikale Umkehrung jedoch um so leichter. Kein Wunder also, daß Kinder beim Schreibenlernen sich so schwertun mit dem Auseinanderhalten von *d* und *b*, nicht aber mit dem von *p* und *b*.

Unser Körperbau ist eine getreue Wiedergabe dieses natürlichen Verhältnisses. Der Unterschied zwischen unserer Vorder- und unserer Rückseite und der zwischen unserem Ober- und unserem Unterkörper ist, genauso wie bei allen anderen höherentwickelten Tieren, groß, während er zwischen links und rechts, zumindest an der Außenseite des Körpers, kaum von Bedeutung ist. Auf beiden Seiten haben wir jeweils ein Auge, eine Hand, einen Fuß und manches mehr. Alle sichtbaren Körperteile, von denen wir nur ein einziges Exemplar besitzen, wie Nase, Nabel, Penis, Vagina und so weiter, befinden sich genau in der Mitte und sind selber auch wieder mehr oder weniger symmetrisch in links und rechts unterteilt. Nur unser Scheitel hält sich nicht an dieses Gesetz.

Nur weil diese scheinbare Symmetrie eben doch nicht ganz vollständig ist, gelingt es uns, links und rechts überhaupt auseinanderzuhalten. Wären wir wirklich perfekt symmetrisch gebaut, dann wäre es uns völlig unmöglich. Unser eigenes Spiegelbild zum Beispiel, so wie wir es im Spiegel wahrnehmen, würde genauso aussehen wie wir selbst. Wir könnten daher nicht sagen, was unser wahres Aussehen ist und was unser Spiegelbild. Demzufolge würden wir gar nicht merken, daß es sich um eine Spiegelung handelt. Umgekehrt würden wir auch nicht merken, wenn die ganze Welt um uns herum auf einmal seitenverkehrt wäre, wie es Lewis Carrolls Alice geschah, als sie durch den Spiegel ins Spiegelland kroch. Denn jede Erfahrung, die wir links wahrnehmen, würde sich dann in nichts unterscheiden von der gleichen Erfahrung auf unserer rechten Seite. Kurzum, wir könnten zwar sehen, daß *d* die Umkehrung von *b* ist, wir könnten aber niemandem erklären, wie er ein *d* schreiben muß. Freuds bereits erwähnte Jugenderinnerung illustriert dies bestens. Wenn er nicht mehr wußte, wo links war, machte er sich sozusagen asymmetrisch, indem er seine Schreibhand aktivierte.

Daß es Kindern oft so schwerfällt zu behalten, was links und was rechts ist, könnte durchaus auch damit zu tun haben, daß Erwachsene weniger symmetrisch sind als Kinder. Genauso wie der übrige Körper wächst auch das Gehirn während der Kindheit. Es wächst nicht nur, auch seine Struktur ändert sich. Vergleicht man das Gehirn eines Neugeborenen mit einem gerade fertiggestellten Bürogebäude, dann ist die Grundausstattung fertig, aber das Ganze muß noch eingerichtet werden. Bei der Bauabnahme sind alle Räume noch auswechselbare, kahle Betonkästen, aber nach einigen Monaten ist jedes Eckchen des Gebäudes von einer Spezialabteilung in Beschlag genommen. Der dritte Stock zum Beispiel ist das Finanzzentrum des Betriebs geworden, während sich im ersten die Kantine befindet und die linke Hälfte des fünften sich mit Public Relations beschäftigt. Es wurden Schränke verschoben, Schreibtische umgedreht, zusätzliche Lampen aufgehängt, und überhaupt wurde vieles am ursprünglichen Plan verändert, weil es sich als praktischer herausstellte.

Ähnlich erfolgt auch die Einrichtung des Gehirns zum Teil nach einem in den Genen verankerten Standardplan und zum Teil durch Lernen, entsprechend äußeren Eindrücken. Im Lauf der Jahre bilden sich im Gehirn des Kindes neue Verbindungen, andere bereits bestehende verschwinden, so daß schließlich ein kompliziertes Netz entsteht, das uns sicher durch unser Leben als Erwachsene führen kann. Bei diesem Prozeß spezialisieren sich verschiedene Teile des Gehirns auf verschiedene Aufgaben, so daß die beiden ursprünglich ziemlich gleichwertigen Gehirnhälften sich schließlich deutlich voneinander unterscheiden. So haben viele mit der Sprache verbundenen Funktionen ihren Sitz in der linken Gehirnhälfte, während die rechte Hälfte vermutlich unter anderem für die Verarbeitung von visuellen und räumlichen Eindrücken zuständig ist; und irgendwie wird hier die Steuerung der einen Hand besser entwickelt als die der anderen und damit die Vorliebe für eine Hand festgelegt. Niemand weiß genau, wie das vor sich geht und welcher Teil des Gehirns wofür verantwortlich ist; es ist jedoch deutlich, daß das Gehirn des Erwachsenen nach diesem Reifeprozeß, den man *Laterisierung* (Verteilung der Funktionen über die beiden Seiten) nennt, sowohl was seine Funktion als auch was seinen Bau betrifft, bedeutend weniger Symmetrie aufweist als das von kleinen Kindern.

Warum ein rennendes Kaninchen nicht verrückt wird

Obwohl wir links und rechts schwieriger auseinanderhalten können als zum Beispiel oben und unten, können wir seitenverkehrte Gleichheit, auch Links-rechts-*Symmetrie* genannt, viel leichter erkennen als andere Symmetrien. Das ist auch sinnvoll, denn das Erkennen der seitenverkehrten Gleichheit von links nach rechts kann mitunter lebenswichtig sein, während zufällige Symmetrien zwischen oben und unten oder vorn und hinten nur ablenken. Was links geschieht, erfordert eine Reaktion, die genau der Reak-

Figur B *Oben-unten- beziehungsweise links-rechts-symmetrische Muster willkürlicher Punkte von Bela Julesz (nach M. C. Corballis und I. L. Beale,* The Psychology of Left and Right, *John Wiley 1976)*

tion auf das gleiche Geschehen rechts entspricht. Was vor uns geschieht, erfordert dagegen eine völlig andere Reaktion als das, was sich hinter uns abspielt.

Wie unterschiedlich unsere Reaktion ist, illustrieren die Muster in Figur B. Ein kurzer Blick scheint zu genügen, um die rechte Abbildung als symmetrisch zu erkennen und die linke nicht. Und doch sind beide Abbildungen symmetrisch, sie sind sogar identisch miteinander. Mit dem einzigen Unterschied, daß die eine um neunzig Grad gedreht ist. Dadurch verläuft die Symmetrie bei der rechten auf der vertikalen (links-rechts-symmetrisch) und bei der anderen auf der horizontalen Achse (oben-unten-symmetrisch). Die eine *sieht* man unmittelbar als symmetrisch, die andere nicht. Dreht man das Buch um neunzig Grad, dann erkennt man auch die Symmetrie der linken Abbildung; viel weniger deutlich allerdings ist dann die der rechten, die gerade noch so symmetrisch aussah.

Unser Gefühl für Links-rechts-Symmetrie äußert sich auch in den Dingen, die wir machen. Kathedralen und ähnliche Bauwerke sind gewöhnlich auf dieselbe Art und Weise symmetrisch wie wir selbst: Wenn wir sie von vorn oder hinten betrachten, sehen wir, daß die linke und rechte Hälfte einander ungefähr gleich sind; betrachten wir ein solches Gebäude jedoch von der Seite, müssen wir feststellen, daß von Symmetrie keine Rede sein kann. Friese und Gemälde wiederum neigen oft zur Links-rechts-Symmetrie, doch nur selten begegnen wir einer Spiegelung von oben und unten, in der Art, wie die Ufer eines Flusses sich im Wasser spiegeln.

Zur Not schrecken wir nicht einmal davor zurück, das, was nicht von Natur symmetrisch ist, einfach links-rechts-symmetrisch zu machen. Man denke nur an den Doppeladler im Wappen so vieler Fürstenhäuser durch die Jahrhunderte – allen voran der Reichsadler des Heiligen Römischen Reiches (Abb. 5). Daß wir für diese Art Symmetrie empfänglich sind, ist deutlich, aber wie unser optisches System es hinkriegt, sie festzustellen, ist eine ganz andere Frage, die sich nur teilweise beantworten läßt.

Vereinfacht ausgedrückt, besteht unser optisches System aus der Netzhaut auf der Rückseite des Augapfels, dem Sehzentrum auf der Hirnrinde und den Sehnerven, die die Netzhaut mit der Hirnrinde verbinden. Die visuelle Hirnrinde liegt genau auf der Rückseite des Großhirns, so daß wir zwar mit unseren Augen schauen, aber mit unserem Hinterkopf sehen. Offenbar sind die Augen kreuzweise mit der linken und der rechten Hälfte der Hirnrinde verbunden, so wie auch viele andere Körperteile von der gegenüberliegenden Gehirnhälfte gesteuert werden, aber in Wirklichkeit funktioniert das System viel raffinierter: Die rechte Hälfte des Gehirns verarbeitet die Informationen der rechten Hälfte der Netzhaut beider Augen, während die linke Gehirnhälfte die andere Hälfte beider Augen auf ihr Konto nimmt. Das Sichkreuzen der Bahnen betrifft also nur die Hälfte jedes Auges, wie Figur C schematisch zeigt.

Der evolutionäre Vorteil, den uns ein scheinbar so kompliziertes System einbringt, ist leicht zu ersehen. Die Augen, die notwendigerweise der Außenwelt ausgeliefert sind, sind um vieles verletz-

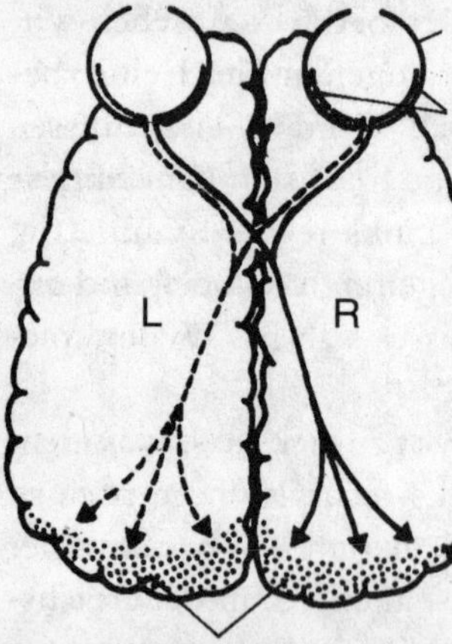

Figur C *Das optische System: die Sehnerven, die von der Netzhaut zum Sehzentrum auf der visuellen Hirnrinde führen*

licher als das unter der Schädeldecke geschützt liegende Hirn. Die Art, wie unser optisches System funktioniert, garantiert uns, daß wir, selbst wenn ein Auge ganz ausfällt, immer noch die ganze Hirnrinde gebrauchen können. Denn jedes Auge steht mit beiden Hirnhälften in Kontakt. Ein Einäugiger hat einen größeren toten Winkel als ein Zweiäugiger und kann keine Tiefe mehr sehen, aber sonst sieht er so gut wie jeder andere. Wäre jedes Auge als Ganzes mit einer Hirnhälfte verbunden, dann würde der Verlust eines Auges bedeuten, daß die Hälfte des Sehvermögens verlorenginge.

Im übrigen sieht das optische System nicht bei allen höheren Tierarten so aus. Bei Tauben zum Beispiel ist jedes Auge ausschließlich mit einer der beiden Hirnhälften verbunden.

Wie ist dieses optische System nun in der Lage, die Symmetrie zwischen links und rechts wahrzunehmen? Genau weiß man es nicht, doch es gibt ein paar Vermutungen. Um 1970 entwickelte Bela Julesz, ein Forscher, der für die Bell Laboratories arbeitete und sich auch die Testmuster in Figur B ausdachte, folgende, auf Arbeiten des österreichischen Physikers und Philosophen Ernst Mach fußende Theorie. Die visuelle Rinde beider Hirnhälften besteht unter anderem aus einem Teil, auf dem die vom Auge kommende Information «abgebildet» wird, um danach weiterverarbeitet zu werden. Diesen Teil nennen wir den Projektionsschirm, obwohl der Ausdruck eigentlich nicht sehr glücklich gewählt ist, denn es gibt ja keinen Zuschauer. Der Reiz, den die von der Netzhaut kommenden Signale auf die beiden Projektionsschirme ausüben, ist, etwas primitiv ausgedrückt, das, was wir normalerweise unter *Sehen* verstehen.

Wenn wir genau auf die Mitte einer links-rechts-symmetrischen Figur schauen, dann wird die eine Hälfte über *beide* Augen auf der linken Hälfte der visuellen Hirnrinde abgebildet, die andere auf der rechten. Damit wir Symmetrie überhaupt wahrnehmen können, muß jeder Punkt auf dem linken Projektionsschirm mit dem ihm entsprechenden Punkt auf dem rechten Schirm verglichen werden. Das ist möglich über den *Corpus callosum*, einen dicken Strang von ungefähr hundertfünfzig Millionen Verbindungslinien, der die beiden Gehirnhälften miteinander verbindet. Wenn fast alle Punkte, die wir so miteinander vergleichen, auf die gleiche Weise gereizt werden, dann nehmen wir etwas symmetrisch wahr. Daß unsere Wahrnehmung tatsächlich so funktionieren muß, läßt sich leicht zeigen. Wenn wir beim Betrachten des links-rechts-symmetrischen Musters in Figur B nicht genau auf die Mitte, sondern auf einen Punkt in der Nähe der Ränder blicken, können wir die Symmetrie nicht mehr wahrnehmen. Was wir dann sehen, ist ein willkürliches Durcheinander von schwarzen und weißen Kästchen.

Dies klingt soweit ganz überzeugend, doch die Sache hat einen Haken: Wie kommt es, daß wir zu einem solchen Spiegelvergleich überhaupt in der Lage sind? Das ist nämlich weniger selbstverständlich, als es scheint. Sehen ist ein unwillkürlicher Vorgang, den man nicht ausschalten kann. Natürlich können wir die Augen schließen und so die Sicht beschränken, doch jeder, der einmal am Strand in der Sonne gelegen hat, weiß nur allzu gut, daß Licht auch durch geschlossene Augenlider dringt. Alles, was sich vor unseren Augen abspielt, wird ohne Umschweife zum *Kortex* weitergeleitet und dort, wenn möglich, zu einem zusammenhängenden Bild verarbeitet, ohne daß wir diesen Vorgang beeinflussen können. Das bedeutet nicht, daß wir alles auch *bewußt* wahrnehmen. Im Gegenteil, die meisten Signale werden bei ihrer Registrierung als unbedeutend negiert. Manchmal werden sie irgendwo im Gedächtnis gespeichert, oft werden sie auch gleich wieder vergessen. Wie unermüdlich der Kortex den ganzen Tag über allerlei Bilder verarbeitet, deren Existenz uns nicht weiter bewußt wird, geht schon aus der Tatsache hervor, daß wir reflexhaft auf Eindrücke reagieren können. Eine Fliege oder ein Fettspritzer, der das Auge trifft, bewirkt, daß wir, fast ohne es zur merken, blitzschnell ganz kurz die Läden schließen. Auch kennt wohl jeder das Gefühl, irgend etwas gesehen zu haben, das später plötzlich als wichtig erscheint, ohne daß er sich erinnern kann, was oder wo es genau war – ein beliebtes Thema in Detektivromanen.

Das unwillkürliche Sehen besteht aus viel mehr als nur dem Weiterleiten von Reizen von der Netzhaut auf die Projektionsschirme der visuellen Hirnrinde. Denn auf jeden Schirm fällt ja nur die Hälfte der Bilder, und beide Hälften müssen erst miteinander verknüpft werden, damit ein vollständiges Bild entsteht, so wie wir es wahrnehmen. Da die Wahrnehmung von Symmetrie genauso unbeabsichtigt ist wie das Sehen selbst, gehört sie anscheinend von vornherein zum Prozeß des Vergleichens und Verschmelzens der Halbbilder auf dem Projektionsschirm. Und irgendwo im Verlauf dieses Prozesses findet die Spiegelung statt.

Hier nun wird es kompliziert. Alles weist darauf hin, daß wir beim Interpretieren der von der Netzhaut kommenden Signale gerade *nicht* spiegeln. Täten wir das beim Verbinden der beiden Halbbilder auf den beiden Projektionsschirmen, dann würden wir nämlich ganz schön die Orientierung verlieren. Dann würde ein Kaninchen, das von links nach rechts rennt, sobald es die Mitte unseres Blickfeldes überschritten hat und sich auf der an-

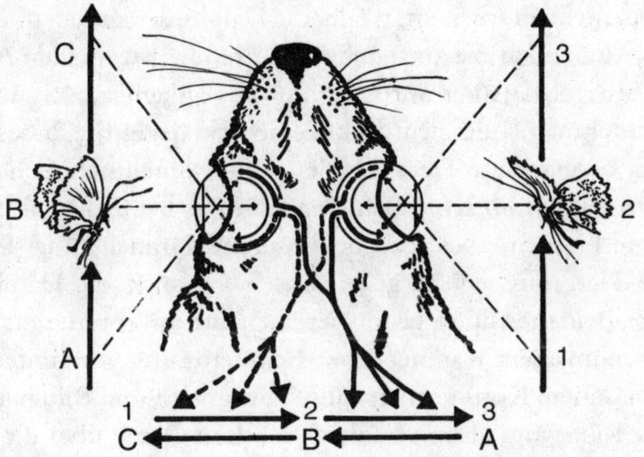

Figur D *Auf der visuellen Hirnrinde eines Kaninchens würden sich ohne Korrekturen zwei Schmetterlinge, die in dieselbe Richtung fliegen, in die entgegengesetzte Richtung bewegen (von A nach C beziehungsweise von 1 nach 3)*

deren Hälfte der Netzhaut befindet, für unser Gefühl nämlich auf einmal von rechts nach links weiterrennen. Zum Glück ist das nicht der Fall: Die Richtung der Bewegungen bleibt beim Überschreiten der Mitte des Blickfeldes die gleiche. Es wird also nicht gespiegelt, und so gehört es sich auch.

Findet Spiegelung etwa erst in dem Moment statt, wo die von den beiden Augen produzierten Halbbilder miteinander verglichen werden? Das hätte noch viel seltsamere Folgen. In dem Fall nämlich würde sich das Kaninchen, das unserem linken Auge zufolge von links nach rechts rennt, unserem rechten Auge zufolge genau in die umgekehrte Richtung bewegen. Schlimmer noch: Die fast identischen Bilder, die die jeweils linke Hälfte beider Augen zur linken Hälfte des Kortex schickt, würden, wenn eins von beiden sich spiegelte, in keinem Punkt mehr übereinstimmen; das gleiche gilt für rechts. Das Resultat wäre ein visuelles Chaos statt eines kohärenten Bildes.

Demnach gibt es in unserem optischen System zwingende

Gründe, nicht zu spiegeln, weder die Halbbilder aus ein und demselben Auge noch die zueinander gehörenden aus beiden Augen. Ohne Spiegelung aber dürfte es fast unmöglich sein, Symmetrie wahrzunehmen. Julesz entdeckte eine Erklärung für dieses Paradox. Er beobachtete Tiere, bei denen die Augen sich nicht vorn, sondern seitlich im Kopf befinden, wie das bei den meisten Vögeln und Fischen, aber auch bei unserem Kaninchen der Fall ist. Solche Tiere müssen spiegeln, sonst können sie die Halbbilder, die ihre beiden Augen produzieren, nicht interpretieren. Fliegt links von unserem Kaninchen ein Schmetterling von hinten nach vorn an seinem Kopf vorbei, dann bewegt sich sein Bild in umgekehrter Richtung, also «von der Nase zum Ohr», über die Netzhaut des linken Kaninchenauges. Fliegt der Schmetterling rechts am Kaninchen vorbei, dann geschieht das gleiche, nur im rechten Auge. Nichts Besonderes anscheinend. Doch in dem Moment, wo die beiden parallel verlaufenden Bewegungen auf den Projektionsschirmen des Kaninchengehirns anlangen, stellt sich heraus, daß sie sich genau in die entgegengesetzte Richtung bewegen. Figur D verdeutlicht das.

Soll das Kaninchen verstehen, daß es sich in beiden Fällen um eine Bewegung von hinten nach vorn handelt, dann muß irgendwo eine Korrektur durch Spiegelung stattfinden. Warum das so wichtig ist, wird deutlich, wenn wir das Kaninchen selbst zum Laufen bringen, so daß sich in seinen Augen die Welt bewegt. Würde das Tier die Signale, die von seinem linken und seinem rechten Auge ausgehen, ohne Spiegelung interpretieren, dann müßte es von der Vorstellung zerrissen werden, daß sich die eine Seite der Welt genauso schnell rückwärts bewegt wie die andere Seite vorwärts.

Vor Millionen Jahren verhielt es sich mit den entfernten Vorfahren des Menschen ganz ähnlich. Bei denen befanden sich die Augen nämlich, wie beim Kaninchen, an beiden Seiten des Kopfes. Ihr optisches System muß dieser Sachlage entsprochen haben. Es könnte durchaus sein, daß unser Gefühl für Symmetrie noch aus jenen fernsten Vorzeiten stammt. Wenn auch das neue optische System, das den beiden nebeneinanderliegenden Augen entspricht und ohne Spiegelung funktioniert, sich durchgesetzt hat, so finden sich doch noch Spuren des älteren Spiegelsystems, das als Erbe unserer Vorfahren in uns herumspukt. Möglicherweise ist dieses System so alt, daß es seinen Sitz nicht einmal in der Hirnrinde selbst, sondern eher in dem viel älteren Gehirnstamm hat.

Julesz' Vorschlag ist ein bedenkenswerter Versuch, das Rätsel des symmetrischen Blickes zu lösen, aber den Stein der Weisen hat er nicht gefunden. Dafür enthält seine Beweisführung zu viele schwache Punkte. Das Spiegelungsvermögen des Kaninchens hebt einen augenscheinlichen Gegensatz in der Bewegungsrichtung von Bildern auf *derselben* Hälfte des Blickfeldes auf; von symmetrischem Sehen kann aber nur die Rede sein, wenn zwei Bilder auf *verschiedenen* Hälften einander spiegeln. Anders gesagt: Die Tatsache, daß wir die Symmetrie in Figur B nicht mehr unmittelbar wahrnehmen, sobald die beiden Hälften des Musters nicht jeweils einer Hälfte des Blickfeldes entsprechen (wenn wir den Blick also nicht genau auf die Mitte richten), beweist, daß wir zu einer Spiegelung, wie sie das Kaninchen praktiziert, völlig unfähig sind. Vielleicht braucht das Kaninchen eine Spiegelung der beiden Hälften des Blickfeldes genauso wenig wie wir.

Es gibt noch zwei weitere Phänomene, die durch die Theorie von Julesz nicht erklärt werden. Erstens: warum können wir die einfache Symmetrie etwa einer barocken Vase oder eines Menschen auch dann erkennen, wenn wir unseren Blick nicht ganz genau auf die Mitte richten, und zweitens: wie ist es möglich, daß wir, wenn auch mit größerer Mühe als bei links und rechts, Symmetrien zwischen Ober- und Unterseite wahrnehmen?

Die Tatsache, daß das überhaupt möglich ist, bedeutet vermutlich, daß wir Bilder auf unserer visuellen Hirnrinde rotieren lassen können, so daß letztendlich doch wieder ein links-rechts-symmetrisches Bild entsteht. Verschiedene Experimente haben gezeigt, daß Symmetrie zwischen links und rechts schneller erkannt wird als die zwischen oben und unten, so daß man annehmen kann, daß für das letztere eine zusätzliche Anstrengung nötig ist. Wenn wir die Bilder rotieren lassen können, können wir sie wahrscheinlich auch etwas hin- und herschieben, und das wiederum würde erklären, wieso wir einfache symmetrische Formen auch dann wahrnehmen, wenn wir nicht genau auf die Mitte blicken. Wir müssen übrigens auch aus anderen Gründen rotieren und verschieben können. Gegenstände, wie zum Beispiel einen Stuhl, erkennen wir fast immer als solchen, von welcher Seite wir ihn auch wahrnehmen. Sogar wenn wir einen Stuhl zum erstenmal aus einem bestimmten Blickwinkel sehen, so daß gar keine exakte Abbildung dieses optischen Eindrucks in unserem Gedächtnis gespeichert sein kann, wissen wir doch sofort, daß wir einen Stuhl sehen. Das ist nur möglich, wenn wir das in unserem Hirn gespeicherte Bild eines Stuhles, wie auch immer das aussehen mag, und das auf den Projektionsschirmen wahrgenommene Bild des konkreten Stuhles so drehen und schieben können, daß sich die beiden ungefähr decken. Wenn das gelingt, schließen wir daraus: «Aha, ein Stuhl.»

Für die Wahrnehmung von Symmetrie ist daher vermutlich viel mehr nötig als nur ein Spiegelvergleich der Reize auf beiden Hälften der visuellen Hirnrinde. Auch das Gedächtnis und der Mechanismus, der es ermöglicht, daß wir Bilder interpretieren und als vereinfachtes Konzept speichern, spielen dabei eine Rolle. Nur wenn von Wiedererkennen absolut keine Rede sein kann, wenn etwas mit nichts zu vergleichen ist, was wir je gesehen haben, dann sind wir auf reine Spiegelung angewiesen. Denn dann gibt es einfach nichts zu vergleichen. Dies ist der Fall in den Mustern von Julesz in Figur B.

Tim und Struppi

Wenige Bereiche sind so von Ritualen geprägt wie der des klassischen Theaters. Eine seiner goldenen Regeln galt dem Auftritt des Boten. Wenn er gute Nachrichten brachte, dann mußte er – vom Saal aus gesehen – von links auf die Bühne kommen. Kam er von rechts, dann konnte man Gift darauf nehmen, daß er Hiobsbotschaften brachte. Die Richtung, in der er sich bewegte, kündigte den Zuschauern an, was sie erwartete.
Auf der modernen Bühne sind Boten äußerst selten geworden, aber damit sind goldene Regeln noch lange nicht verschwunden. Es sind ihrer aufgrund der größeren technischen Mittel nur noch mehr geworden, und der Film hält sich genauso daran wie das traditionelle Theater, auch wenn sich die Zuschauer kaum je dessen bewußt sind. Das gleiche gilt für die Malerei und sogar für die Photographie. Vieles von dem, was wir gewöhnlich als Komposition bezeichnen und als künstlerisches Geheimnis betrachten, wird in Wirklichkeit durch ganz einfache, tief in uns wurzelnde Gesetze bestimmt, die vorschreiben, wie wir Bilder interpretieren.
Eines der besten Beispiele für unsere Neigung, auf Abbildungen eine Richtung wahrzunehmen, ist die alltägliche Grafik. Die darauf eingezeichneten Kurven sehen wir unwillkürlich so, als würden sie links beginnen und rechts enden. Kurven, deren rechter Endpunkt höher liegt als der linke, nehmen wir als steigend wahr, wenn aber der rechte Endpunkt niedriger liegt als der linke, dann meinen wir, die Kurve falle. In dieser Beziehung sind wir so unflexibel, daß kein vernünftiger Betrieb es je wagen würde, seinen Jahresbericht mit umgekehrt verlaufenden Grafiken zu zieren, auch wenn sie genau dieselbe Information enthalten. In Figur E sehen wir, was dann geschieht. Die Grafiken sind identisch, die Größen genau dieselben, und dennoch suggeriert die eine Grafik steigende, die andere unerbittlich fallende Resultate.
Linien auf einem Blatt Papier bewegen sich nicht, und doch «se-

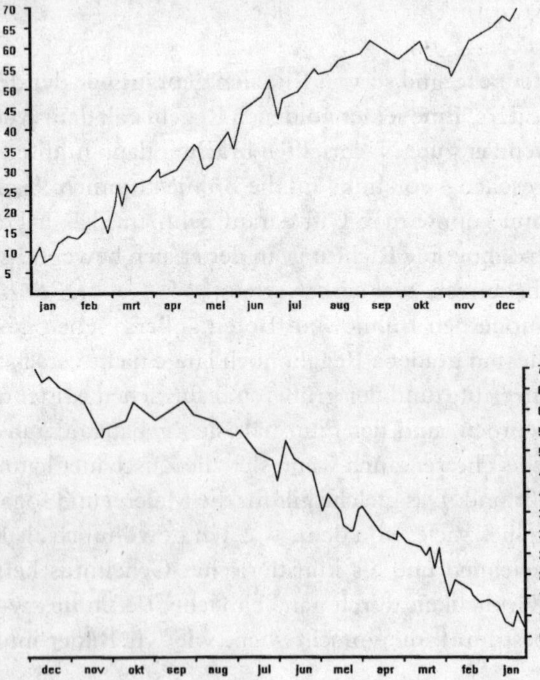

Figur E *Konventionen sind stärker als Vernunft: beide Grafiken geben genau denselben Tatbestand wieder, und doch scheint die steigende Kurve etwas anderes zu sagen als die fallende*

hen» wir eine Bewegung von links nach rechts. Das gilt sogar für imaginäre Linien wie die auf der berühmten Zeichnung *The Great Chain of Being* nach Angaben von Arthur Oncken Lovejoy aus dem Jahr 1936 (Abb. 6). Die Evolution der menschlichen Gattung wird als ein Aufmarsch immer höher entwickelter Wesen dargestellt, wobei der Homo sapiens, also wir selber, den Höhepunkt bildet. Diese ebenso optimistische wie simplifizierte Wiedergabe unserer Entstehungsgeschichte wurde ungeheuer populär, aber im Grunde stimmt sie hinten und vorne nicht. Homo sapiens, in der Chronologie das vorläufige Schlußlicht, läuft nämlich vorneweg statt hinterher. Überhaupt läuft jeder vor seinem Vorfahren her, statt ihm zu folgen. Und doch stört uns das nicht, denn in einem wichtigen Punkt stimmt die Zeichnung sehr wohl: Wir nehmen die Bewegung von links nach rechts als einen Fortgang in der Zeit wahr, als eine Bewegung von früher nach später. Und wenn man es so betrachtet, stimmt die Reihenfolge zweifellos: Homo sapiens entwickelte sich zuletzt, also steht er ganz rechts. Zudem bewegen sich alle Figuren von links nach rechts im Sinne der Chronologie, nämlich von ihrem eigenen Vorstadium hin zu ihrem Nachfolger, und auch das stimmt mit der Wirklichkeit überein. Schließlich spazieren wir selbst, die Figur ganz rechts, mit erhobenem Haupt der Zukunft entgegen, genauso, wie wir uns selbst gern sehen. Wenn wir die Zeichnung spiegeln würden, sähe es so aus, als verliefe die Evolution in umgekehrter Richtung: Wir würden uns immer weiter in die Vergangenheit hineinbegeben, doch diese Kunst ist Merlin vorbehalten, dem Zauberer der Artussage.

Die Tendenz, Bilder so zu betrachten, als verliefen sie natürlicherweise von links nach rechts, gibt es nicht erst seit gestern. Schon 1625 zum Beispiel setzte Guido Reni sie bewußt beim Malen des Wettlaufs zwischen Atalanta und Hippomenes ein (Abb. 7). Atalanta, eine große Jägerin der griechischen Mythologie, hatte, um die ihr lästigen Freier loszuwerden, versprochen, dem Mann zu folgen, der sie im Wettlauf besiegen würde. Sie wußte, was sie tat, denn es gab niemanden, der schneller war als sie. Aber einem der Anwärter gelang es, sie mit göttlicher Hilfe und drei goldenen Äpfeln zu überlisten. Während des entscheidenden Wettlaufs ließ er jedesmal, wenn Atalanta ihn zu überholen drohte, einen Apfel fallen. Das Mädchen konnte der Versuchung nicht widerstehen, die Äpfel aufzuheben, und verlor so das Rennen. Renis Gemälde hält einen solchen fatalen Augenblick fest. Auch wenn man die Geschichte nicht kennt, ist einem doch gleich deutlich, was hier geschieht: Hippomenes läuft zügig weiter, in der natürlichen Bewegungsrichtung; Atalanta dagegen bewegt sich gegen den Strich – was augenscheinlich nicht sehr klug ist.

In Comics kann man die Möglichkeiten der Richtungssymbolik genauso gut nutzen. Der Leidener Psychologe Wagenaar hat einmal sämtliche Formen der Bewegung in drei Heften von «Tim und Struppi» statistisch erfaßt und dabei festgestellt, daß in drei von vier Fällen die Bewegung von links nach rechts verläuft, auch wenn sie über mehrere Bilder geht. Außerdem stellte er fest, daß Bewegungen nach links fast immer ein schlechtes Ende nehmen: Der Mann, der mit dem Finger von rechts auf Tims Türklingel drückt, fällt bewußtlos (und natürlich nach links) auf die Fußmatte, als der wackere Reporter die Tür öffnet. Wenn Kapitän Haddock bei einem Fluchtversuch von rechts nach links durch die Bilder rennt, wird er umgehend wieder gefangengenommen, und so weiter. Das ist das Gesetz von Tim, das auch für den Boten des klassischen Theaters galt: Die Bühne von rechts betreten, sich also nach links begeben, läßt den Zuschauer wissen, daß etwas nicht in Ordnung ist.

Für Filme gelten vergleichbare Regeln. Startende Autos, abfahrende Schiffe und aufsteigende Flugzeuge bewegen sich fast ausnahmslos von links nach rechts über die Leinwand. Bewegen sie sich von rechts nach links, dann kommen sie für gewöhnlich irgendwo an. Für Schiffe gilt eine zusätzliche Regel, die die Sache etwas erschwert, die Geographie: Schiffe, die von Europa nach Amerika fahren, bewegen sich von rechts nach links, und umgekehrt. Regisseure berücksichtigen dabei geflissentlich unseren globalen Orientierungssinn, zumindest dann, wenn es um Ziele geht, von denen man annehmen kann, daß der Durchschnittszuschauer weiß, wo sie liegen. Ein Schiff, das sich von links nach rechts bewegt, fährt in unseren Augen nun einmal von West nach Ost, und nicht umgekehrt.

In den Wochenschau-Berichten des Zweiten Weltkriegs mußten, einem Erlaß des Goebbelsschen Propagandaministeriums zufolge, die deutschen Truppen grundsätzlich von links nach rechts marschierend gezeigt werden: von links nach rechts marschieren Eroberer und Sieger.

Natürlich ist es kein Zufall, daß wir Bilder so und nicht anders interpretieren. Experimente haben gezeigt, daß wir sie auch tatsächlich im großen und ganzen von links nach rechts betrachten. Die Bewegung des Bildinhaltes folgt demnach einfach der Reihenfolge unserer eigenen Wahrnehmung. Aber warum ist das so? Warum fangen wir ein Bild nicht in der Mitte oder sogar rechts an zu betrachten?

An unseren Augen kann es nicht liegen, die drehen sich in die eine Richtung genauso gut wie in die andere. Es hat wohl mit der Richtung zu tun, in der wir schreiben. Das läßt sich schon daran ablesen, daß die eben skizzierten Sehgesetze nicht für Völker gelten, die nicht von links nach rechts schreiben, wie die Israelis, die Araber und die Chinesen. Auf einem chinesischen Gemälde von Maos Langem Marsch zum Beispiel marschieren die Truppen, ohne mit der Wimper zu zucken, in die in unseren Augen falsche Richtung (Abb. 8). Lesen und Schreiben, jene Fertigkeiten, die wie nichts anderes die kulturelle und ökonomische Entwicklung der Menschheit in den vergangenen sechs- bis siebentausend Jahren ermöglicht haben, beeinflussen unser Leben demnach noch auf ganz andere Weise.

Tote Männer und wollüstige Frauen

Zwischen 1655 und 1658 malte Nicolaes Maes in einem etwas unausgeglichen wirkenden Gemälde den Augenblick, da Abraham seinen Sohn Isaak zum Ruhme des Herrn opfern will und an diesem Vorhaben im letzten Moment von einem Engel gehindert wird, weil für Gott schon die gute Absicht zählt (Abb. 9). Es ist ein weitbekanntes Thema, und Maes, ein ausgezeichneter Fachmann und Künstler, hat versucht, etwas Besonderes daraus zu machen. Und doch stimmt etwas nicht. Wenn man das Bild etwa mit Rembrandts Komposition vergleicht (Abb. 10), fällt auf, daß letztere irgendwie natürlicher wirkt.

Genauso wie auf Grafiken finden sich auch auf Gemälden steigende und fallende Diagonalen. Die steigende setzt links unten ein, die fallende links oben. Diese Diagonalen sind von großer Bedeutung. Der wichtigste Unterschied zwischen den Opferszenen von Maes und Rembrandt ist die Umkehrung ebendieser Diagonalen. Auf dem Gemälde von Maes liegt Isaak auf der steigenden Diagonale (wenn auch etwas unglücklich mit dem Kopf nach unten, aber immerhin); daher würde Abrahams Messer ihn, wenn es soweit käme, auch auf der steigenden Diagonale treffen. Das aber ist höchst ungebräuchlich. Morde werden auf Gemälden meist auf der fallenden Diagonale verübt, wie auf Rembrandts Darstellung. Die Mordwaffe, ob es nun ein Messer, ein Schwert, eine Axt oder ein Knüppel ist, trifft das Opfer meist von links oben. Auch das Opfer selbst ist in den meisten Fällen an die fallende Diagonale gebunden. Es liegt verwundet oder tot auf dieser Linie, oder es flieht nach rechts unten.
Ein besonders gutes Beispiel für die Wirkung von Diagonalen ist *Der Überfall auf die Kutsche* von Francisco Goya (Abb. 11). Es handelt sich um eine dramatische Szene, die zeigt, daß in Wildwestfilmen nichts Neues erfunden zu werden brauchte. Der Räuberhauptmann steht groß und mächtig oben auf dem Bock, sein Gewehr läßt er scheinbar nonchalant herunterhängen, und über die fallende Diagonale läßt er seinen Blick überlegen auf den jammernden Passagieren ruhen. Seine Handlanger sind voll beschäftigt, besonders der, der ganz links mit einem noch widerstrebenden Reisenden abrechnet. Er ist im Begriff, den armen Mann mit dem Messer für immer zum Schweigen zu bringen. Und auch dieses Messer wird über die fallende Diagonale treffen. Zwei Frauen liegen auf den Knien und flehen mit erhobenen Händen um ihr Leben. Diejenige, deren Gesicht wir sehen können, blickt über die fallende Diagonale auf zum linken der beiden Räuber, der über die gleiche Diagonale auf sie herabblickt. Die männlichen Passagiere sind bereits tot oder werden es bald sein. Der linke und der rechte liegen eindeutig auf der fallenden Diagonale. Man

achte darauf, daß schon Goya sich an das Gesetz von Tim und Struppi hielt: Die Kutsche, deren Reise so traurig endete, bewegte sich von rechts nach links über die Leinwand.

Daß auf der fallenden Diagonale Schläge und Stiche ausgeteilt werden, ist weniger merkwürdig, als es im ersten Moment aussieht. Erstens ist es solchen Bewegungen nun einmal eigen, daß sie von oben nach unten verlaufen. Zweitens neigen Opfer zum Hinfallen. Künstler machen davon aus dramatischen Erwägungen gerne Gebrauch und lassen den (potentiellen) Mörder fast automatisch im wahrsten Sinne des Wortes über dem Opfer stehen. Aber auch die Vorliebe fürs Zuschlagen oder Zustechen von links nach rechts ist verständlich: Diese Richtung ist die uns natürliche. Die Mordwaffe bekommt sozusagen noch einen zusätzlichen Schwung dadurch, daß sie in der natürlichen Bewegungsrichtung gebraucht wird. Das gleiche gilt für Fluchtbewegungen nach rechts: Wer flieht, muß schnell sein, und die Suggestion der Geschwindigkeit wird nicht gerade erhöht, wenn man den Fliehenden gegen die selbstverständliche Bewegungsrichtung laufen läßt. Darstellungen der Vertreibung aus dem Paradies haben denn auch fast immer den gleichen Aufbau: Der rächende Engel schwebt irgendwo oben links in der Ecke, während Adam und Eva den Garten Eden nach rechts unten verlassen (vgl. Abb. 3).

Viel ungewöhnlicher ist, daß auch tote Gewaltopfer so oft auf der fallenden Diagonale liegen, sogar in der Fotografie. So zum Beispiel auf dem Foto eines Mafiaopfers auf dem Marktplatz eines süditalienischen Dorfes, das im Sommer 1992 veröffentlicht wurde (Abb. 12). Der Fotograf hätte die Leiche von verschiedenen Seiten aufnehmen können, aber ausgerechnet diese gefiel ihm am besten. Die Komposition ist die gleiche wie auf Manets *Der tote Torero* (Abb. 13), ein Bild, das seinerseits wiederum so sehr dem Gemälde *Toter Soldat* eines unbekannten Italieners aus dem 17. Jahrhundert ähnelt, das heute in der National Gallery in London hängt, daß manche behaupten, es habe Manet als Vorlage gedient. Manet-Kenner bestreiten das, und sie könnten durchaus recht haben, da diese Art der Darstellung gang und gäbe ist.

Daß wir die fallende Diagonale in diesem Zusammenhang bevorzugen, kann eigentlich nicht damit zusammenhängen, wie wir Bewegung auf Bildern wahrnehmen. Denn Tote bewegen sich ja nicht und sollten auf Bildern auch keinesfalls diesen Eindruck erwecken. Geht es vielleicht um den Aspekt des Fallens, des Sinkens, der suggeriert, daß der Betroffene ein schlechtes Ende genommen hat? Gleitet die Leiche sozusagen aus dem Bild heraus, ihrem Untergang entgegen? Der Gewalt erlegen, die anscheinend von links oben kommt? Der Gedanke ist gar nicht so abwegig. Auf vielen Gemälden manifestiert sich die Autorität auf der Gewalt-Linie von links oben nach rechts unten, deutlich zu sehen etwa auf Rembrandts Gemälde *Die Blendung Samsons* (Abb. 14). Der arme Samson liegt in der denkbar ungemütlichsten Haltung da, in der rechten unteren Ecke, fast in den Rahmen des Gemäldes gedrückt. Wäre dieser Rahmen nicht, dann würde Samson, so scheint es fast, unwiderruflich aus dem Bild herausrutschen.

So verhält es sich auf den meisten Darstellungen von Mord, Vergewaltigung und Folter. Macht, besonders die der Unterdrückung, kommt anscheinend nicht nur, wie Mao Tse-tung behauptete, aus dem Lauf der Gewehre, sondern in der abendländischen Kunst auch noch von links oben. Damit folgt sie der Schwerkraft und unserer Leserichtung.

Bei Frauen liegt das alles ganz anders. Frauen sterben selten auf Gemälden, abgesehen von den Lukretias oder Kleopatras. Viel häufiger ruhen sie – das Rollenverhalten bestätigend – nackt und lieblich auf Sesseln und Betten, oder sie schlummern unschuldig in herrlicher Naturstaffage. Im äußersten Fall amüsieren sie sich, wie Leda mit einem Schwan, oder sie kokettieren wie Europa anmutig mit einem verführerischen Stier. Sollte dabei auch die Diagonalrichtung, die eine so große Rolle in Gewaltszenen spielt, ihre Bedeutung verloren haben?

Nun spielt ja trotz allem Gewalt, zumindest Unterwerfung, auch auf diesen Bildern eine gewisse Rolle. Oft geht es um sexuelle Gewalt. Wenn Leda sich auf Klimts Gemälde dem Schwan hingibt, wird die bevorstehende Penetration von links nach rechts suggeriert (Abb. 15). Doch den meisten Nackten geht es auf Gemälden augenscheinlich ausgezeichnet. Eines der bekanntesten Beispiele einer liegenden Nacktfigur ist Tizians *Venus von Urbino* (Abb. 16), ein Gemälde, das Generationen von Künstlern inspiriert hat. Obwohl diese Venus auf einer fallenden Diagonale liegt, hat das Gemälde nichts Unheilverkündendes. Im Gegenteil. Unerschrocken schaut uns die Schöne in die Augen, ganz Herrin der Lage. Doch dadurch wirkt sie auch ein wenig frech. Das Schoßhündchen an ihrem Fußende – noch heute laufen viele Huren mit einem solchen Tierchen herum – weist auf den gleichen Umstand hin. Die Dreistigkeit scheint ein Merkmal vieler weiblicher Akte auf der fallenden Diagonale zu sein. Sie wirken oft weniger tugendsam, sie schauen dem Betrachter öfter in die Augen, sie sind ein wenig frecher. Nackte Frauen, die auf der steigenden Diagonale liegen, schlafen öfter den Schlaf der Gerechten oder wähnen sich unbeobachtet. Alles in allem kann man sich nicht des Eindrucks erwehren, daß nackte Frauen auf der fallenden Diagonale leicht auf die schiefe Ebene geraten. Nicht physisch, wohl aber moralisch befinden sie sich längst in der Gefahrenzone.

Marias kleine Nervensäge und andere Porträts

Wer in Museen gern Darstellungen der Madonna mit Kind betrachtet, hat sich bestimmt schon einmal die Frage gestellt, wieso Maler ausgerechnet beim Malen des göttlichen Säuglings oft so jämmerlich versagen. Statt des prächtigen, goldigen Kerlchens, das alle frischgebackenen Eltern in Entzücken versetzt, werden wir mit unangenehmen, schwammigen, früh gealterten Männchen konfrontiert. Der Grund dafür könnte durchaus ein prosaischer und praktischer sein: Säuglinge sind nämlich mindestens ebenso unfolgsam wie rührend. Sie halten nicht still, sie quengeln in den ungeeignetsten Augenblicken, und man muß sich ununterbrochen mit ihnen beschäftigen. Kurz und gut, sie können nicht anständig posieren. Viele Maler haben daher den größten Teil der Arbeit wahrscheinlich aus dem Kopf oder anhand einer Puppe gemacht, mit den entsprechenden Folgen.

Die meisten Maler wußten wahrscheinlich nicht, daß sie für das unleidliche Benehmen ihres Objekts zum Teil selbst die Verantwortung tragen – zumindest wenn wir uns auf Untersuchungen des kanadischen Psychologen Lee Salk aus dem Jahr 1966 verlassen können. Salk untersuchte, auf welchem Arm Mütter ihre Sprößlinge am liebsten tragen, und kam zu dem Ergebnis, daß das bei mehr als dreiundachtzig Prozent der linke ist. Das scheint schon deshalb sinnvoll, da die Vorzugshand auf diese Weise für andere Aufgaben frei bleibt. Aber so einfach ist es nicht: Auch die linkshändigen Mütter in Salks Untersuchung bevorzugten nämlich zu fast achtzig Prozent den linken Arm beim Tragen des Kindes.

Diese Vorliebe, schloß Salk, ist das Resultat dessen, was er «pränatale Prägung» nennt. Da das Kind in der Gebärmutter den Herzschlag der Mutter zu hören und zu fühlen gewöhnt war, wirke der gleiche Rhythmus auch nach der Geburt beruhigend auf das Kleine. In der Tat stellte sich heraus, daß Säuglinge auf der Entbindungsstation eines Krankenhauses, denen man den normalen Herzschlag so vorspielt, wie sie ihn im Mutterleib hören, weniger weinen, besser einschlafen und sogar schneller wachsen als diejenigen, denen man die Herzmusik vorenthält. Nun befindet sich unser Herz zwar nur ein klein wenig links von der Mitte des Brustkorbs, aber dadurch, daß der Druck in der linken Brust und Herzkammer größer ist, klingt das Pumpen dort lauter. Daher ist der Herzschlag der Mutter auf der linken Seite besser zu hören. Wenn die Mutter das Kind links trägt, wird es, Salk zufolge, ruhiger sein, was wohl jede Mutter angenehm findet.

Maler verstehen meist nicht viel von Säuglingspflege. Sie kümmern sich um die Komposition ihres Bildes, und die wiederum entspricht nicht unbedingt dem Interesse von Müttern und Kindern. Das hat der amerikanische Psychologe Richard Uhrbrock 1973 nachgewiesen. Von den elfhundert Madonnen, die er untersuchte, trugen vierundfünfzig Prozent das Jesuskind auf dem linken Arm, achtunddreißig Prozent auf dem rechten. Die restlichen acht Prozent hatten es mitten auf dem Schoß. Uhrbrock fand den Prozentsatz der Linksträgerinnen verhältnismäßig hoch, aber faktisch ist er besonders niedrig. Wenn Salks Zahlen stimmen und Uhrbrocks Zählung repräsentativ ist, muß der Künstler in mindestens zwanzig Prozent aller Sitzungen höchstpersönlich angeordnet haben, daß das Modell das Kind auf dem rechten Arm zu tragen habe. Säuglinge sind Gewohnheitstiere, die auf ungewohnte Situationen mit großer Unruhe reagieren. Maler und Modell müssen also gute Gründe gehabt haben, um trotz des Gejammers und Gequengels auf ihrer Entscheidung zu beharren.

Einen dieser Gründe sehen wir auf *Las meninas, Die Hofdamen*, einem der berühmtesten Gemälde von Diego Velázquez aus dem Jahr 1656 (Abb. 17). Es ist eine kunstvolle Komposition, zugleich eine Art häusliches Porträt der königlichen Familie Philipps IV. von Spanien mit einigen Mitgliedern seiner persönlichen Hofhaltung. Augenscheinlich steht das einzige überlebende Kind des Königs, die Infantin Marguerita, im Mittelpunkt des Bildes. Sie wird umsorgt von ihren beiden Hofdamen Maria Augustina Sarmiento und, rechts von ihr, Isabel de Velasco. Doch auf dem Gemälde gibt es viel Interessanteres zu sehen, zum Beispiel den Maler selbst. Er steht links vor einer Staffelei und ist mit dem Malen eines Bildes beschäftigt. Es sieht fast so aus, als seien wir, die Betrachter, Objekt seiner Malerei, doch wir werden gleich sehen, daß das nicht der Fall ist.

Deutlich ist, daß der Maler, wie die meisten Menschen, Rechtshänder ist. Wenn wir die Infantin und ihr Gefolge einmal wegdenken, sehen wir, daß Velázquez hier sehr genau die Grundstellung eines rechtshändigen Malers, der ein Porträt malt, wiedergibt. Die

Staffelei steht rechts vor ihm, das Modell sitzt links vor ihm, dort, wo sich der Betrachter befindet. Wie wir am Licht auf seiner Stirn sehen können, kommt es, vom Maler aus gesehen, von links, so daß der vorstehende Teil der Leinwand gut beleuchtet ist. Aber damit fällt das Licht auch von links auf das Objekt.

Auf *Las meninas*, das sozusagen von der Position des Modells aus gemalt ist, fällt das Licht von rechts nach links, und in dieser Beziehung ist das Bild eine Ausnahme. Bei «normalen» Porträts fällt das Licht in den allermeisten Fällen von links nach rechts über die Leinwand, genauso wie Velázquez es vorführt. In den Sammlungen des Amsterdamer Rijksmuseums und des Haager Mauritshauses zum Beispiel ist dies der Fall auf über achtzig Prozent aller Bilder. Dieser Lichteinfall hat natürlich Folgen für die Aufstellung der zu porträtierenden Person oder Personen. Blickt die Person nach rechts, dann bleibt ihr Gesicht im Dunkel. Blickt sie nach links, dann leuchtet ihr Gesicht im Lichtstrahl auf. Diesen Effekt kann man in seiner Umkehrung auf *Las meninas* beobachten. Die Infantin blickt genau ins Licht, und ihr Gesicht ist dadurch nicht nur besonders gut sichtbar, sondern auch ein besonderer Anziehungspunkt des Bildes. Sie ist in der Mädchengruppe die wichtigste Figur, wichtiger als Isabel de Velasco, deren Gesicht dadurch, daß sie sich vom Licht abwendet, im Dunkel bleibt. Wichtiger auch als die Zwergin María Bárbola, die zwar näher am Fenster steht, aber dadurch, daß sie uns nahezu direkt anschaut, dennoch weniger Licht abbekommt.

Bei einer Standardaufstellung muß der Porträtierte demnach – vom Maler aus gesehen – nach links blicken und ihm wie dem Betrachter seine linke Wange hinhalten, wenn er voll im Licht stehen will. Das ist einer der Gründe, warum Madonnen ihr Kind zweimal so oft rechts halten, wie wir es aufgrund von Salks Zahlen erwarten würden. Madonnen können leicht im Atelier gemalt werden. Das Modell ist ja fast immer ein anonymes Mädchen und kein anspruchsvoller Auftraggeber, zu dem man ins Haus kommen muß. Das Atelier ist so praktisch wie möglich eingerichtet, und das bedeutet für einen rechtshändigen Künstler, daß das Licht von links einfällt. Um ohne besondere Kunstgriffe doch soviel wie möglich im Licht zu sitzen, muß das Modell seinen Kopf nach links wenden. Gleichzeitig muß eine Madonna aber auch traditionsgemäß liebevoll auf ihr Kind herabblicken, das darum konsequenterweise an ihrer rechten Seite sitzen muß. Sitzt es links, dann schaut die Mutter weg vom Kind, als wäre sie es lieber los, und das kann ja wohl die Absicht nicht sein. Lichteinfall ist, wie wichtig auch immer, nur einer der Faktoren, die die Komposition eines Porträts bestimmen. Daher gibt es wohl ungefähr ebenso viele Porträts, auf denen der Dargestellte dem Betrachter die rechte Gesichtshälfte zuwendet, obwohl nach Ansicht von Kunsthistorikern das linke Profil etwas stärker vertreten ist. Wenn wir jedoch die Porträts von Männern und Frauen für sich betrachten, ändert sich das Verhältnis drastisch. In den Gemäldesammlungen des Amsterdamer Rijksmuseums und des Haager Mauritshauses zeigen fast zwei Drittel aller Männer ihr rechtes Profil, während dies bei den Frauenporträts genau umgekehrt ist. Andere Zählungen kamen zu vergleichbaren Ergebnissen, und dies verlangt nach einer Erklärung.

Als einfachste Erklärung für das offenbar leichte Überwiegen des linken Profils auf Porträts gilt, daß es für einen Rechtshänder natürlicher und einfacher ist, ein Profil nach links zu zeichnen. Das trifft zu, wenn wir an spontane Skizzen ohne Modell denken, aber es würde von geringem fachmännischem Können zeugen, wenn ein professioneller Maler sich dadurch bestimmen ließe. Nach anderen Theorien wird hiermit das soziale Verhältnis zwischen Maler und Modell ausgedrückt beziehungsweise die Art, wie unser Gehirn Gesichter erkennt; doch keine dieser Theorien ist überzeugend. Sie gehen nämlich davon aus, daß es unter gleichbleibenden Umständen eine eindeutige Präferenz für eine Seite gebe. Wenn ein Modell aus einem bestimmten Milieu vorzugsweise in einer bestimmten Richtung porträtiert werden müßte, dann müßte das für alle Modelle gelten, die dem gleichen Milieu angehören. Hätte die Art, wie das Gehirn Gesichter erkennt, damit zu tun, so müßte ebenfalls immer dieselbe Vorliebe erkennbar sein. Aber das ist nicht der Fall. Münzbilder können das sehr gut veranschaulichen. Auf ihnen sind immer Könige, Kaiser, Götter oder sonstige Hoheiten abgebildet; wir betrachten sie jeden Tag aufs neue und können dennoch kein bestimmtes Prinzip in der Richtung des Profils der Dargestellten entdecken. Uhrbrock stellte fest, daß auf amerikanischen Medaillen und Münzen die abgebildete Person in zwei von drei Fällen nach links blickt, daß aber in der großen Sammlung europäischer Münzen der Hamburger Kunsthalle, die 2500 Jahre umspannt, das Verhältnis genau umgekehrt ist. Zum anderen können alle Theorien nicht erklären, warum der Unterschied in der Blickrichtung bei Männern und Frauen so groß ist.

Vielleicht finden wir für das letztere Phänomen ebenfalls eine Erklärung in *Las meninas*. Denn nicht wir sind das Modell, das Velázquez zu porträtieren sich anschickt, sondern das königliche Paar, Philipp IV. und Marianne von Österreich. Wir sehen sie in dem Spiegel, der zwischen den Türen der hinteren Wand hängt. Einige Gelehrte sind zwar der Ansicht, Velázquez male gar nicht das königliche Paar, da kein Doppelporträt bekannt und die Leinwand auf der Staffelei zu groß für ein Porträt sei. Aber das wirft mehr Fragen auf, als es beantwortet. Denn was tut das Paar dann an der Stelle, wo sich das Modell spiegeln müßte? Und was immer Velázquez zu malen vorgibt, *Las meninas* kann niemals direkt nach dem Leben entstanden sein; daß er also nicht *wirklich* ein Doppelporträt malte, besagt nichts. Interessanter ist es da schon, daß die Leinwand tatsächlich so groß ist. Sie steht dem Betrachter am nächsten, noch vor der Hofdame, und erscheint deshalb noch größer, als sie in Wirklichkeit ist. Das ist auch richtig. Wenn die Gruppe im Zentrum des Gemäldes hinter der Leinwand stehen würde, also näher zum Betrachter, würde sie dem Maler und seinen Modellen nur in die Quere kommen. Befindet sich die Gruppe vor der Leinwand, von uns aus gesehen dahinter, dann schaut sie, ohne zu stören, mit dem Maler mit. Verwunderlich ist eigentlich nur, daß Velázquez selbst so weit von seiner Staffelei entfernt steht. Vielleicht hält er den Augenblick fest, da er einige Schritte zurücktritt, um die Wirkung seiner Arbeit in Augenschein zu nehmen (um sich besser ins Bild zu rücken und nicht von seiner eigenen Staffelei verdeckt zu werden).

Das Spiegelbild zeigt, daß Marianne in Wirklichkeit links von ihrem Mann sitzen muß, und das ist alles andere als zufällig. Es ist für Doppelporträts, sicher bis zum achtzehnten Jahrhundert, die Norm. Da der Mann und die Frau so gut wie immer einander zugewandt stehen oder sitzen, zeigt in solchen Porträts die Frau fast immer ihr linkes und der Mann sein rechtes Profil.

Die gleiche Haltung finden wir auf Doppelporträts, die aus zwei Gemälden bestehen. Im Amsterdamer Rijksmuseum gibt es vor 1700 kein Bild, auf dem der Mann zur Linken seiner Frau steht. Es ist eine traditionelle Haltung, die besagt, daß wir es mit ehrbaren Eheleuten zu tun haben. Heute kennen wir dies noch bei der kirchlichen Eheschließung: Nach der Trauung verläßt die Braut an der linken Seite ihres Mannes die Kirche. Diese Tradition beeinflußte anscheinend nicht nur tiefgreifend das Doppelporträt, sondern allmählich auch die Komposition des Einzelbildnisses.

So gesehen scheint die auffällige Vorliebe, Frauen mit ihrem linken und Männer mit ihrem rechten Profil darzustellen, auf eine Etikette zurückzugehen. Aber vermutlich wird der Effekt durch die Konvention des Lichteinfalls von links verstärkt. Denn auch bei nach rechts ausgerichteten Porträts kommt das Licht in den meisten Fällen von links, so daß das Modell mehr oder weniger vom Licht wegblickt. Das braucht nicht zu bedeuten, daß nichts vom Gesicht zu sehen ist, im Gegenteil, hierdurch wird der Umriß des Profils betont, die Krümmung der Nase, die Linien von Kinn und Stirn zeichnen sich um so deutlicher ab. Diese Beleuchtung verleiht dem Mann leicht Strenge, Willenskraft und andere traditionell männliche Eigenschaften. Dem Sanften, Runden und Eleganten, das als so typisch weiblich gilt, ist mit einer solchen

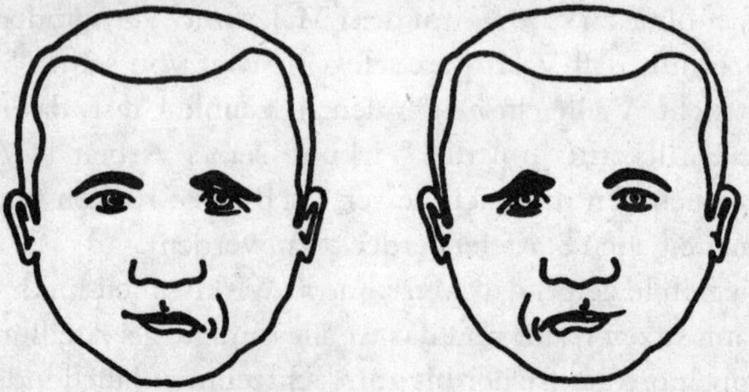

Figur F *Das rechte Porträt ist das genaue Spiegelbild des linken, dennoch schaut das eine fröhlicher drein als das andere*

scharfen Beleuchtung nicht gedient. Weibliches kommt besser zur Geltung, wenn das Licht das ganze Gesicht gleichmäßig umfließt, wenn das Gesicht nach links, dem Licht zugekehrt ist. So kam es, daß sehr viele posierende Madonnen, gerade um ihre Weiblichkeit und ihre sanften Züge zu betonen, unangenehm streng zu ihren Kindern sein mußten.

Der Michel heult links, der Michel lacht rechts

Mit Gesichtern hat es so seine eigene Bewandtnis. Daß sich die linke und die rechte Gesichtshälfte manchmal deutlich voneinander unterscheiden, weiß jeder. Auch in dieser Hinsicht sind wir nur in groben Zügen symmetrisch. Weniger bekannt ist die Tatsache, daß beide Gesichtshälften sich auch verschieden verhalten, sowohl was das Erkennen des Gesichtes als auch was die Interpretation des Gemütszustandes betrifft. Im allgemeinen können Menschen mindestens sechs verschiedene Gemütszustände mit Leichtigkeit anderen durch ihre Mimik mitteilen: Glück, Traurigkeit, Überraschung, Angst, Ekel und Wut. Natürlich vermögen wir noch mehr auszudrücken, aber diese sechs Emotionen scheinen allen Kulturen gemeinsam zu sein. Das Verrückte ist nun, daß hauptsächlich von der linken Gesichtshälfte bestimmt wird, welche Regung wir einem Gesicht ablesen. Ein einfaches Beispiel soll dies verdeutlichen. Figur F zeigt zwei Gesichter, die teils traurig, teils fröhlich dreinschauen. Den meisten wird das rechte Gesicht munterer erscheinen als das linke (sind Sie der entgegengesetzten Meinung, dann gehören Sie einer Minderheit von etwa zwanzig Prozent an). Dennoch sind beide Gesichter identisch, nur ist das eine das Spiegelbild des anderen. Auf der anderen Seite fällt beim einfachen Erkennen von Gesichtern meistens die rechte Gesichtshälfte mehr ins Gewicht. Experimente zeigen, daß Menschen das Foto der rechten Gesichtshälfte einer Person, ergänzt durch ihr Spiegelbild, ähnlicher fanden als ein Kompositionsfoto aufgrund der linken Gesichtshälfte. Wir ähneln in gewissem Sinne mehr unserer rechten Gesichtshälfte.

Dieses Phänomen hat wahrscheinlich mit dem Unterschied zwischen den beiden Hirnhälften zu tun, von denen jede ihr Spezialgebiet hat. So versteht sich die linke Hirnhälfte gut aufs Rechnen, Zählen, Addieren, Abstrahieren und auf vieles, was zum Bereich der Sprache gehört. Die rechte Hirnhälfte verrichtet unter anderem die Hauptarbeit beim Interpretieren, Erkennen und Behalten von Bildern. Selbstverständlich gibt es eine ganze Reihe Aufgaben, die von beiden Hirnhälften gemeinsam erledigt werden, schon deshalb, weil viele komplizierte Aufgaben auf einfachere Funktionen zurückgreifen, die entweder in der einen oder der anderen Hirnhälfte zu Hause sind. Die Zusammenarbeit zwischen den beiden wird ermöglicht durch Verbindungen auf verschiedenen Niveaus, den sogenannten Kommissuren, vergleichbar Telefonkabeln in einem großen Bürogebäude. Der dickste Verbindungsstrang ist das Corpus callosum, dem wir bereits begegnet sind. Für unsere Augen, die in gewissem Sinne direkte Ausstülpungen des Gehirns sind, bedeutet das, daß die Information, die die linke Seite jeder Netzhaut erreicht, in erster Linie auch in der linken Hirnhälfte verarbeitet wird, und umgekehrt. Wenn wir also geradeaus auf ein Gesicht schauen, dann landet seine linke Hälfte links auf der Netzhaut, und wird auch zunächst links verarbeitet. Das Bild der rechten Gesichtshälfte wandert unmittelbar zur rechten Hirnhälfte.

Es ist also durchaus konsequent, daß wir uns beim Erkennen von Gesichtern an der rechten Seite orientieren: Die Information erreicht nämlich ohne Umwege die rechte Hirnhälfte, die für das Erkennen zuständig ist. Informationen über die linke Seite können das Zentrum nur über den Umweg des Corpus callosum erreichen. Das gelingt zwar recht gut, denn wir erkennen ein Gesicht auch, wenn die rechte Seite zugedeckt ist, aber es kostet ein klein wenig mehr Mühe. Wenn dem aber so ist, warum sollten wir dann gerade beim Erkennen von Gefühlen – einem ziemlich subtilen Stück Interpretation visueller Daten – vor allem der linken Gesichtshälfte Rechnung tragen?

Eine der Erklärungen, die man hierfür gegeben hat, ist, daß auf der linken Gesichtshälfte einfach mehr zu sehen sei. Sie wird nämlich von der rechten Hirnhälfte gesteuert, und die sei nun einmal, so die Argumentation, emotionaler eingestellt. Aber das kann nicht zutreffen, reicht als Erklärung jedenfalls nicht aus. Es stimmt sicher nicht, daß Emotionen der ausschließliche Zuständigkeitsbereich der rechten Hirnhälfte sind, und selbst wenn dem so wäre, müßte der Vorteil größerer Expressivität der linken Gesichtshälfte durch die emotionale Ungeschicklichkeit der linken Hirnhälfte, mit der wir diese Gesichtshälfte wahrnehmen, aufgehoben werden. Vielleicht ist folgende Erklärung besser, wenn auch hinzugefügt werden muß, daß es sich um eine unbewiesene Annahme handelt.

Obwohl Emotionen nicht ausschließlich die Domäne der rechten Hirnhälfte sind, spricht einiges dafür, daß sie emotionaler ausgerichtet ist als die linke. Die linke Gesichtshälfte könnte also in der Tat expressiver sein als die rechte. Das würde implizieren, daß die rechte Gesichtshälfte weniger veränderlich ist. Aber damit ist gerade diese Gesichtshälfte zum einfachen Erkennen am geeignetsten: Sie sieht sich selbst unter allen Umständen ähnlicher als die andere Seite, die sich stärker der Stimmung der Person anpaßt. Es trifft sich gut, daß diese relativ unveränderliche Gesichtshälfte auch noch auf dem kürzestmöglichen Weg mit der Porträtgalerie in unserem Gehirn verbunden ist, die sich ja auf der rechten Seite befindet.

Zum Erkennen der verschiedenen Ausdrucksformen des Gefühls auf einem Gesicht eignet sich hingegen die linke Hirnhälfte am besten. Das Erkennungszentrum in der rechten Hälfte freut sich geradezu darauf, eine perfekte Verbindung zwischen dem, was wir sehen, und einem bereits gespeicherten Bild herzustellen. Abweichungen können dieses Zentrum nur stören. Die linke Hälfte kann gerade daraus ihren Nutzen ziehen. Wenn die rechte Hälfte unseres Gehirns einmal festgestellt hat, um welches Gesicht es sich handelt, kann die linke Hälfte dieses Bild mit dem vergleichen, was sie auf der linken Hälfte dieses Gesichtes sieht. Es findet eine komplizierte Substraktion statt: Was die linke Hälfte sieht minus das durch die rechte Seite bestimmte Standardgesicht ergibt die momentane Gefühlsregung. Diese Information wird weiterverarbeitet, so daß wir auch wissen, um welches Gefühl es sich handelt. Obwohl ein ziemlich reger Verkehr zwischen beiden Hirnhälften nötig ist, tut jede Hälfte genau das, worauf sie sich am besten versteht: Rechts erledigt das Erkennen und auf hohem Niveau die Interpretation der Emotionen, links nimmt die Berechnungen auf sich, die der rechten Hälfte etwas weniger liegen. Und so wird die Information, die wir mit unseren Augen aufnehmen, optimal genutzt.

Der Reigen des Alphabets

Im April 1949 brachten die Zeitungen in verschiedenen Teilen der Welt ein bemerkenswertes Foto von jemenitischen Juden in einem Auffanglager in der Nähe von Aden (Abb. 18). Sie sind auf dem Weg nach Israel und lesen gemeinsam in *einer* Bibel. Der erste hat das Buch vor sich und liest ganz normal von rechts nach links, von oben nach unten die untereinander stehenden Zeilen. Der zweite sitzt genau links vom Buch, liest also von oben nach unten die von links nach rechts verlaufenden Spalten. Für den dritten, der ihm gegenübersitzt, ist es wieder anders: Er muß von unten nach oben lesen, in Spalten von rechts nach links. Keinem der Herren jedoch scheint seine Stellung Schwierigkeiten zu bereiten, und das ist auch verständlich, wenn man bedenkt, daß jeder genau so liest, wie er es gewohnt ist. Bücher waren selten, so daß jeweils drei bis vier Schüler ein Exemplar gemeinsam benutzen mußten; daher hatte jeder in einer anderen Richtung lesen gelernt. Und was spricht eigentlich dagegen?

Sehen wir uns ein Beispiel aus unserer eigenen Schrift an. Es gibt kein Naturgesetz, das beispielsweise das A zwingt, mit beiden Beinen auf der Erde zu stehen. In grauer Vorzeit war das auch nicht so. Bei den Phöniziern stand das A nämlich ursprünglich auf dem Kopf: das Piktogramm eines Ochsenkopfes mit Hörnern. Später legte es sich auf die Seite, und erst als die Griechen es übernahmen, fiel es mit seinen zwei Hörnern auf die Füße.

Man kann sich die Frage stellen, wie die Jemeniten auf dem Foto schrieben, falls sie schreiben konnten. Schrieben sie in derselben Richtung, wie sie lasen? Oder so, wie das Hebräische normalerweise geschrieben wird, in horizontalen Zeilen von rechts nach links? Und hätte das ihr Lesen beeinflußt? Wenn man sich vergegenwärtigt, wie nachhaltig die Schreibrichtung unsere Wirklichkeitswahrnehmung prägt, dann ist es nicht verwunderlich, daß viele denken, sie werde von Naturgesetzen bestimmt und hänge mit unserem genetischen Erbe zusammen, unter anderem damit, daß die meisten Menschen Rechtshänder sind. Man geht dann davon aus, daß die natürliche Schreib- und Leserichtung für Rechtshänder von links nach rechts ist, die für Linkshänder andersherum. In dem Fall würden also alle drei Jemeniten gegen den Strich lesen und schreiben.

Diese weitverbreitete Auffassung geht implizit davon aus, daß unsere Schrift eine typische Schrift für Rechtshänder ist; dafür werden verschiedene Argumente angeführt. So sei es natürlicher, mit der rechten Hand von links nach rechts zu schreiben, weil sich die Schreibhand dabei vom Körper weg bewegt (wobei offenbleibt, warum die Bewegung weg vom Körper natürlicher sein soll als die hin zum Körper). Außerdem ziehe der Rechtshänder die Feder beim Schreiben von links nach rechts übers Papier, während der Linkshänder sie schieben müsse, was Tintenflecken und verbogene, gespaltene Federn zur Folge habe. Wer dem entgegenhält, daß in anderen Teilen der Welt ganze Völker, die genauso rechtshändig sind wie wir, seit Jahrhunderten zu allseitiger Zufriedenheit von rechts nach links lesen und schreiben, der kriegt zu hören, das sei nur dem Anschein nach so. Als Beispiel wird dann garantiert die hebräische Schrift angeführt, die zwar von rechts nach links geschrieben wird, deren einzelne Schriftzeichen jedoch von links nach rechts gehen. Darum, so wird behauptet, sei das Hebräische auch immer eine Blockschrift geblieben und kenne keine gebundene, aneinandergeschriebene Variante wie unsere Schrift. Oft wird auch noch das Chinesische als Beweis herangezogen, eine Schrift, die traditionsgemäß hauptsächlich von oben nach unten geschrieben wird. Denn auch Chinesen bilden die einzelnen Schriftzeichen von links nach rechts. Figur G zeigt, wie das im einzelnen vor sich geht. Die Regeln, die beim Aufzeichnen dieser Sprachen gelten, betrachtet man als Beweis dafür, daß die Natur des Menschen eben von links nach rechts strebe.

Auf die Zieh- und Schiebebewegungen von Links- und Rechtshändern, auf verbogene Stahlfedern und Tintenflecken kommen wir später noch zurück. Zuerst wollen wir uns das zuletzt genannte Argument etwas genauer anschauen: die Behauptung, auch bei von rechts nach links oder von oben nach unten verlaufender Schrift würden die einzelnen Zeichen von links nach rechts gebildet.

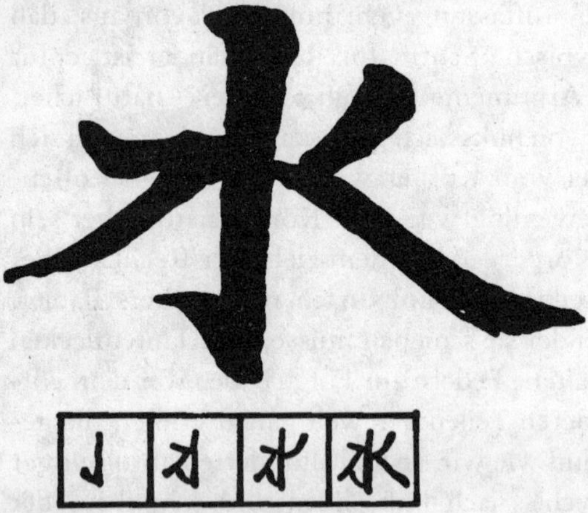

Figur G *Das chinesische Zeichen für Wasser (shui). Es wird Strich für Strich von links nach rechts aufgebaut*

Diese Beobachtung ist, was das Hebräische und das Chinesische betrifft, an sich nicht zu leugnen. Nur bedeutet es noch lange nicht, daß von links nach rechts schreiben natürlich ist, oder auch nur, daß die einzelnen Schriftzeichen *immer* von links nach rechts gebildet werden. Dazu brauchen wir nur einen kurzen Blick auf Israels Nachbarn, die arabischen Länder, zu werfen. Das Arabische wird genauso wie das Hebräische von rechts nach links geschrieben, aber es hat durchaus eine Schreibschrift, deren Zeichen in einer fließenden Bewegung von rechts nach links aneinandergeschrieben werden. Eine arabische Blockschrift gibt es gar nicht. Und doch sind Araber Rechtshänder wie wir. In der arabischen Welt ist die linke Hand sogar ein noch größeres Tabu als im Westen. In der Schule links zu schreiben sollte ein kleiner Araber gar nicht erst versuchen. Das wird nicht toleriert.
Nun zeichnet sich die arabische Schrift durch eine ganz besondere kalligraphische Tradition aus, die ihren Ursprung dem islamischen Verbot, im religiösen Bereich Menschen darzustellen, verdankt, ein Verbot, das besonders in früheren Jahrhunderten streng gehandhabt wurde. Die Kalligraphie ermöglichte es, innerhalb der gesetzten Grenzen dennoch künstlerisch zu arbeiten

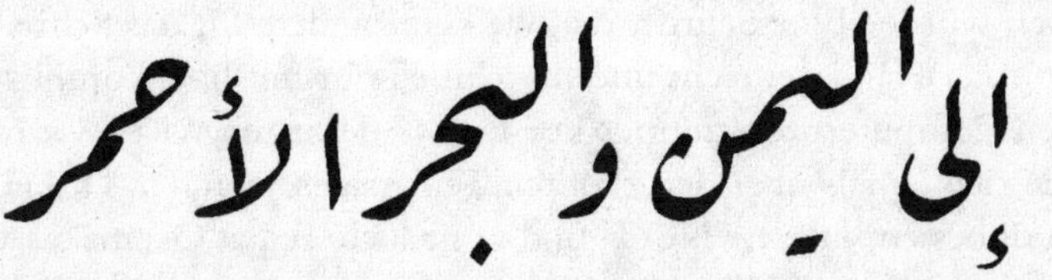

Figur H *Das Ruq'a, eine im Mittleren Osten häufig verwendete Form der arabischen Schrift, ist auf das rechtshändige Schreiben von rechts nach links zugeschnitten. Man achte auf die bei jedem Wort nach links unten verlaufende Schreiblinie* (*Decotype 1989*)

und Verzierungen anzubringen. Zu diesem Zweck entstand eine ganze Reihe Zierschriften, bei denen es mehr um die Schönheit als um die Lesbarkeit des Resultats ging. Nun gibt es auch bei uns Zierschriften, wie zum Beispiel die Schnörkel auf Urkunden und Zeugnissen; in der arabischen Welt jedoch spielen sie eine viel größere Rolle. Abbildung 19 zeigt das kalligraphierte Monogramm Sultan Süleymans, ein kalligraphisches Meisterwerk aus dem frühen 16. Jahrhundert, das mit bequemem Lesen wenig, mit ästhetischem Genuß dafür um so mehr zu tun hat.

Auch die arabische Alltagsschrift unterscheidet sich von anderen Schriften durch fließende, tanzende Linien. Man schreibt das Arabische nicht, wie unsere Schrift, *auf* der Linie, sondern *um die Linie herum*. Die Ruq'a-Schrift, die Variante, die vor allem im Mittleren Osten für den täglichen Gebrauch bestimmt ist, ist ein gutes Beispiel dafür (Fig. H). Die Form vieler Schriftzeichen ändert sich mit dem Platz, den das Zeichen zwischen anderen einnimmt. Eine der Folgen dieser Eigenart ist die Tatsache, daß sich die arabische Schrift ziemlich schlecht auf der Schreibmaschine wiedergeben läßt. Die reduziert nämlich alles notgedrungen zu einer geraden Linie und jedes Zeichen zu einer unveränderlichen Form.

Wäre es nicht paradox, wenn ausgerechnet das Arabische, diese uralte Schrift, gegen die «natürliche Schreibrichtung» geschrieben würde? Eine Schrift, die wie keine andere für das Schreiben mit der Hand gemacht und maschinell nur mit hochkomplizierten Computerprogrammen korrekt wiederzugeben ist? Wie hätte sie sich jemals über den größten Teil Asiens, von der Türkei bis Indonesien, in ganz Nord- und in großen Teilen Ostafrikas verbreiten können? Hätte sie sich in der gesamten arabischsprechenden Welt von Marokko bis Pakistan, im Iran und Irak bis heute halten können? Wäre sie nicht längst durch eine weniger «widernatürliche» Alternative ersetzt worden? Das ist ziemlich unwahrscheinlich. Noch unwahrscheinlicher wird es, wenn wir bedenken, daß sowohl unser Alphabet als auch die arabische Schrift in grauer Vorzeit dem gleichen nordsemitischen Stamm entsprangen und daß die Griechen, die dank ihrer Blockschrift viel weniger Mühe mit der «unnatürlichen» Schreibrichtung hätten haben müssen, bereits um 800 v. Chr. sehr wohl in der Lage waren, ihre Schrift in die uns geläufige Richtung umzudrehen.

In Wirklichkeit läuft die arabische Schrift viel weniger gegen den Strich, als man denkt. Sie verdankt ihren tanzenden, künstlerischen Charakter nämlich einer optimalen Anpassung an die Bewegung der rechten Hand von rechts nach links. Wenn wir ihre Tanzschritte genauer betrachten, sehen wir, daß jedes Wort auf einer Linie von rechts oben nach links unten geschrieben ist. Bei jedem neuen Wort setzt der Schreibende wieder etwas oberhalb der Schreiblinie an. Dadurch verhindert er, daß die Hand das gerade Geschriebene wieder verwischt, und er verwandelt die unpraktische, schiebende Bewegung des Ellenbogens, die beim Schreiben auf einer horizontalen Linie leicht entstehen kann, in eine kontrollierbare seitliche Schwenkbewegung aus dem Handgelenk heraus.

Daß es so etwas wie eine natürliche Schreibrichtung nicht gibt, beweisen nicht nur die beiden wichtigsten, in entgegengesetzter Richtung geschriebenen Schrifttypen, die wir kennen, das Arabische einerseits und die Gruppe des lateinischen, griechischen und kyrillischen Alphabets andererseits, sondern auch die Vielfalt

1 Die dreiköpfige Bemannung eines Streitwagens aus der Terrakotta-Armee des Kaisers Qin Shi Huang, die 1974 in der Provinz Shaanxi gefunden wurde. Der Kommandant steht links, denn links ist in China seit alters her der Ehrenplatz (Text S. 28f).

2 Die christliche Kultur Europas hat immer wieder den Zusammenhang zwischen linker Hand, Gesundheit und Lebenskraft betont: die linke Hand ist bisweilen symbolisch für das Leben selbst. Auch bei Michelangelo empfängt Adam das Leben mit der Linken (Text S. 39).

3 Eine weitere Darstellung aus der Sixtinischen Kapelle in Rom: Der Engel vertreibt Adam und Eva aus dem Garten Eden. Der linkshändige Engel entscheidet über Leben und Tod (Text S. 39).

5 Der Doppeladler des Heiligen Römischen Reiches – hier auf einem Wappen der Reichspost – zeigt, wie stark das menschliche Auge nach Symmetrie verlangt; was nicht symmetrisch ist, wird symmetrisch gemacht (Text S. 79).

6 *The Great Chain of Being* nach Arthur Oncken Lovejoy: Der Homo sapiens, chronologisch das Schlußlicht, läuft vorneweg statt hinterher (Text S. 88 f).

7 Guido Reni: *Atalanta und Hippomenes* (Text S. 89).

8 Maos Truppen auf dem langen Marsch: Für unser Verständnis marschieren die Chinesen just in die falsche Richtung (Text S. 91).

9 Nicolaes Maes: *Abraham opfert seinen Sohn Isaak.* Im Vergleich zu der Darstellung des gleichen Themas durch Rembrandt auf der gegenüberliegenden Seite fällt auf, daß die Diagonalen der Komposition bei beiden Bildern genau entgegengesetzt verlaufen (Text S. 91 f).

10 Die Natürlichkeit der Rembrandtschen Komposition verdankt sich vor allem der Beherrschung der Diagonalen.

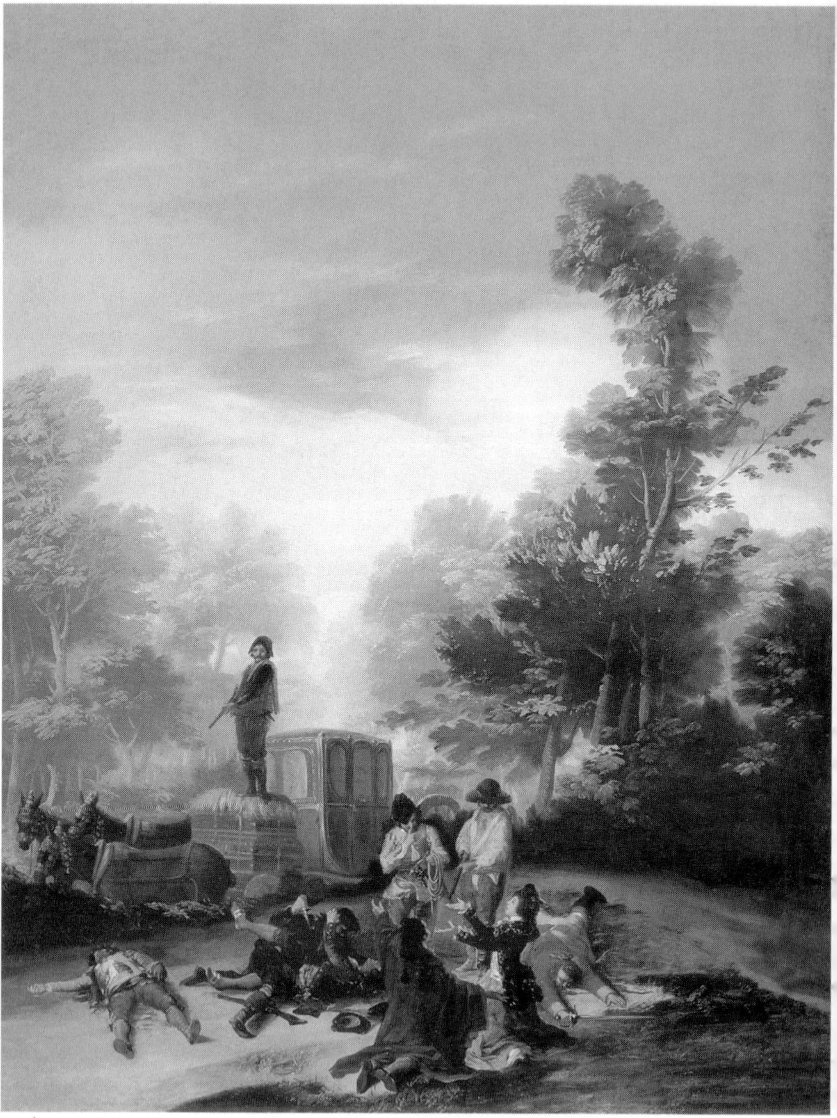

11 Francisco Goya: *Der Überfall auf die Kutsche* (Text S. 92f).

14 Rembrandt: *Die Blendung Samsons*. Die Diagonale der Gewalt läuft stets, wie auch auf dem Gemälde von Goya, von links oben nach rechts unten (Text S. 94).

12 Auch die Opfer der Gewalt liegen auf der fallenden Diagonale: Foto eines Mafiaopfers auf einem süditalienischen Marktplatz im Sommer 1992 (Text S. 93).

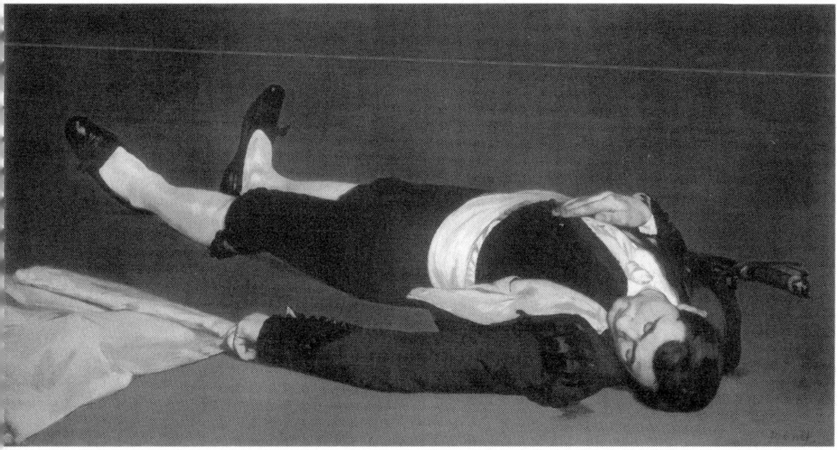

13 Ein besonders eindrucksvolles Beispiel dafür, wie stark unsere Sehgewohnheiten dem Links-rechts-Schema verhaftet sind: Manets *Toter Torero* (Text S. 93 f).

16 Der Akt auf der fallenden Diagonale hat leicht etwas Anzügliches, als sei die Dargestellte bereits auf die schiefe Ebene geraten: Tizians *Venus von Urbino* (Text S. 95).

17 Diego Velázquez: *Las meninas*, ein Gemälde, das die Links-rechts-Problematik und den damit zusammenhängenden Lichteinfall auf vielfältige Weise thematisiert (Text S. 97 ff).

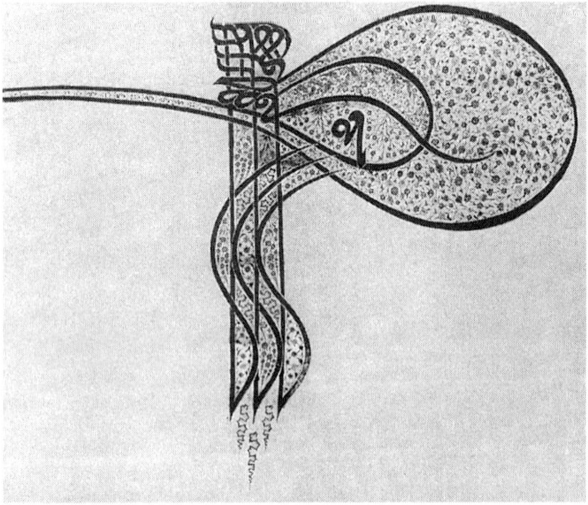

18 In der Bibel lesende jemenitische Juden: alle lesen mit (Text S. 105 ff).

19 Kalligraphiertes Monogramm des Sultans Süleyman aus dem frühen 16. Jahrhundert (Text S. 108 ff).

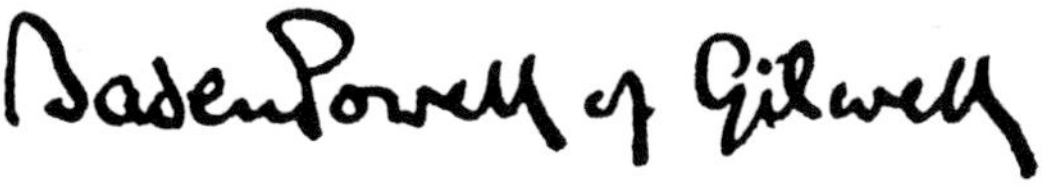

4 Lord Robert Baden-Powell, der Gründer der Pfadfinderbewegung, schrieb mit beiden Händen abwechselnd; auch seine Unterschrift leistete er kurioserweise beidhändig (Text S. 59).

15 Gustav Klimt: *Leda* (Text S. 95).

der im Laufe der Geschichte vorkommenden Schreibweisen. So wurde zum Beispiel das Altgriechische, besonders aber das Demotische, eine sich aus den Hieroglyphen entwickelnde Schrift, als *Bustrophedon* geschrieben, das heißt, wörtlich übersetzt, «wie die Ochsen (beim Pflügen) wenden». Abwechselnd verliefen die Zeilen dabei von links nach rechts und von rechts nach links: Statt bei jeder neuen Zeile mit dem Blick (und der Hand) wieder ganz auf die andere Seite der Schreibfläche zu springen, wurde einfach dort, wo die vorige Zeile aufhörte, rückwärts weitergeschrieben und -gelesen. Da sich diese Form jedoch nicht durchsetzte und auch aus dem Griechischen bald wieder verschwand, müssen wir annehmen, daß der Vorteil den Nachteil der doppelten Leserichtung nicht aufwog. Wahrscheinlich hängt das damit zusammen, daß das Wortbild in der Bustrophedon-Schreibweise nicht konstant ist, da das gleiche Wort in zwei verschiedenen Zeilen sein eigenes Spiegelbild sein kann. Würden wir beim Lesen buchstabieren, dann wäre das kein Problem; da es aber beim normalen Lesen um die schnelle Erfassung ganzer Wortbilder geht, macht ein solches Schriftbild das Lesen zu einer im wahrsten Sinne des Wortes doppelten Aufgabe.

Eine Schrift, die die Vorteile der Bustrophedon-Schreibweise mit der unseren zu kombinieren versucht, wurde an einem der allerunwahrscheinlichsten Orte der Welt erfunden, auf der Osterinsel. 1868 entdeckte ein deutscher Missionar namens Zumbohm dort ein paar Nachrichtenbrettchen, *kohau rongo rongo*, kleine Holzstücke, in die Zeichen geritzt sind, die vermutlich einer den Hieroglyphen verwandten Ideogrammschrift angehören (Fig. I). Auffallend daran ist, daß die Zeilen nicht nur als Bustrophedon geschrieben sind, sondern jede Zeile außerdem noch im Verhältnis zur vorangehenden auf dem Kopf steht. So konnte man am Ende der Zeile einfach weiterschreiben, und auch die Leserichtung blieb in allen Zeilen gleich. Allerdings mußte man nach jeder Zeile das ganze Brettchen umdrehen, und das ist ja wohl nicht besonders bequem.

Figur I *Osterinselschrift: die Zeilen sind nicht nur als Bustrophedon geschrieben, das heißt abwechselnd von links nach rechts und von rechts nach links, sondern jede Zeile steht außerdem noch im Verhältnis zur vorangehenden auf dem Kopf* (H. Jensen, Die Schrift, Berlin 1969)

Da zu Zumbohms Zeiten niemand mehr lebte, der diese Schrift lesen konnte, ist der Inhalt der Brettchen bis auf den heutigen Tag ein Rätsel geblieben. Die Inselbewohner glaubten jedoch zu wissen, woher die Schrift kam. Es hieß, ihr erster König, Hotu-Matua, der im zwölften Jahrhundert auf ihrer Insel landete, habe sie mitgebracht. Wieweit das stimmt, bleibt offen; immerhin hat man Ähnlichkeiten zwischen einigen Zeichen auf den Brettchen und solchen der Indusschrift festgestellt, die in einigen Gebieten von Indien benutzt wurde. Diese Übereinstimmung mag reiner Zufall sein – sie bereichert die geheimnisumwitterte Herkunft der Polynesier jedenfalls um ein weiteres Rätsel.
Wieder anders gehen die Chinesen vor: Sie schreiben in von oben nach unten verlaufenden Spalten, die von rechts nach links nebeneinander stehen, wobei, wie wir bereits sahen, jedes einzelne Schriftzeichen von links nach rechts aufgebaut wird. Aber es gibt oder gab auch Schriften, deren vertikale, nach unten verlaufende Spalten von links nach rechts geschrieben werden, wie etwa die alte mongolische Schrift, oder auch vertikal als Bustrophedon.
Wenn die beiden Jemeniten rechts und links der Bibel ohne Schwierigkeiten lesen, ist das demnach viel weniger ungewöhnlich, als es zunächst schien. Genaugenommen gibt es keine einzige Schreibrichtung, die nicht irgendwann einmal von irgendeinem Volk angewandt worden wäre. Obwohl Völker manchmal die

Schreibrichtung ihrer Schrift wechselten oder sich ein völlig anderes Schreibsystem ausdachten oder das ihrer Nachbarn übernahmen, läßt sich bis zum sechzehnten Jahrhundert keine deutliche Tendenz zu einer bestimmten Schreibrichtung feststellen. Vergleicht man die Schreibrichtungen in Europa, Asien und Afrika bis ungefähr 1500 n. Chr., dann sieht man, daß im allgemeinen das Schreiben von oben nach unten dem in umgekehrter Richtung vorgezogen wurde; hingegen ist auf der «horizontalen» Ebene keinerlei Tendenz zu entdecken, abgesehen davon, daß Bustrophedon-Systeme nirgendwo besonders populär waren. Die oft gehörte Theorie, es sei völlig natürlich, von links nach rechts zu schreiben, ist denn auch hauptsächlich ein Produkt des Imperialismus und Ethnozentrismus. Imperialismus, weil viele Schriftarten in den von den europäischen Mächten kolonisierten Ländern nach und nach von der lateinischen Schrift verdrängt wurden. Ethnozentrismus, weil den Kolonialherren die einheimischen Kulturen als minderwertig galten, so daß ihnen deren Schreibgewohnheiten gleichgültig waren.

Besonders Missionare beteiligten sich gern an diesem kulturellen Kahlschlag. Heutzutage sorgt das ökonomische Übergewicht des Westens dafür, daß sich die lateinische Schrift immer noch ausbreitet, wenn auch viel langsamer als früher. China, Japan und die arabische Welt sind nicht besonders begierig, sie zu übernehmen; das Kyrillische erfreut sich bester Gesundheit, und auch die verschiedenen indischen Schriften sind immer noch quicklebendig. Und doch übersehen wir immer noch geflissentlich, daß mindestens die Hälfte der Weltbevölkerung in einer anderen Richtung schreibt als wir.

Da sich einerseits keine konsequente Vorliebe für eine Schreibrichtung feststellen läßt und andererseits in allen Völkern Rechtshänder die Mehrheit bilden, können wir davon ausgehen, daß es eben keine natürliche Schreibrichtung gibt. Mit der rechten Hand von rechts nach links schreiben ist nicht unbequemer als andersherum, das zeigen uns die Araber. Dies bedeutet gleichzeitig, daß

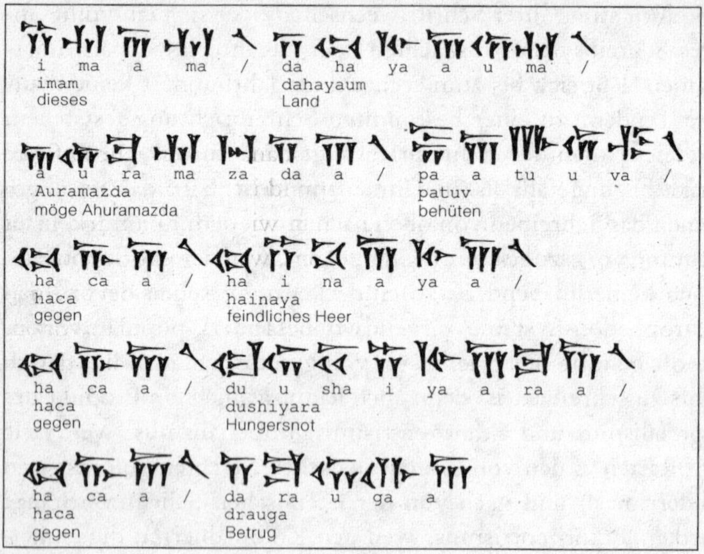

Figur K *Ein Keilschrifttext: «möge Ahuramazda (≃ Gott) dieses Land behüten vor dem Feind, dem Hunger und dem Betrug»*

es auch nicht so schwierig sein kann, mit der linken Hand von links nach rechts zu schreiben, von einigen kleinen praktischen Problemen abgesehen. Daß die nicht unüberwindbar sind, werden wir weiter unten sehen.

Bleibt der Hinweis auf ein einziges Schriftsystem, das ausschließlich mit der rechten Hand geschrieben werden kann: die Keilschrift. Ihren Namen verdankt sie der Form der kleinen Striche, die zusammen die Zeichen bilden. Sie wurden mit einem dreieckigen Stäbchen in nassen Lehm geritzt, so daß am Anfang jedes Strichs eine kleine Kerbe, wie ein Nagelköpfchen, entstand. Keilschrift wurde von links nach rechts geschrieben, und die Kerben müssen sich, wie in Figur K zu sehen ist, immer auf der linken Seite der Striche befinden. Und das kriegt ein Linkshänder kaum hin.

Ursachen

Mit zwei Jahren fängt es an und hört danach nie mehr auf, die Frage bei allem, was uns neu oder fremd ist: Warum? Natürlich bildet ein so merkwürdiges Phänomen wie die Linkshändigkeit dabei keine Ausnahme. Fast ebenso lang, wie es geschriebene Geschichte gibt, haben Menschen sich den Kopf darüber zerbrochen, warum manche von uns die linke Hand der rechten vorziehen. Die Intelligenteren unter ihnen merkten schon bald, daß es nicht eine, sondern zwei Fragen zu beantworten galt. Die erste und vielleicht auch interessantere Frage ist die, woher es kommt, daß wir überhaupt eine Vorzugshand haben. Erst danach können wir die zweite Frage stellen, weshalb wir nicht alle die gleiche Hand bevorzugen.

Der erste, von dem wir wissen, daß er eine deutliche Vorstellung von der Ursache der Einhändigkeit hatte, war kein Geringerer als Platon. Im siebten Buch seiner *Gesetze* – einem Dialog zwischen einem Athener und dem Kreter Kleinias – vertritt der Athener den Standpunkt, wir kämen ambidexter, beidhändig, zur Welt und würden erst allmählich einhändig durch die leichtsinnige Art, wie Mütter und Ammen mit ihren Kindern umgingen. «Lahmheit an einer Hand» sei die Folge. Worin dieser verderbliche Einfluß genau besteht, darüber läßt Platon sich leider nicht weiter aus, so daß manche spätere Vertreter ähnlicher Theorien ihn leicht als älteste wissenschaftliche Autorität vor ihren Karren spannen konnten. Anscheinend war er der Meinung, andere Völker gingen besser damit um. Die Skythen, ein gefürchtetes Volk von Kriegern, so läßt er seinen Athener neidisch bemerken, seien viel verständiger als die Athener. Durch ausgeklügeltes Training erhielten sie sich den gleichmäßigen Gebrauch beider Arme und Hände und zeigten dadurch, daß diejenigen, die ihre linke Seite vernachlässigen, widernatürlich handeln.

Platon sah Einhändigkeit demnach als bedauerliche Folge falscher Erziehung. Die Tatsache, daß es keine wirklich beidhändigen Skythen gab und daß Rechtshändigkeit bei allen Völkern ungefähr gleich oft vorkommt, widerlegt seine Auffassung. Abgesehen von kleinen, durch Tabuisierung verursachten Verschiebungen gibt es kaum Variationen, und gerade das wäre doch zu erwarten, wenn der Gebrauch der Hand kultur- und erziehungsbedingt wäre.

Seit Platons Zeiten wurde eigentlich nur noch einmal ein ernsthafter Versuch unternommen, Links- und Rechtshändigkeit ausschließlich auf Einflüsse der Umgebung zurückzuführen, und zwar von dem Psychoanalytiker Abram Blau in den vierziger Jahren unseres Jahrhunderts. Damals war man schon lange davon überzeugt, daß die Ursache der Einhändigkeit tief in unserem Inneren, in unserem Gehirn, zu finden sei und daß das Phänomen nicht, jedenfalls nicht ausschließlich, durch *nurture* (Erziehung) – wie die Einflüsse der Umgebung nach unserer Geburt im Psychologenjargon heißen – verursacht wird, sondern durch *nature*, das heißt durch genetische oder andere biologische Faktoren.

Doch bevor um 1800 die Bedeutung des Gehirns für den Gebrauch der Hände erkannt wurde, ließ man erst noch eine ganze Reihe von mechanistischen Erklärungen Revue passieren.

Das Gewicht der Leber

Außer bei Platon werden Links- und Rechtshändigkeit in allen wichtigen alten Theorien auf mechanische Eigenschaften unseres Körpers zurückgeführt. Der erste, der sich nach der Antike mit dem Problem beschäftigte, war der Italiener Ludovico Ricchieri (1450–1520). Er war der erste, aber keineswegs der letzte, der einen Zusammenhang sah zwischen Linkshändigkeit und *situs inversus* (umgekehrte Lage), dem seltenen Phänomen, bei dem die Eingeweide seitenverkehrt im Körper liegen.

Ricchieri, dessen Forschungsarbeit ungefähr hundert Jahre vor William Harveys Entdeckung des Blutkreislaufs liegt, sah Herz und Leber als Wärmequellen, wobei das Herz die linke Körperhälfte versorgte, die Leber die rechte. Nur wenn die Leber aus irgendeinem Grund nicht optimal funktionierte, wurde der Mensch zum Linkshänder, oder eben wenn die Leber auf der falschen Seite, nämlich links, lag. Die Argumentation war nicht besonders überzeugend, wie wir heute wissen, und auch ein Zusammenhang mit *situs inversus* ist völlig aus der Luft gegriffen. Dies wußte bereits Sir Thomas Browne, ein angesehener Bürger von Norwich, im siebzehnten Jahrhundert. Browne hatte an den Universitäten von Oxford, Montpellier, Padua und Leiden studiert und war umfassend gebildet. Eigentlich war er Arzt, aber er war ebenso zu Hause in der experimentellen Wissenschaft seiner Zeit wie Alchimie, Astrologie und anderen Geheimlehren. Einmal trat er als Belastungszeuge in einem Hexenprozeß auf.

Obwohl er vieles von dem, was wir heute als Aberglauben und Ammenmärchen betrachten, ernst nahm, verdankt Browne seinen Ruhm gerade seinem Kampf gegen den Aberglauben. 1646 veröffentlichte er ein Buch mit dem prächtigen Titel *Pseudodoxia Epidemica oder Untersuchungen der vielen für bare Münze genommenen Behauptungen und allgemein anerkannten WAHRHEITEN, die genaugenommen ORDINÄRE MISSVERSTÄNDNISSE sind (Pseudodoxia Epidemica, or inquiries into Very Many Received Tenets and Commonly Presum'd TRUTHS, which examined prove but VULGAR ERRORS)*. Darin beschäftigte sich Browne unter anderem mit den Ideen, die zu seiner Zeit über Links- und Rechtshändigkeit im Umlauf waren. Den situs-inversus-Gedanken von Ricchieri verwarf er, da dieses Phänomen viel zu selten sei, um ernsthaft als Ursache für Linkshändigkeit in Betracht zu kommen. Nur bei einem auf zehntausend sind die Organe vertauscht, und das noch nicht einmal immer vollständig; manchmal liegen nur die Organe des Brustkorbs seitenverkehrt, manchmal nur die der Bauchhöhle.

Erstaunlicherweise war dem Gedanken, situs inversus könne etwas mit Linkshändigkeit zu tun haben, ein langes Leben beschert. Noch im Jahre 1862 taucht er bei Andrew Buchanan, Professor der Physiologie in Glasgow, auf, diesmal im Rahmen einer Art Gleichgewichtstheorie. Die Leber, so Buchanan, ist unser größtes und schwerstes Organ, und da sie sich rechts der Mitte befindet, liegt auch der Schwerpunkt des Körpers dort. Damit hatte er recht, denn im allgemeinen ist die rechte Körperhälfte fast ein Pfund schwerer als die linke. Weniger stichhaltig jedoch war die Theorie, die er daraus ableitete. Buchanan meinte, wir würden das Ungleichgewicht, das durch den verschobenen Schwerpunkt entsteht, dadurch ausgleichen, daß wir uns leicht nach links neigen und das linke Bein als Standbein benutzen. Dadurch gewänne die rechte Hand größere Handlungsfreiheit, und deshalb seien die meisten Menschen eben Rechtshänder. Bei Linkshändern habe sich der Schwerpunkt – und zwar durch situs inversus – zur anderen Seite hin verschoben.

Auf eine solche Theorie kann wohl nur verfallen, wer noch nie einen Linkshänder aus der Nähe gesehen hat. Es ist fast unvorstellbar, daß ein renommierter Physiologe Mitte des vorigen Jahrhunderts noch glauben konnte, ein so seltener Fall wie situs inversus könne Linkshändigkeit erklären, und daß er sich zudem nicht die Mühe machte, seine Auffassung empirisch zu prüfen.

Im übrigen war schon ein Jahrhundert zuvor der unumstößliche Beweis für die Unsinnigkeit dieser Theorie erbracht worden. Im Jahre 1788 veröffentlichte der Londoner Pathologe Baillie einen Artikel, in dem er den Fall eines *situs inversus totalis* beschrieb – also eine völlige Umkehrung der Organe in Bauch und Brust – und dabei eine ganze Passage der Tatsache widmete, daß der betreffende Mann ein ganz normaler Rechtshänder war. Obwohl dieser Artikel 1809 nochmals in der Zeitschrift der *Royal Society of Physicians* gedruckt wurde, scheint er Leuten wie Buchanan entgangen zu sein. Zum Glück wurde Buchanan schon bald von mehreren Seiten unter Beschuß genommen, unter anderem von Kollegen, die sich wohl die Mühe gemacht hatten, einmal in den Bauch eines Linkshändigen zu kneifen oder seinem Herzschlag zu lauschen. Bis gegen Ende des neunzehnten Jahrhunderts tauchten auch immer wieder Varianten der Blutzufuhrtheorie von Ricchieri auf, oft im Zusammenhang mit den Schlüsselbeinvenen, manchmal mit anderen Blutgefäßen. Immer ging es um das gleiche: Bei normalen Menschen sei die Blutzufuhr zur linken Hand schlechter als die zur rechten, und bei Linkshändern umgekehrt. Erst als sich schließlich herausstellte, daß die Ursachen der Einhändigkeit eher im Gehirn als in den Händen und Armen zu suchen seien, starben all diese Vermutungen einen sanften Tod. Die letzte Zuckung war der Gedanke, die Blutzufuhr zur linken Hirnhälfte könne reichlicher bemessen sein als die zur rechten und dadurch könne sich diese Hälfte, die die rechte Hand steuert, besser entwickeln. Doch auch diesen Gedanken mußte man um 1900 aufgeben, als sich herausstellte, daß der unterschiedliche Umfang der beiden Kopfschlagadern, die jeweils eine Hirnhälfte mit Blut versorgen, nicht konsequent die linke Hirnhälfte begünstigt und daß dieser Unterschied außerdem von einem Gefäßkranz, dem sogenannten «Kreislauf von Willis», aufgehoben wird. Vier Jahrhunderte lang hatten die mechanistischen Erklärungsversuche sich behauptet, doch sie erwiesen sich letztendlich alle als unzureichend.

Die griesgrämigen Auffassungen des Abram Blau

Dem New Yorker Psychoanalytiker Abram Blau kommt die zweifelhafte Ehre zu, mit seinem Buch *The Master Hand* aus dem Jahr 1946 die plumpesten und beleidigendsten Auffassungen über Linkshändigkeit an die Öffentlichkeit gebracht zu haben, die sich je ein seriöser und einflußreicher Wissenschaftler erlaubte. Er war auch der einzige seit Platon, der es wagte, die Ursachen für Links- und Rechtshändigkeit ausschließlich in Einflüssen der Umgebung zu suchen, was ihm allerdings keineswegs nachzuweisen gelang.

Blau, Professor an der medizinischen Fakultät der Universität von New York City, war ein feuriger Anhänger der zu dieser Zeit übermächtigen behavioristischen Strömung in der Psychologie, die lehrt, daß so gut wie alle Eigenschaften des Menschen durch äußere Einflüsse bestimmt werden. Begriffe wie Bewußtsein, Wille und Charakter seien nur von untergeordnetem Interesse, alles sei eine Frage von Reiz und Reaktion. Man könne das Wesen des Menschen nur ergründen, indem man sein Verhalten beobachte. Unsere Erbmasse ermöglicht zwar eine breite Skala an Verhaltensweisen, doch wie ein Mensch sich von seiner Geburt an tatsächlich entwickelt, wie er sich verhält, welche Eigenschaften er entfaltet, das wird dem behavioristischen Kanon zufolge ausschließlich von Strafe und Belohnung bestimmt. Blau formuliert das so: «Erblichkeit spielt nur insofern eine Rolle, als sie ein wertvolles Reservoir an Möglichkeiten darstellt. Die tatsächliche Wahl, Richtung und Art der Begabung, die schließlich erreicht wird, liegt völlig außerhalb des Bereichs des Keimplasmas.»
Mit Strafe und Belohnung reagiert die Außenwelt auf die Art, wie der Mensch seinerseits auf die Einflüsse von außen reagiert. Die Außenwelt bestärkt gewünschtes oder erfolgreiches Verhalten und unterdrückt ungewünschtes und unproduktives. Die Welt des Behavioristen funktioniert nach dem Prinzip: Kind sieht Hund – Kind kneift Hund – Hund beißt Kind – Kind läßt Hunde in Zukunft in Ruhe. Das Ungewöhnliche am Behaviorismus ist nicht die Überzeugung, daß Strafe und Belohnung unser Verhalten beeinflussen, sondern die Verabsolutierung dieses Mechanismus und die damit einhergehende Bagatellisierung anderer Komponenten, die uns formen, wie erbliche und andere biologische Einflüsse.
Als treuer Behaviorist glaubte Blau, auch unsere überwiegende Rechtshändigkeit habe sich unter dem Druck von Umgebung und Gewohnheit gebildet, und zwar folgendermaßen: Zu Beginn der Bronzezeit kostete es die Menschen noch enorm viel Zeit und Mühe, Werkzeuge wie Messer und Sicheln herzustellen. Diese Gegenstände wurden etwas besonders Kostbares und wurden oft

von Generation auf Generation weitergegeben. Werkzeuge wie Sicheln waren nur mit einer der beiden Hände zu gebrauchen und durften, weil sie so schwer zu ersetzen waren, nicht einfach mit der anderen mißbraucht werden. So wurde, Blau zufolge, mit dem Werkzeug und der Fertigkeit, damit umzugehen, auch die Bevorzugung der einen Hand von der einen Generation auf die nächste weitergegeben. Dieser Effekt wurde noch verstärkt, als mit dem Auftauchen der ersten Werkzeuge einseitige Spezialisierung viel mehr Vorteile mit sich brachte als eine zweiseitige gleichgewichtige Entwicklung. Es kostete weniger Zeit und Mühe, mit einer Hand eine gewisse Beherrschung eines Instruments zu erreichen als mit beiden Händen. Und je besser eine Hand geübt ist, so Blau, um so leichter ist es, mit derselben Hand wieder weitere Fertigkeiten zu entwickeln.

Daß Einhändigkeit sich durch die ganze Geschichte hartnäckig behauptete, auch bei Menschen, die nicht oder kaum mit kostbaren Werkzeugen zu tun hatten, dafür mußte Blau natürlich auch noch eine Erklärung finden. Dabei konnte er unmöglich seine Zuflucht zu Lamarcks schon seit Darwins *Origin of Species* widerlegter Auffassung nehmen, daß einmal erworbene Eigenschaften erblich seien. Blaus Erklärung war, daß Menschen ihr Kulturgut mit Hingabe pflegen und weitergeben. Anders als die Tiere erziehen wir unsere Kinder jahrelang. Blau definierte Kultur als «die Kombination sozialer Erfahrungen der Vergangenheit mit intensivem Lernen». «Jedes Kind übernimmt seine Kultur an dem Punkt, an dem die vorige Generation stehengeblieben ist. In wörtlichem Sinne wird so der Erfahrungsschatz des Menschen unsterblich, und ein Teil seines Besitzes wird auf seine Nachkommen übertragen.» Das ist eine Binsenweisheit und erklärt nichts. Das Interessante – und die Stärke – jeglicher Weitergabe von Kultur ist gerade ihre Flexibilität: Dadurch unterscheiden sich Kulturen in verschiedener Hinsicht sowohl untereinander als auch von den vorausgegangenen. Rechtshändigkeit jedoch ist unabhängig davon immer und überall die Norm.

Wer Rechtshändigkeit mit solchen Augen betrachtet, kann Linkshändigkeit nur als bedauernswerte Anomalie mißbilligen, als das krankhafte Resultat mutwilliger Ablehnung des dargebotenen Kulturgutes oder als Auswirkung irgendeiner Unzulänglichkeit, die den Betreffenden daran hindert, sich zu einem gesunden sozialen Wesen zu entwickeln. Genau das dachte Blau. Linkshändigkeit, so meinte er, werde verursacht durch «ein angeborenes Gebrechen, durch falsche Erziehung oder emotionalen Negativismus». Von diesen drei Möglichkeiten erfreute sich die dritte Blaus eindeutiger Gunst. Linkshändigkeit war für ihn «nichts anderes als ein Ausdruck von infantilem Negativismus», vergleichbar mit «Widerspenstigkeit beim Essen oder bei der Verdauung, Zurückbleiben in der Sprachentwicklung und allgemeinen Perversionen, sofern ein Kind mit seinen beschränkten Ausdrucksmitteln sie zeigen kann».

Auch der erwachsene Linkshänder galt Blau als eine wenig erfreuliche Erscheinung, da er Eigensinnigkeit mit heimlichem Aberglauben vereine, Geiz mit obsessivem Reinlichkeitsdrang und zudem an übermäßiger Starre leide. Dies alles war, wie sollte es anders sein, in der Regel die Folge emotionaler Verwahrlosung durch eine lieblose Mutter. Therapie konnte Blau zufolge helfen, wenn auch einmal eingeimpfte Linkshändigkeit nie mehr ganz zu beseitigen war. Er empfahl daher, linkshändige Neigungen schon beim Kleinkind sorgfältig und taktvoll im Keim zu ersticken. Wenn das Kind sich beharrlich weigerte, sich auf die rechte Hand umzustellen, dann sollte man es in seinem eigenen Saft schmoren lassen.

Wer solche kühnen Behauptungen aufstellt, muß sie gut untermauern können, und das konnte Blau nicht. Der einzige Grund, warum er die Erblichkeitstheorien über Links- und Rechtshändigkeit ablehnte, war die Tatsache, daß es keinen schlüssigen Beweis dafür gab. In gewissem Sinne hatte er recht: Eine klare Mendelsche Verteilung von Links- und Rechtshändigkeit, wie wir sie in bezug auf blondes und dunkles Haar oder auf blaue und braune Augen kennen, gibt es anscheinend nicht. Blaus eigene Theorie war aber genauso auf Sand gebaut und beruhte auf den wildesten Spekulationen über das Leben in der Bronzezeit.

Zudem bleibt im dunkeln, warum die in seinen Augen kulturbedingte Entwicklung zur Einhändigkeit ausgerechnet zu überwiegender *Rechts*händigkeit hatte führen müssen. Das von Blau bemühte «wertvolle Reservoir» muß demnach einen gewissen Rechtsdrall aufweisen. Wenn dem so ist, bleibt von der Argumentation gar nichts mehr übrig: Einhändigkeit wäre dann doch einfach erblich.

Was Blaus Meinung über Linkshändigkeit als Symptom einer gestörten Persönlichkeit betrifft, so geht sie auf seine Erfahrungen mit linkshändigen Patienten zurück. Doch daß er daraus schloß, daß Linkshändigkeit die Folge der Störungen sei, derentwegen die Patienten sich in seine Behandlung begaben, oder auch nur, daß das eine mit dem anderen zu tun haben könnte, ist so ähnlich, wie wenn man behauptet, Geld sei schlecht für die Psyche, da arme Leute kaum je zum Psychiater gehen. Wie sehr Blaus Auffassungen und Aussprüche auf Vorurteilen statt auf dem Resultat wissenschaftlicher Neugier beruhten, ging aus einer Umfrage unter etwa vierhundert Schülern hervor, die seine Theorie in keinem Punkt bestätigte und die ihn dennoch völlig unbeeindruckt ließ. Sein Buch enthält nichts anderes als unsorgfältiges, pseudowissenschaftliches Geschwätz, wie wir es auch in der Witzkammer, Abteilung Psychiatrie, zuhauf antreffen.

Die Madonna mit dem Stein

Es ist nicht zu leugnen, daß Entstehung und Weitergabe unserer Einhändigkeit irgendwie mit Vererbung zu tun haben muß. Sogar ein Gegner der Vererbungstheorie wie Blau kann sich dem letztendlich nicht entziehen. Aber damit wissen wir noch lange nicht, wie stark der Erblichkeitsfaktor ist und wieso schließlich die

Rechtshändigkeit zur Norm wurde. Ganz zu schweigen von der Frage, wie sich die Linkshänder dann doch immer wieder durchsetzen.

Wir wissen nicht einmal sicher, wie lange es Rechts- und Linkshändigkeit schon gibt und wann diese schiefe Verteilung von eins zu zehn angefangen hat. Vieles spricht dafür, daß das Problem sehr alt ist. Zwischen den bis zu 25000 Jahren alten Wandmalereien in den Grotten von Altamira, Lascaux und Niaux finden sich Dutzende, manchmal Hunderte Umrisse von Händen, die aussehen, als seien sie mit einem Stück Holzkohle um eine flach auf die Wand gelegte Hand gezogen. Die meisten dieser Umrisse stellen linke Hände dar, wurden also mit der rechten Hand gezeichnet. Viele Archäologen behaupten, die Art der Schleifspuren auf Werkzeugen der Steinzeit weise daraufhin, daß bei denjenigen, die diese Werkzeuge vor mehr als 200000 Jahren verfertigten, die gleiche Verteilung von Links- und Rechtshändern galt wie bei uns. Einen weiteren Hinweis geben die noch älteren Pavianschädel, die man in der Nähe von Gebeinen unseres vermeintlich ältesten Vorfahren, des *Australopithecus africanus*, gefunden hat. Obwohl er ziemlich klein war, konnte er dennoch mit Erfolg Paviane jagen, weil er einen großen Knochen oder einen kräftigen Stock als Knüppel zu benutzen wußte. Die meisten Pavianschädel weisen ein Loch auf, das sie diesem Knüppel verdanken, und dieses Loch befindet sich meist auf der linken Seite des Schädels, so daß der Schlag von einem Rechtshänder gekommen sein könnte. Ein unumstößlicher Beweis ist auch das nicht, aber eines können wir aus alldem schließen: daß im Lauf unserer Geschichte und Vorgeschichte der Gebrauch unserer Hände nie anders funktionierte als heute. Es sieht so aus, als trügen wir das Rätsel unserer überwiegenden Rechtshändigkeit schon seit Urbeginn mit uns herum.

In den letzten anderthalb Jahrhunderten gab es zwei Theorien, die sich vor allem mit der Frage beschäftigten, wie es zu dieser überwiegenden Rechtshändigkeit gekommen sei. Beide suchen die

Antwort in der gleichen Richtung: in der natürlichen Auswahl. In einer bestimmten Periode der Evolution unserer Gattung habe Rechtshändigkeit sich im Kampf ums Dasein als vorteilhafter erwiesen als Linkshändigkeit oder Beidhändigkeit, und so seien die Überlebenschancen von Rechtshändern auf die Dauer größer gewesen. Schließlich seien die Links- und Beidhänder genetisch weitgehend verdrängt worden.

Thomas Carlyle, der Erfinder der Begriffe «links» und «rechts» in der Politik*, konnte nach 1871 infolge eines Schlaganfalls in seinem 76. Lebensjahr seine rechte Hand nicht mehr gebrauchen. Doch er besaß auch in diesem Alter noch einen kreativen, ruhelosen Geist, und die Mühe, die es ihm bereitete, mit der linken Hand essen und vor allem schreiben zu lernen, machte ihn nachdenklich. Woher bloß kam diese merkwürdige Spezialisierung der rechten Seite, während die linke Hand im Prinzip nicht weniger begabt ist? Sollte das etwa mit anderen asymmetrischen Eigenschaften des Körpers zusammenhängen?

Natürlich lag es nahe, dabei ans Herz zu denken, von dem es heißt, es schlage links im Brustkorb. Damit war der Keim zu Carlyles Idee geboren. Wer im Kampf die linke Hand zum Selbstschutz und die rechte zum Angriff gebraucht, der kann seine vitalen Teile, besonders sein Herz, besser schützen als derjenige, der umgekehrt agiert. Rechtshändigkeit könnte also in lang verflogener Zeit als Folge der Erfindung des Schilds entstanden sein, der links getragen größeren Schutz bot. Die Rechte mußte dann automatisch das verzwickte Spiel von Zuschlagen und Parieren übernehmen. Selbstverständlich gelang das denjenigen, deren rechter

* In seinem Buch *The French Revolution* aus dem Jahr 1837 bezeichnete Carlyle die Abgeordneten der Französischen Nationalversammlung am Vorabend der Revolution aufgrund ihres Platzes im Sitzungssaal: links die Vertreter des progressiven Dritten Standes, rechts die des Establishments, des Adels und des Klerus. Links wurde somit Synonym für progressiv, rechts für konservativ, und so ist es bis heute geblieben.

Arm und rechte Hand motorisch zufällig besser entwickelt waren, besser als den übrigen. Die Rechtshänder hatten demnach größere Überlebenschancen und setzten sich durch. So kam die bekannte Verteilung von neunzig Prozent Rechtshändern und zehn Prozent Linkshändern zustande.

Anscheinend war die Zeit reif für eine solche Auffassung: Im gleichen Jahr publizierte der Engländer P. H. Pye-Smith unabhängig von Carlyle genau den gleichen Gedanken in der medizinischen Fachzeitschrift *Guy's Hospital Reports.* Ein wenig seltsam ist es schon, wenn ein Arzt so argumentiert, denn auch damals war bekannt, daß das Herz zwar links der Mitte liegt, daß aber von einem auf die linke Seite konzentrierten Schutz nichts Besonderes zu erwarten ist, geschweige denn ein entscheidender evolutionärer Vorteil. Deshalb ist die Schildtheorie trotz ihrer verlockenden Einfachheit falsch. Zudem kann Carlyles Gedanke nicht stimmen, wenn Rechtshändigkeit so alt ist, wie es die Pavianschädel nahelegen. Australopithecus africanus mag ein ganzer Kerl gewesen sein mit seinem Knochen oder Ast – den Schild hatte er mit Sicherheit nicht erfunden. Ebenso abträglich für die Theorie ist die Tatsache, daß viele Völker auch in späteren Zeiten den Schild überhaupt nie kennenlernten, obwohl Rechtshändigkeit auch bei ihnen die Norm war.

Besser durchdacht ist die Erklärung, die der amerikanische Neurobiologe William H. Calvin Anfang der achtziger Jahre unter dem Titel «Theorie der werfenden Madonna» vorlegte. Seine Geschichte setzt in ferner Vergangenheit ein, als unsere Vorfahren sich langsam zu entwickeln begannen.

Vor Millionen Jahren stiegen unsere afrikanischen Vorfahren von den tropischen Bäumen, die sie bewohnten, und tauschten das Leben in den Bäumen ein gegen ein Leben in der Steppe und Savanne. Wahrscheinlich ernährten sie sich bis dahin vornehmlich von Früchten und was sich ihnen sonst in den Bäumen bot, einschließlich Insekten, ungefähr so wie die Menschenaffen heute. Was auch immer der Grund für die Veränderung ihrer Lebensumstände gewesen sein mag: als sie einmal auf dem Boden der offenen tropischen Steppe angelangt waren, muß es ihnen sehr viel schwerer geworden sein, an genügend Nahrung zu kommen. Dort wächst sehr viel weniger als im feuchten und artenreichen Wald. Das Problem ließ sich durch eine Ausbreitung des Futtergebiets und die Anpassung der Eßgewohnheiten lösen: mehr Knollen und Wurzeln, mehr Kleingetier. Die neu erworbene Kunst des Laufens kam ihnen dabei ebenso zustatten wie ihre von alters her gut entwickelten Baumbewohnerhände: Diese blieben frei fürs Sammeln und Tragen der Nahrung und konnten auch gute Dienste beim Verschmausen von Mäusen, Kaninchen und anderen kleinen Tieren leisten.

Nun weiß jeder, daß es keine leichte Aufgabe ist, mit bloßen Händen ein Kaninchen zu fangen. Sie sind blitzschnell und unberechenbar, eine Eigenschaft, die sie mit den meisten anderen eßbaren, ungefährlichen Tieren teilen. Daher stand Fleisch wahrscheinlich nicht täglich auf der Speisekarte, und vegetarische Kost blieb notgedrungen die Hauptmahlzeit. Dennoch begannen die vergleichsweise langsamen Sammler und Jäger sich von Zentralafrika aus in einem außerordentlich hohen Tempo über weite Teile der Welt zu verbreiten, sowohl in reichen als auch in armen, in nassen wie in trockenen Gebieten. Mit der Zeit lebten sie fast überall, wo es warm genug war, um ohne Kleidung oder warmes Unterkommen zu überleben. In Gegenden, wo Wurzeln, Knollen, Nüsse und Samen rar waren, lebten sie von kleinen Säugetieren und Vögeln. In jeder Umgebung, ob in den eisigen Öden der Polargebiete oder in den Sandwüsten mit ihrem extremen Temperaturwechsel, überall findet man eßbare Tierarten, die sich an die jeweiligen Umstände angepaßt haben. Der überwiegend vegetarische Sammler, der manchmal einen Hasen fing, muß sich darum in dieser Periode gleichzeitig zum kompetenten Jäger, der auch Sammler war, entwickelt haben. Noch heute zeugt unsere Gier nach einem saftigen Steak oder knusprigen Stück Geflügel von diesem Sprung in ein fleischhaltigeres Leben.

Erstaunlich dabei ist nun, daß die Vorläufer des modernen Menschen sich zu einem großen Teil lange vor der Erfindung von Jagdgerätschaften wie Speer, Pfeil und Bogen über so große Gebiete verbreiten konnten. Wie kriegten unsere Vorfahren, die genauso wie wir weder durch Geschwindigkeit noch durch Wendigkeit eine Bedrohung für die meisten Beutetiere darstellten, es hin, ohne Waffen genug Tiere zum Überleben zu fangen?

Dazu müssen wir, so Calvin, die Jagd- und Kampfmethoden der heutigen Menschenaffen mit unseren eigenen vergleichen. Anders als wir sind die Affen noch immer an ihre ursprüngliche tropische Umgebung gebunden, und daher ist es sehr gut möglich, daß wir den Schlüssel zu der großen Verbreitung unserer Vorfahren in den Jagdmethoden der Menschen finden, die die Affen sich nicht oder kaum angeeignet haben.

Der auffallendste Unterschied ist natürlich das unglaubliche Arsenal an tödlichen Waffen, das wir besitzen. Doch da kann die Antwort auf unsere Frage nicht liegen, denn die Verbreitung des Menschen fand größtenteils statt, bevor es Werkzeuge gab. Und wie steht es mit dem zweiten, viel größeren Unterschied zwischen Menschen und Affen, nämlich dem Besitz der menschlichen Sprache? Auch dies bringt uns in diesem Zusammenhang kaum weiter. Sprache ermöglicht in erster Linie Planung und Überlieferung einmal erworbenen Wissens. Für die Jagd spielt sie keine bedeutende Rolle, das sieht man am großen Erfolg von Tieren, die in Gruppen jagen, zum Beispiel Wölfen. Sie sind der lebendige Beweis dafür, daß uralte Techniken wie Einschließen, Hetzen und Erschöpfen auch ohne Sprache hervorragend zu beherrschen sind. Wir Menschen reden auf der Jagd kaum über die Jagd selbst, sondern eher über Beziehungen, Arbeit und Geld. Wenn es darauf ankommt, hält man besser seinen Mund. Beutetiere verstehen uns zwar nicht, hören uns aber um so besser.

Es gibt noch einen dritten Unterschied zwischen Menschen und Menschenaffen, einen Unterschied, der nach Calvin von großer Bedeutung ist. Zwar werfen Affen auch Steine, doch sie tun es mehr oder weniger ungezielt. Menschen hingegen können, indem sie einen Arm als eine Art Schleuder gebrauchen, ein kleines Ziel auf viele Meter Entfernung mit großer Wucht treffen und verfügen dadurch faktisch über eine tödliche Klaue mit einem Radius von etwa zwanzig Metern.

Gezielt werfen können ist nicht nur eine Fertigkeit, die den Erfolg bei der Jagd unmittelbar und eindeutig beeinflußt, es gehört auch zu den Fertigkeiten, die sich, in evolutionärer Hinsicht, in Kürze auf die ganze Gattung übertragen können, da eine stark selektierende Wirkung von ihnen ausgeht. Wer auch nur ein klein wenig besser werfen kann als der andere, hat unmittelbar bessere Überlebenschancen und mehr Aussicht, sein überlegenes Wurftalent seinen Nachkommen weiterzugeben. Vorausgesetzt, daß das Wurftalent erblich ist.

Und das scheint in der Tat der Fall zu sein. Zum gezielten Werfen ist eine Steuerung nötig, die ihren Sitz im Gehirn hat. Ein guter Wurf setzt voraus, daß aufgrund der Information, die die Augen über Kurs und Geschwindigkeit der Beute, das erspürte Gewicht des Steins und noch vieles mehr vermitteln, im Bruchteil einer Sekunde ein ganzer Aktionsplan für Dutzende von Muskeln entwickelt und in die Tat umgesetzt wird, mit einem kaum vorstellbaren Grad an Genauigkeit. Neuronen, die Schalter, aus denen unser Gehirn aufgebaut ist, sind dazu nicht besonders geeignet. Sie sind relativ träge und ungenau. Doch wenn sehr viele Neuronen das gleiche tun, können Genauigkeit und Geschwindigkeit sich erheblich steigern: Hunderte Neuronen zusammen ergeben doch ein ziemlich genaues Resultat, und wenn mehrere Gruppen zusammenarbeiten, geht es noch schneller und genauer zu. Es kommt nur darauf an, daß viel Hirnkapazität eingesetzt wird. Dazu muß man sie aber zu seiner Verfügung haben.

Und das war bei unseren Vorfahren der Fall. Ungefähr parallel zu ihrer schnellen Verbreitung vollzog sich eine ebenso schnelle, beeindruckende Zunahme ihrer Gehirnmasse von ungefähr fünfhundert Gramm auf ungefähr anderthalb Kilo. Es wäre also durchaus denkbar, daß durch die an sich rein zufällige genetische Veranlagung zu einer größeren Hirnmasse eine Rechenkapazität freigesetzt wurde, die manche nutzten, um besser zu werfen. Diese Individuen waren den anderen in evolutionärer Hinsicht überlegen, und so drückten sowohl ihr besseres Wurfvermögen als auch ihre Veranlagung zur Gehirnvergrößerung schon bald ihren Stempel auf die Gattung, was letztendlich zu dem führte, was wir den modernen Menschen nennen.

Nun ist gezielt Werfen eine in jeder Hinsicht einseitige Angelegenheit. Die größte Geschwindigkeit und Präzision und damit die größte Feuerkraft erreichen wir, wenn wir *einen* Arm als Schleuder gebrauchen. Aber das bedeutet, daß die benötigte Rechenkapazität sich auch nur auf eine Seite des Gehirns zu konzentrieren braucht, während unser symmetrischer Bau garantiert, daß die Gehirnmasse auf der anderen Seite ungefähr genausoviel zunimmt. So entstand noch mehr verfügbare Kapazität, die für andere Zwecke eingesetzt werden konnte und wieder andere evolutionäre Vorteile zur Folge hatte, falls sie nicht auch fürs Werfen eingesetzt wurde. Wer sein Vermögen zur Planung und Durchführung blitzschneller Aktionen auf eine Seite konzentrierte, erhielt damit noch mehr mögliche Vorteile als der, der das auf beiden Seiten tat. Damit war der Keim zu immer größerer Ungleichheit im Funktionieren beider Hirnhälften gelegt, möglicherweise sogar zu der stürmischen Entwicklung des Gehirns, die schließlich zur Sprache, zum Bewußtsein und zu all dem führte, was uns zum Menschen macht. Und parallel dazu verfestigte sich unumkehrbar unsere Einhändigkeit.

Natürlich fiel Calvins Theorie nicht aus dem Himmel. Er stützte sich vor allem auf das, was wir über die unterschiedliche Funktion der beiden Hirnhälften wissen. So scheint die linke Hälfte vor allem für Aufgaben zuständig, bei denen die Reihenfolge der auszuführenden Handlungen wichtig ist (darüber später mehr). Das paßt gut zur überwiegenden Rechtshändigkeit der Menschheit, da die linke Hirnhälfte nun einmal für die rechte Seite des Körpers zuständig ist. Aber jetzt greifen wir vor: Calvins Argumentation erklärt zwar recht gut, warum sich eine Hälfte des Gehirns auf bestimmte Aufgaben spezialisiert, also auch warum wir Einhänder sind, aber sie sagt nichts darüber aus, auf welche von den beiden Hälften die Wahl fallen muß. Und damit bleibt das Rätsel, warum neun von zehn Menschen die gleiche Hand bevorzugen, nach wie vor ungelöst. Mit anderen Worten: Weshalb wurde ausgerechnet die linke Hälfte des Gehirns bei fast allen Menschen zum Sitz des Wurfmechanismus und nicht die rechte, oder genauer: beim einen die eine und beim andern die andere Hälfte?

Um das zu erklären, wendet auch Calvin sich den Tragegewohnheiten von Müttern und der Stelle des Herzens zu. Wir wissen, daß Kinder meist links getragen werden. Der Grund dafür ist vermutlich, wie oben gezeigt wurde, daß sie sich dort am wohlsten fühlen und sich daher am ruhigsten verhalten, da das Mutterherz aus verschiedenen Gründen dort lauter klopft als auf der rechten Seite. Wenn wir mit Calvin davon ausgehen, daß Frauen in den allerfrühsten Zeiten aktiv an der Jagd teilnahmen und dabei ihren Nachwuchs mit sich herumtrugen, dann waren die mit den ruhigsten Kindern eindeutig im Vorteil. Sie konnten sich freier bewegen, weil das Kind still war; die Gefahr, daß das Kind die Beute durch Schreien oder Heulen verjagte, war geringer. Das waren eben die Frauen, die ihr Kind links trugen und demnach nur die rechte Hand frei bewegen konnten.

Wenn sich bei einer Frau der Steuerungsmechanismus in der rechten Hirnhälfte befand, dann war sie schlechter dran als eine, bei der die Wurffähigkeit in der linken Hälfte des Gehirns koordiniert wurde. Erstere mußte nämlich mit ihrer rechten Hirnhälfte über den Umweg des Corpus callosum die rechte Hand lenken, oder sie mußte ihr Kind zeitweise zurücklassen, mit allen dazugehörigen Risiken. Sie konnte das Kind natürlich auch vorübergehend im rechten Arm halten, doch dann hätte es sich weniger ruhig verhalten. Die Frau, deren Wurffähigkeit ihren Sitz in der linken Hirnhälfte hatte, hatte es einfach leichter. Sie trug ihr Kind links, wo es ruhig blieb, und warf mit der direkt von der linken Hirnhälfte gesteuerten Rechten. Dadurch hatte sie mehr Erfolg, sie konnte leichter überleben und bot auch ihren Kindern größere Überlebenschancen. So war es denn nicht so sehr der erste Steinwerfer als vielmehr die erste Steinwerferin, Calvins «werfende Madonna», die den entscheidenden Schritt auf dem Weg zum modernen Menschen tat.

Calvins Geschichte hat etwas Verlockendes, und sie beruht vornehmlich auf Tatsachen. Es ist eine Tatsache, daß die Vorläufer des Menschen sich, nachdem sie die Bäume einmal verlassen hatten, rasch über verschiedenartiges Terrain verbreiteten, ohne über besondere Werkzeuge zu verfügen, und daß sie dabei zunehmend zu Fleischessern wurden. Es ist eine Tatsache, daß der Umfang der Gehirnzellen in der gleichen Periode spektakulär zunahm und daß wir auch heute noch unvergleichlich viel besser werfen können als alle unsere Verwandten aus dem Tierreich. Und allmählich ist es auch eine unbezweifelte Tatsache, daß bei den meisten Menschen die linke Hälfte für jene Tätigkeiten zuständig ist, bei denen es auf genaue Planung und richtige Reihenfolge der einzelnen Handlungen ankommt. Bis jemand das Gegenteil beweist, dürfen wir daher wohl annehmen, daß Calvins Erklärung der Einhändigkeit stichhaltig ist.

Anders freilich ist es mit seiner Erklärung für unsere *Rechts*händigkeit. Dabei muß Calvin Zuflucht zu einer völlig unbeweisbaren Behauptung über das Leben unserer Vorfahren, insbesondere der weiblichen, nehmen. Und dagegen ist einiges einzuwenden. Erstens verschwindet der Vorteil der linkstragenden, rechtshändigen Frauen, sobald Kinder nicht mehr auf die Jagd mitgenommen werden, und wir wissen nicht, zu welchem Zeitpunkt der Entwicklung das geschah. Zweitens stellt sich die Frage, ob die Jagd an sich nicht so viele Risiken für Mutter und Kind mit sich brachte, daß gerade die Frauen, die sich ihr entzogen und auf die Solidarität ihrer Stammesgenossen bauten, die größten Überlebenschancen hatten. Im Tierreich scheint das jedenfalls hier und da vorzukommen. Auch damit würde der Vorteil der Rechtshändigkeit hinfällig. Drittens: Wenn es wahr ist, daß das Verhalten des Kindes den Erfolg der Mutter bei der Jagd und damit auch seine eigenen Überlebenschancen so stark beeinflußte, dann ist es verwunderlich, warum das Verhalten der Mutter wohl, das des Kindes aber anscheinend keineswegs einem selektiven Druck unterworfen war. Mit anderen Worten: Wenn Calvin recht hat, müßte man erwarten, daß die von Natur stillsten Kinder rechtshändiger Mütter die größten Überlebenschancen gehabt hätten. Dann wäre es nur konsequent, wenn sich heutige Babys auf dem linken Arm totenstill verhielten. Zum Leidwesen vieler Eltern ist das keineswegs der Fall. Wie eh und je wird nach Herzenslust auch auf dem linken Arm gekreischt, gejammert und sich gewunden.

Das Gehirn

Der Gedanke, Einhändigkeit könne mit gewissen Unterschieden zwischen unseren beiden Hirnhälften zu tun haben, liegt nahe, allein schon deshalb, weil unsere linken Gliedmaßen von der rechten Hirnhälfte gesteuert werden und unsere rechten von der linken Hirnhälfte. Dennoch sollte es bis weit ins neunzehnte Jahrhundert hinein dauern, bis dieser Zusammenhang nachgewiesen wurde.

Daß das Gehirn mit dem Denken zu tun hat, vermutete bereits Hippokrates, der Urvater aller Ärzte, vor 2500 Jahren. Selbstverständlich war diese Auffassung jedoch keineswegs. Aristoteles zum Beispiel meinte, das warme, pochende Herz sei das Zentrum, von dem alles ausgehe. Im Gehirn sah er nichts weiter als ein Kühlsystem fürs Blut. Andererseits wußte man zum Beispiel schon sehr früh einiges über die Steuerung unserer Gliedmaßen. Im 3. Jahrhundert v. Chr. hatten die alexandrinischen Gelehrten Herophilus und Erasistratus das Nervensystem entdeckt; zudem

konnten sie die Nerven, die den Muskeln Aufträge vermitteln, von denen unterscheiden, die Reize von außen ins Rückenmark und von dort weiter ins Gehirn transportieren. Fünfhundert Jahre später entdeckte der Grieche Galenus, Leibarzt des römischen Kaisers Marc Aurel, bei einer Vivisektion, bei der er das Rückenmark von Tieren an verschiedenen Stellen teilweise durchschnitt, eine ganze Menge über Beschaffenheit und Funktion des Nervensystems. Auch er wußte, daß das Gehirn mit dem Geist zu tun hat, doch er glaubte, der Geist befinde sich in der Flüssigkeit, die die Hohlräume zwischen den Hirnhälften füllt – eine Annahme, die erst von Vesalius im sechzehnten Jahrhundert revidiert werden sollte. Manche Forscher sind der Meinung, man habe im ersten Jahrhundert unserer Zeitrechnung sogar schon gewußt, daß die linke Hirnhälfte die Muskeln der rechten Körperhälfte steuert und umgekehrt, aber sicher ist das nicht.
Nach den beeindruckenden Leistungen von Galenus tat sich fast fünfhundert Jahre lang kaum etwas auf diesem Gebiet. Das analysierende Sezieren lebendiger oder toter Körper war schon zu Galenus' Zeiten nicht mehr in Mode, und jahrhundertelang sollte es fast völlig verschwinden; an seine Stelle traten allerlei spekulative, unergiebige Theorien. Es ist übrigens sehr die Frage, ob das einen Unterschied machte. Es waren insbesondere die religiösen Lehrsätze, die jahrhundertelang die Erkenntnis des Zusammenhangs zwischen Körper und Geist blockierten. Der Geist war etwas Höheres, ein Mysterium, und das sollte so bleiben. Andererseits fehlten zu der Zeit die einfachsten technischen Mittel zur Untersuchung des Gehirns, und die graue Masse selbst verriet nichts über ihre Arbeitsweise. Man starb, wenn das Gehirn nicht mehr funktionierte, genauso wie man an einem versagenden Herzen oder an nicht funktionierenden Nieren starb, aber warum das so war, blieb ein Rätsel.
Nur die Ahnung eines Zusammenhangs zwischen Gehirn und Denken, Fühlen und jenem ungreifbaren Geist lebte fort. Dieser geheimnisvolle, graue Klumpen füllte immerhin unseren Kopf,

in dem so viele unserer ausgeprägtesten Eigenschaften zum Ausdruck kommen und mit dem wir die wichtigsten Kontakte zur Außenwelt pflegen. Von früh an glaubte man zum Beispiel, man könne den Charakter und die Intelligenz eines Menschen an seinem Gesicht ablesen. Aristoteles, der fand, er sehe recht durchschnittlich aus, erklärte öffentlich, er habe es nur der philosophischen Schulung zu verdanken, daß sein Geist doch weniger mittelmäßig sei, als sein Gesicht vermuten lasse. Wie tief dieser Glaube in uns wurzelt, mag man an dem Erfolg ermessen, den der Italiener Cesare Lombroso zu Anfang dieses Jahrhunderts mit ähnlichen Ideen hatte.

Die Umkehr kam im achtzehnten Jahrhundert mit der Aufklärung. Ihre wichtigste Errungenschaft war, daß sie die Unangreifbarkeit der überlieferten religiösen Dogmen in Frage stellte. Die philosophischen Neuerer jener Zeit waren davon überzeugt, daß man den Dingen mit Vernunft und empirischer Wissenschaft auf den Grund kommen konnte. Nicht drauflos argumentieren, nicht blindlings auf Autoritäten bauen, nur weil sie alt sind und Respekt einflößen, sondern gut hinschauen und logisch folgern aus dem, was man sieht – das war es, was sie wollten. Ob Gott oder der Papst damit einverstanden waren, das spielte von nun an keine Rolle mehr in der echten Wissenschaft, und dadurch gewann man die Freiheit, auch die Aspekte des Menschen in Augenschein zu nehmen, die mit dem Geist zu tun hatten.

Schon bald fingen mehrere Wissenschaftler an, sich mit dem Gehirn zu beschäftigen. Einer von ihnen war der Wiener Arzt und Anatomiker Franz Joseph Gall (1758–1828). Er war der erste, der herausfand, daß unser Gehirn aus einer Schicht grauer Substanz, der Hirnrinde, besteht, in die ein aus weißem Stoff bestehender Kern gebettet ist. Gall war der führende Kopf einer Bewegung, die seit der Mitte des Jahrhunderts an Einfluß gewonnen hatte, der *Phrenologie*. Dieser Wissenschaft verdanken wir eine Reihe von Begriffen und Konzepten der Psychologie sowie die Vorstellung des angeborenen Sprach- und Rechentalents, neben einer

Menge Mißverständnisse und populärer Wahnideen. Die Phrenologie stellte den ersten echten Versuch dar, Funktionen und Verhaltensweisen des Menschen an sein Gehirn zu koppeln. Man dachte, bestimmte Eigenschaften hätten ihren Sitz in bestimmten Teilen des Gehirns und an der Form des Schädels, an seinen Bukkeln und Unebenheiten könne man sehen und fühlen, wie weit sich bestimmte Eigenschaften entwickelt hatten. Bei deren Lokalisierung ging es allerdings ziemlich wild zu. So «entdeckte» Gall beispielsweise das Zentrum der Individualität und Kreativität gleich oberhalb der Nase, weil diese Stelle bei Michelangelo groß, bei den Schotten hingegen meist klein sei.

Den Phrenologen zufolge war das Gehirn eine Ansammlung voneinander mehr oder weniger unabhängiger Organe für Eigenschaften wie Aggressivität, Selbstgefühl, Gewissenhaftigkeit, Neugier, aber auch für Sprache, Zeitgefühl, Humor, Seelenruhe und Musikalität. Je größer ein Organ im Verhältnis zu den anderen war und je größer demnach die Beule auf dem Schädel, desto stärker war auch die betreffende Eigenschaft bei diesem Individuum ausgeprägt.

Figur L zeigt, wie die Landkarte der Persönlichkeitsmerkmale nach Gall und seinen Schülern aussah, auf den ersten Blick ein ziemlich willkürliches Flickwerk von größeren und kleineren Gebieten. Und doch fällt eine Sache auf: Ohne daß ein Wort darüber verloren wird, ist die Einteilung vollkommen symmetrisch. Jedes Organ kommt links und rechts an der gleichen Stelle vor. Der Grund dafür kann nur der sein, daß das Großhirn eigentlich aus zwei losen, symmetrischen Teilen, der linken und der rechten Hirnhälfte, besteht, die unter anderem durch das Corpus callosum miteinander verbunden sind. Solche Paare kommen in unserem Körper ja öfter vor: Arme, Beine, Hoden, Nieren, Lungen, immer sind es zwei, die sich in ihren Funktionen nicht voneinander unterscheiden. Gall scheint ganz selbstverständlich davon ausgegangen zu sein, daß das Gehirn genauso konstruiert sei, eine Annahme, die um so erstaunlicher ist, als die Unterschiede

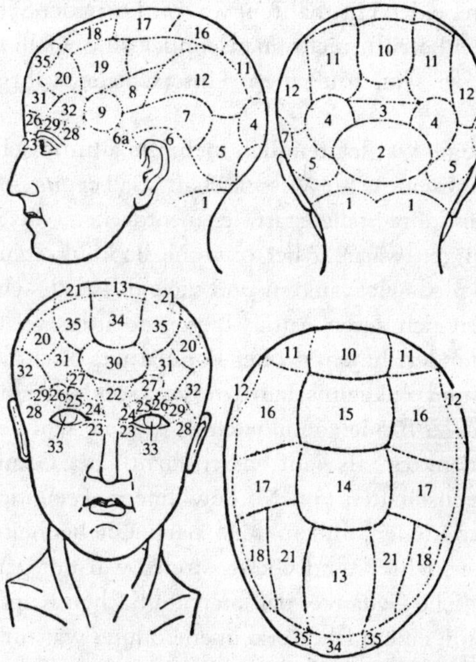

1. *Verliebtheit*	18. *Verwunderung*
2. *Fortpflanzungstrieb*	19. *Idealismus*
3. *Konzentration*	20. *Klugheit*
4. *Anhänglichkeit*	21. *Nachahmung*
5. *Aggressivität*	22. *Individualität*
6. *Destruktivität*	23. *Form*
6a. *Versorgungsdrang*	24. *Umfang*
7. *Heimlichkeit*	25. *Gewicht*
8. *Habsucht/Lerneifer*	26. *Farbe*
9. *Positive Einstellung*	27. *Stelle*
10. *Selbstachtung*	28. *Zahl*
11. *Autoritätsgläubigkeit*	29. *Reihenfolge*
12. *Vorsicht*	30. *Eventualität*
13. *Güte*	31. *Zeit*
14. *Ehrfurcht*	32. *Melodie*
15. *Gewissenhaftigkeit*	33. *Sprache*
16. *Standhaftigkeit*	34. *Vergleich*
17. *Hoffnung*	35. *Kausalität*

Figur L *Die Verteilung der Persönlichkeitsmerkmale im Gehirn nach den Phrenologen Gall, Spurzheim und Combe (nach R. L. Gregory [Hg.], The Oxford Companion to the Mind, Oxford University Press 1987)* zwischen den beiden Hirnhälften, was die Form der Schleifen und Krümmungen betrifft, nicht unansehnlich sind. Gall, der ein guter Anatomiker war, muß diese Unterschiede wahrgenommen haben.

Die Phrenologie war letztendlich mehr ein altmodischer, spekulativer Sport als eine echte Wissenschaft. Gall *dachte sich* seine Gehirnorgane und ihre Stelle, statt sie zu entdecken (was ihm natürlich nie gelungen wäre). Aber obwohl die konkreten Ideen der Phrenologie nicht viel taugten und viele das auch schnell einsahen, erfreuten sich deren Auffassungen doch bis weit ins neunzehnte Jahrhundert hinein großer Popularität. Nicht nur in neurologischen und medizinischen Kreisen, sondern vor allem bei Laien. Denn war für den gebildeten Bürger ein schöneres Gesellschaftsspiel denkbar, als «auf wissenschaftlicher Grundlage» die Charaktereigenschaften von Mitbewohnern, Freunden und Bekannten festzustellen, indem man nach Unebenheiten auf der Schädeldecke suchte? Und wie trostreich war der ganz und gar wissenschaftliche Gedanke, daß man am flachen Kopf des Oberbuchhalters mit einem Blick erkennen konnte, was für ein hinterhältiger Intrigant er war.

Um 1820 regten sich ernsthafte Bedenken gegen die fröhliche, unbesonnene Phrenologie. Der Franzose Pierre Flourens fand heraus, daß Verletzungen verschiedener Stellen im Gehirn von Tauben dennoch die gleichen Folgen haben konnten. Wichtig war also weniger die Stelle als vielmehr der Umfang der beschädigten Hirnmasse. Demnach, so argumentierte Flourens, können Eigenschaften und Funktionen nicht an ein bestimmtes Gebiet gebunden sein, vielmehr funktioniere das Gehirn als ein unteilbares Ganzes. Obwohl er etwas allzuleicht mit den enormen Unterschieden zwischen Vogel- und Menschenhirn umsprang, bedeutete sein Werk für die Phrenologie den Anfang vom Ende. Wer von diesem Zeitpunkt an noch daran glaubte, bestimmte Teile des Gehirns hätten eine besondere Funktion, der mußte mit großer Skepsis in wissenschaftlichen Kreisen rechnen.

Aus diesem Grund wahrscheinlich stieß der französische Hausarzt Marc Dax 1836 auf einem Kongreß in Montpellier auf wenig Interesse mit seiner Entdeckung, daß Hirnverletzungen auf der linken Seite oft mit Sprach- und Verständnisschwierigkeiten einhergingen, eine Entdeckung, die ihn zu der Vermutung veranlaßte, die Sprachfunktionen hätten ihren Sitz vornehmlich in der linken Hirnhälfte. Für seine Arbeit fand er jedenfalls keinen Verleger. Als es seinem Sohn dreißig Jahre später doch noch gelang, das Werk seines Vaters zu veröffentlichen, hatte schon ein anderer allen Ruhm geerntet: Paul Broca (1824–1880) aus Paris, der 1861 mit seiner Entdeckung des nach ihm benannten motorischen Sprachzentrums Aufsehen erregte. Broca stellte fest, daß die Beschädigung gerade dieses Zentrums akute Sprechprobleme zur Folge hat, während Sprachkompetenz, Gedächtnis und andere mit der Sprache zusammenhängende Funktionen intakt bleiben können. Dieses Zentrum muß demnach ganz spezifisch mit der Sprache zu tun haben (vgl. Figur M). Weniger als zehn Jahre nach Broca entdeckten Fritsch und Hitzig dann den vertikal über die Mitte der beiden Hirnhälften verlaufenden Streifen, der für die Steuerung der Glieder zuständig ist, die motorische Hirnrinde.

Damit änderte sich alles. Eine Lokalisierung von Gehirnfunktionen stellte sich als möglich heraus, so wie es die Phrenologen immer behauptet hatten. Nur war deren Ausgangspunkt falsch gewesen: Nicht vollständige Charakterzüge oder Eigenschaften wie Kreativität, Verlogenheit und Standhaftigkeit hatten einen festen Platz, sondern viel einfachere, ja abstrakte Funktionen. Bei simplen Vorgängen wie dem Registrieren der Stelle, an der Licht auf die Netzhaut fällt, der Wahrnehmung einer Berührung, dem Biegen und Strecken eines Arms oder Fingers oder bei Kaubewegungen wissen wir inzwischen ziemlich genau, welches Stück der Hirnrinde dafür zuständig ist. Die komplexen Charakterzüge jedoch, von denen die Phrenologen sprachen, stehen in keinem direkten Zusammenhang mit dem Bau des Gehirns. Sie sind das Endprodukt aller Gehirnprozesse auf höchstem Niveau, zusammen mit dem Niederschlag von Erfahrung, Erziehung und anderen Impulsen im Gedächtnis. In diesem Resultat sind die ursprünglichen Grundkomponenten unmöglich wiederzuerkennen, so wenig wie man in den zierlichen Bewegungen einer Ballettänzerin die Nervenimpulse erkennen kann, die durch ihren Körper rasen müssen, damit ihre Muskeln sich im richtigen Moment strecken oder zusammenziehen.

Doch das war nicht das einzige. Auch die von den Phrenologen unterstellte Symmetrie erwies sich als inexistent, zumindest als nicht vollständig. Das Brocasche Sprachzentrum befindet sich in der linken Hirnhälfte, das entsprechende Gebiet auf der rechten Seite hat überhaupt nichts mit Sprache zu tun; das gleiche gilt auch für einige andere seither entdeckte Gebiete. Daher konnte nicht länger von einer selbstverständlichen Gleichwertigkeit der beiden Hirnhälften die Rede sein. Unvermeidlich stellte sich die Frage: Welche Hälfte ist ausschlaggebend?

Ziemlich schnell setzte sich der Gedanke fest, die linke Hirnhälfte dominiere die rechte. Schon die Tatsache, daß die meisten Menschen Rechtshänder sind, legte die Vermutung nahe, die von der linken Hirnhälfte regulierte Steuerung dieser Hand sei besser entwickelt. Und natürlich war es daraufhin sehr verlockend anzunehmen, diese Hälfte sei als Ganzes besser entwickelt als die andere. Außerdem lagen die neu entdeckten Spezialgebiete, die nur auf einer Seite vorkommen, allesamt in der linken Hälfte des Gehirns, und sie standen alle in Beziehung zu typisch menschlichen, also schätzenswerten Errungenschaften. Die wichtigsten Entdekkungen waren das Brocasche motorische Sprachzentrum, das bei der Produktion der Sprache eine Rolle spielt, und das sensorische Sprachzentrum, das Karl Wernicke 1874 entdeckte und das vor allem für Sprachkompetenz zuständig ist (Fig. M).

Obwohl die Hirnrinde, die die Motorik der Körperteile steuert, symmetrisch über beide Hirnhälften verteilt ist, wies Liepmann zu Beginn dieses Jahrhunderts nach, daß die linke Hälfte eine besondere Rolle bei der Koordination komplexer Bewegungen

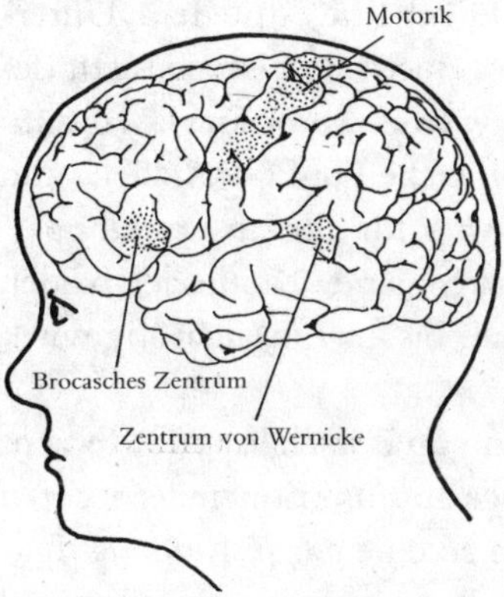

Figur M *Seitenansicht der linken Hirnhälfte*

spielt. Die linke Seite schien daher als einzige verantwortlich für schwierige Bewegungsabläufe und die wichtigsten intellektuellen Leistungen: Sprachproduktion, Sprachkompetenz und, wo es die rechte Hand betraf, Schreiben. Auf der rechten Seite des Gehirns entsprach dem lange nichts, so daß es fast so aussah, als sei diese Hälfte teilweise leer.

Anfänglich gab es zwei Auffassungen über das Verhältnis zwischen den beiden Hirnhälften. Der einen zufolge war die rechte in der Tat ein größtenteils leeres, brachliegendes Reservoir noch unbekannter Möglichkeiten. Sie konnte im Notfall Funktionen der anderen Seite übernehmen, und wer weiß, was sonst noch. Doch diese Möglichkeit ist schon aus evolutionärem Gesichtspunkt unwahrscheinlich. Es wäre wirklich eine große Ausnahme, wenn ein solches energiefressendes, unglaublich kompliziertes Organ ohne irgendeine Notwendigkeit entstanden wäre. Trotzdem hielt sich diese Auffassung lange genug, um das unausrottbare Mißverständnis in die Welt zu setzen, wir gebrauchten nur zehn oder zwanzig Prozent oder einen ähnlich niedrigen Prozentsatz unserer Gehirnkapazität.

Der anderen Auffassung zufolge war die rechte Hirnhälfte ein Duplikat der linken und funktionierte als eine Art Reservesystem.

Das ähnelt der Version der leeren Hirnhälfte, mit dem Unterschied, daß unser Körper sehr wohl doppelte Systeme besitzt, deren Hälfte uns auch schon genügen würde. So besitzen wir zum Beispiel zwei Nieren, die beide die gleiche Funktion haben, und genaugenommen reichte eine aus. Aber für alle unsere Doppelsysteme gilt, daß beide Teile voll aktiv sind. Keine der beiden Nieren oder Lungen wartet untätig ab, bis ihr Einsatz nötig wird, weil die andere ausfällt.

Erst nach 1950 wurde durch Arbeiten von Forschern wie Hecaen, Zangwill und Milner etwas mehr über die Funktionen der rechten Hirnhälfte bekannt. Sukzessive kam so eine ganze Reihe Aufgaben der rechten Hälfte ans Licht: das Interpretieren visueller Eindrücke, insbesondere das Erkennen von Gesichtern, aber auch musikalische Funktionen wie das Erkennen von Melodien und die Orientierung im Raum.

Dieser Fortschritt wurde vor allem durch neue Untersuchungstechniken ermöglicht. Bis dahin waren die Wissenschaftler vornehmlich auf Patienten angewiesen, die aus unterschiedlichen Gründen Hirnverletzungen davongetragen hatten. Ein großes Problem dabei ist, daß solche Schäden fast nie ein genau begrenztes Gebiet betreffen, sondern dem Patienten eine Vielfalt oft schrecklicher Folgen bescheren. Das macht es nicht nur schwierig zu erkennen, welche Funktionen zu welchem Teil des Gehirns gehören, es macht auch das Forschen selbst oft fast unmöglich, da ja der Patient nur noch in beschränktem Maße aktiv beitragen kann. Zweitens beweist die Tatsache, daß durch eine Beschädigung an einer bestimmten Stelle eine bestimmte Funktion ausfällt, noch lange nicht, daß diese Stelle auch der Sitz der ausgefallenen Funktion war. Sie haben etwas miteinander zu tun, aber mehr auch nicht. Wenn man einem Auto ein Rad abmontiert, kann es nicht mehr fahren, aber daraus darf man nicht schließen, daß das Auto nur auf diesem einen Rad fuhr.

Bis in die fünfziger Jahre hinein gab es nur zwei andere Wege: zum einen das Wegschneiden der Hirnrinde – etwas, was menschliche Versuchspersonen nun einmal weitgehend ausschließt –, zum anderen das elektrische Stimulieren bestimmter Teile der Hirnrinde bei Gehirnoperationen. Letzteres führte zur Entdekkung einiger Zentren, die mit Motorik und sinnlicher Wahrnehmung zu tun haben, ist aber zur Bestimmung weniger konkreter und eindeutiger Funktionen zu grob. Dem Chirurgen hilft das Verfahren bei der Bestimmung der Stellen, an denen er wohl und an denen er nicht schneiden darf.

Die seit den fünfziger Jahren neu entdeckten Techniken boten vor allem die Möglichkeit, eine Hirnhälfte getrennt von der anderen funktionieren zu lassen. Ein besonderes Beispiel dafür sind die sogenannten *Split-Brain*-Operationen des Amerikaners Sperry und seiner Kollegen in den sechziger Jahren. Bei einer solchen Operation wird das Corpus callosum, der dicke Nervenstrang, der die beiden Hirnhälften miteinander verbindet, durchgeschnitten, eventuell auch noch andere, kleinere Stränge, so daß die beiden Hirnhälften nur noch über einen mühsamen Umweg durch den Hirnstamm miteinander in Kontakt treten können. Ziel dieser Operationen war es, schwerkranke und auf keine andere Weise zu behandelnde Epilepsiepatienten von Anfällen zu befreien, die von kräftigen, spontanen Impulswellen – über das Corpus callosum – zwischen den beiden Hirnhälften verursacht wurden. Bei Tieren schien dieser Schnitt keine deutlich wahrnehmbaren Folgen zu haben; bei Menschen brachte er unter anderem die definitive Erkenntnis, daß wesentliche Teile der Sprachorganisation und -produktion in der Regel ihren Sitz in der linken Hirnhälfte haben, während das Erkennen von Bildern vor allem auf der rechten Seite geschieht. Ein solcher Patient konnte zum Beispiel, wenn er mit der rechten Hälfte der Netzhaut, also mit der rechten Hirnhälfte, ein Haus sah, oft mühelos mit der linken Hand Gegenstände anweisen, die zu einem Haus gehören, aber *benennen* konnte er sie nicht. Umgekehrt konnte derselbe Patient das Wort Haus mit der linken Netzhaut und Hirnhälfte lesen, die dazugehörige Abbildung allerdings nicht identifizieren.

Weniger folgenreich, wenn auch nicht ungefährlich, ist der sogenannte Wada-Test vom Ende der fünfziger Jahre. Indem man in die Schlagader, die die eine Hirnhälfte mit Blut versorgt, etwas Sodium-Amytal spritzt, kann diese Hirnhälfte zeitweise ausgeschaltet werden, so daß der Forscher nicht mit einem «ganzen» Patienten spricht, sondern nur mit einer seiner Hirnhälften. Wurde die linke Hälfte ausgeschaltet, dann konnte das Opfer zeitweise nicht mehr zählen oder sprechen und hatte große Mühe, sprachliche Anweisungen zu verstehen. Wurde die rechte Hirnhälfte stillgelegt, dann stellte sich heraus, daß die Versuchsperson unter anderem nicht mehr singen konnte.

Erst in den letzten Jahren konnten die Techniken so verfeinert werden, daß sie keinen großen Eingriff mehr erforderlich machen. So kann man heute zum Beispiel mit der *Scanner*-Methode die elektrische Aktivität von Teilen des Gehirns messen oder die Blutzufuhr beziehungsweise den Glukosegehalt einer bestimmten Gehirnpartie sichtbar machen. Man geht davon aus, daß Gehirnpartien mit erhöhter elektrischer Aktivität, erhöhter Blutzufuhr oder hohem Glukosegehalt besonders aktiv sind, also Anteil haben an der von der Versuchsperson jeweils ausgeführten Aufgabe. Eine der schönsten und neusten Scanbildtechniken ist die *Positron Emissionstomografie* (PET), eine Art elektronisches Messer, das Schnitte durch das aktive Gehirn auf dem Bildschirm wiedergeben kann, und zwar so, daß die Aktivität der einzelnen Gehirnpartien gut zu erkennen ist. Diese Aktivität wird bei der PET-Methode aus der Glukosekonzentration abgeleitet.

Auch wenn die Untersuchung mit dem Scanner viel weniger eingreifend ist als die älteren Methoden, ist sie noch lange nicht ideal, da man dem Patienten erst eine Kontrastflüssigkeit einspritzen muß. Bei der PET-Scanner-Untersuchung handelt es sich zum Beispiel um leicht radioaktive Glukose; der Scanner «sieht» nämlich nicht die Glukose, sondern nur die minimale Strahlung. Die Scanner-Methode wird daher nur angewandt, wenn es absolut nötig ist, und Gesunde bleiben im allgemeinen unberücksichtigt.

Außerdem ist ein Scanner ein höchst komplizierter und teurer Apparat, der nur an wenigen Stellen zur Verfügung steht.
Obwohl sich die Forschungsmethoden also wesentlich verbessert haben, wissen wir über die Funktionen des Gehirns noch immer ziemlich wenig, unter anderem deshalb, weil es gar nicht so einfach ist, herauszufinden, welche Teilfunktion zu einem bestimmten Zeitpunkt aktiv ist. Ja, von den meisten unserer komplizierteren Handlungen wissen wir kaum, aus welchen Bestandteilen sie bestehen, aus welchen Teilfunktionen sie sich zusammensetzen.
Die Tatsache, daß im Laufe der Zeit mehr über die beiden Hirnhälften bekanntgeworden ist, bedeutet nicht immer auch wirkliche Einsicht. Vielleicht gab die eine oder andere Entdeckung auch Anlaß zu neuen Mißverständnissen. Wir neigen nun einmal dazu, Gegensätze zu vergrößern und zu vereinfachen. Die Entdeckung, daß die rechte Hirnhälfte vor allem für die Orientierung im Raum, das Erkennen von Melodien und die Interpretation von Bildern zuständig ist, während die linke zählt, rechnet und Sprache verarbeitet, wurde schon bald von vielen halben und ganzen Fachleuten verabsolutiert zum Gegensatz zwischen einer kühlen, logisch berechnenden Person links und einem warmen, emotionalen und holistischen Typ rechts. Von hier aus ist es nur ein kleiner Schritt zu dem Gedanken, die Persönlichkeit eines Menschen werde letztendlich davon bestimmt, welche Hälfte des Gehirns bei ihm die Führung habe beziehungsweise dominant sei. Künstlerische, musikalische, sehr emotionale Menschen seien rechtsdominant, analytischer eingestellte Kaltblütler, der Typ etwa des exakten Wissenschaftlers, seien links-dominant. Über die seltsame Inkonsequenz, daß große Sprachbegabung dann gerade bei stillen, logisch denkenden Analytikern besonders häufig vorkommen müßte, viel weniger dagegen beim kreativen, künstlerischen Typ, gingen und gehen die Vertreter dieser Zweiteilung lieber stillschweigend hinweg.
Natürlich bezog man auch die Einhändigkeit des Menschen in die

Vorstellung von einer dominierenden Hirnhälfte ein. Linkshänder galten als weniger verbal, dafür aber als kreativer und vor allem visueller eingestellte Menschen. Für den Linkshänder, der von alters her als ungeschickt gilt, mag es tröstlich sein, auf einmal eine künstlerische Veranlagung zu entdecken – aber Beweise für diese Behauptung gibt es nicht.

Inzwischen hat sich zudem herausgestellt, daß die Sprachfunktionen, über die am meisten bekannt ist, weil sie relativ einfach zu testen sind, nicht ausschließlich dem Bereich der linken Hirnhälfte angehören und auch nicht immer in gleichem Ausmaß auf der linken Seite konzentriert sind. Der Unterschied zwischen einzelnen Individuen ist beträchtlich. Bei einer Minderheit von Linkshändern von ungefähr zwanzig Prozent scheinen die Sprachfunktionen sich vornehmlich rechts zu befinden, und auch bei einigen Rechtshändern soll das vorkommen. Ansonsten sieht es so aus, als ob diese Funktionen vor allem bei Linkshändern etwas gleichmäßiger über die beiden Hirnhälften verteilt seien, wenn auch wesentliche Teilfunktionen, die für die Sprachproduktion mitverantwortlich sind, sich im allgemeinen links befinden. Daß einer ohne die linke Hirnhälfte sprechen und schreiben kann, ist eine große Ausnahme. Lesen und in gewissem Maße auch verstehen geht schon eher. Des weiteren ist inzwischen auch deutlich geworden, daß Gefühle keineswegs der rechten Hirnhälfte vorbehalten sind, vielmehr beiden Hälften angehören.

Was an der linken Hälfte bewegt uns eigentlich dazu, anzunehmen, alles, was mit Sprache zu tun hat, spiele sich dort ab? Dazu müssen wir uns wieder einmal die Hände ansehen.

Jeder Mensch kann eine Faust machen, die Hand flach auf einen Tisch legen und mit den Fingerspitzen auf demselben Tisch trommeln. Auch Menschen mit einer Hirnverletzung, es sei denn, es sind dadurch Lähmungen entstanden. Jeder Mensch, auch ein Hirngeschädigter, sollte überdies in der Lage sein, diese drei einfachen Handlungen in der Reihenfolge nachzumachen, in der sie ihm vorgemacht werden: balle die Hand zur Faust, lege sie flach auf den Tisch, trommle mit den Fingerspitzen. Kein Problem. Für Menschen, deren linke Hirnhälfte beschädigt ist, sieht das mitunter freilich anders aus. Die einzelnen Handlungen bedeuten auch für sie kein Problem, wohl aber die Reihenfolge. Bezeichnend ist, daß dies, ungeachtet ob sie Links- oder Rechtshänder sind, nicht nur für ihre rechte Hand gilt, die von der beschädigten Hirnhälfte gesteuert wird, sondern auch für die linke Hand, obwohl deren Steuerung doch in Ordnung ist. Daraus läßt sich schließen, daß das Phänomen nichts mit der Steuerung der Hände zu tun hat. Anscheinend spielen die beschädigten Teile auf der linken Seite eine weniger wichtige Rolle bei der Ausführung der Handlungen selbst als vielmehr beim Erinnern ihrer Reihenfolge und der folgerichtigen Abwicklung eines Programms, egal mit welcher Hand. Für gesunde Menschen und solche, deren Gehirn auf der rechten Seite beschädigt ist, ist das Einhalten der Reihenfolge in der Regel unproblematisch.

Was der linken Hirnhälfte eigen zu sein scheint, ist demnach vor allem das Planen und Ordnen komplizierter Handlungen in einer ganz bestimmten Reihenfolge. Eben die Eigenschaft, die Calvins Ideen über die Ursachen der Einhändigkeit zugrunde lag. Diese Erkenntnis trat eigentlich schon am Beginn unseres Jahrhunderts zutage, als Liepmann entdeckte, daß die linke Seite für die komplizierteren Bewegungen beider Körperhälften zuständig ist, und sie wird durch die Wahrscheinlichkeit, daß eine Verletzung auf der linken Seite zu Sprachproblemen führt, nur noch plausibler. Das Produzieren von Sprache besteht wie keine andere Tätigkeit aus dem Zusammensetzen und wieder Zerpflücken von Sätzen und Wörtern, von Strukturen also, bei denen das genaue Einhalten einer bestimmten Reihenfolge äußerst wichtig ist. Im Grunde geht es um eine höchst komplexe Synthese verschiedener Teilfunktionen, die wiederum jeweils eigenen strengen Regeln gehorchen und die wir normalerweise unter dem Begriff Grammatik zusammenfassen. Jeder noch so kleine Satz kann nur gesagt oder gehört und verstanden werden, wenn eine enorme Masse sukzessiver Informationen so rasend schnell verarbeitet wird, daß wir dadurch nicht gehemmt werden.

Man kann deshalb mit einiger Sicherheit behaupten, daß die linke und die rechte Hirnhälfte jeweils eigene Aufgaben erfüllen, mal allein, mal in Zusammenarbeit. Die linke Hälfte ist dabei auf die Bereiche spezialisiert, die mit Zahlen, Zeit, Zeitgefühl und Sprache zu tun haben, mit all den Aufgaben also, bei denen Strukturierung eine wichtige Rolle spielt. Die rechte Hälfte scheint mehr für das Verknüpfen verschiedener Informationen zuständig zu sein. Der Quizkandidat, der einen Song schon beim ersten Akkord ohne Zögern als «Bus Stop» von den Hollies erkennt, verdankt das vermutlich vor allem seiner rechten Hirnhälfte. Er erkennt die einmalige Kombination von Klangfarbe, Tonart und dergleichen, mit der eben diese Nummer anfängt. Wenn er danach auf seinem Tisch den Rhythmus mitklopft, ist daran seine linke Hälfte aktiv beteiligt, da es um eine in der Zeit situierte Handlung geht.

Durch ihre ordnenden, koordinierenden Qualitäten ist die linke Hälfte letzten Endes doch dominant zu nennen: Ohne sie kann keine komplexe Handlung fehlerfrei durchgeführt werden.

Tierisches

Nachdem die Unterschiede zwischen den beiden Hirnhälften beim Menschen zur Sicherheit geworden waren, stürzten sich die Neurologen sofort auf die Tiere. Aufgrund der Grobheit der technischen Apparatur waren gesunde Menschen nämlich nicht für Forschungszwecke zu gebrauchen. Es kamen höchstens Personen in Frage, bei denen durch eine Hirnverletzung bestimmte Funktionen ausgefallen waren, oder solche, die aus irgendeinem Grund am Gehirn operiert werden mußten. An kranken Versuchspersonen kann man zwar manches entdecken, aber lange nicht so viel, wie man gerne möchte. Erstens haben Kranke es schon schwer genug – auch ohne neugierige Blicke –, weshalb sie oft nicht bereit sind, auch noch an Experimenten teilzunehmen. Zweitens fallen nach einem Schlaganfall oder Unfall oft so viele Funktionen aus, daß es sehr schwer ist, an brauchbare Informationen zu kommen. Drittens ist es die Frage, ob Informationen, die man durch Untersuchung von Versuchspersonen mit Hirnverletzungen gewonnen hat, repräsentativ sind. Ein Verkehrsunfall kann natürlich jeden treffen, aber bei Schäden, die nicht durch einen Unfall verursacht wurden, liegt die Vermutung nahe, daß der Grund für die Störung im Gehirn selbst lag. Es ist also durchaus möglich, daß solche Versuchspersonen allzu sehr von der Norm abweichen.

Natürlich läßt sich auch fragen, ob Tierexperimente gerechtfertigt sind. Sie führten jedenfalls zu interessanten Ergebnissen. So stellte sich heraus, daß auch Tiere, im Gegensatz zu dem, was man vermutet hatte, oft hartnäckig eine Pfote bevorzugen. Eines der überzeugendsten Experimente war das folgende.

Man sperrte eine Ratte in einen Glaskäfig, an dessen Vorderwand man ein Röhrchen mit einem Leckerbissen befestigte, den die Ratte mit der Vorderpfote erreichen konnte. Da das Röhrchen aber direkt an der rechten beziehungsweise linken Seite des Käfigs angebracht war, konnte sie nur mit einer Pfote richtig hinein. Schon bald stellte sich heraus, daß manche Ratten halsstarrig die «falsche» Vorderpfote benutzten, für die sie eine ausgesprochene Vorliebe zu haben schienen. Anderen war es gleich. Egal, an welcher Seitenwand das Röhrchen befestigt war, immer benutzten sie die Pfote, die geeignet war. Noch erstaunlicher wurde es, als man bei den Ratten, die eine ausgesprochene Vorliebe für eine Pfote hatten, das Stückchen Gehirn, das diese Pfote steuerte, beschädigte. Nach einigen Tagen fing die Ratte an, diese Pfote wieder zu bewegen, und obwohl sie fortan weniger gut funktionierte, gab die Ratte ihr weiterhin den Vorzug. Es war ganz ähnlich wie bei Menschen. Was auch immer die Vorliebe für die eine Hand oder Pfote verursachen mag: wenn sie einmal feststeht, ist nicht mehr an ihr zu rütteln.

Wie überraschend die Ergebnisse von Experimenten wie diesem auch waren, eindeutige Schlußfolgerungen über die menschliche Vorliebe für eine Hand waren aus ihnen nicht zu ziehen. Zum einen stellte man bei Tieren, vom Affen bis zum Frosch, kaum Spezialisierungen der beiden Hirnhälften fest, die denen des menschlichen Gehirns ähneln. Bei Vögeln wie Spatzen und Kanarienvögeln scheint die linke Hirnhälfte mehr Anteil am Singen zu haben als die rechte, aber Vogelhirne unterscheiden sich so grundlegend von denen der Säugetiere, also auch der Menschen, daß man daraus eigentlich gar nichts schließen kann, ganz abgesehen von der Frage, welche Krallen- oder Flügelvorliebe der Spatz an den Tag legen könnte. Das bedeutet nicht, daß bei Tieren der Unterschied zwischen linker und rechter Hirnhälfte nicht vorhanden wäre, sondern nur, daß wir keine Beispiele kennen, die mit unserer Art der Spezialisierung vergleichbar sind. Vielleicht hat das einfach nur damit zu tun, daß wir nicht so recht wissen, wonach genau wir eigentlich suchen. Solange wir jedenfalls keine vergleichbare Spezialisierung bei Tieren gefunden haben, können wir auch keine sinnvollen Vergleiche anstellen.

Einen grundlegenden Unterschied zwischen Mensch und Tier erbrachten die Experimente allerdings: Bei allen Tieren gab es ungefähr gleich viele Rechts- wie Linksfüßler und eine ziemlich große Gruppe ohne besondere Vorliebe. Von einer einseitigen Verteilung wie beim Menschen kann keine Rede sein. Was die Erblichkeit der Vorliebe angeht, so erwies es sich als unmöglich, die Vorliebe für einen Fuß zu züchten, so wie man allerlei andere Eigenschaften züchtet. Man hat es bei Mäusen versucht, doch trotz aller Anstrengungen gab es immer ungefähr gleich viele Links- wie Rechtsfüßler und eine große Gruppe ohne Vorliebe. Man kann daraus schließen, daß die Vorliebe sich nicht einfach an die Mendelschen Vererbungsgesetze hält. Damit hat die Labormaus dem Phänomen der Vorzugshand ein weiteres Rätsel hinzugefügt.

Andere Asymmetrien und Vorlieben

Obwohl wir von den meisten Menschen, sogar wenn wir sie gut kennen, nicht so eins, zwei, drei sagen können, ob sie Links- oder Rechtshänder sind, gibt es doch eine Kategorie, von der wir das ganz genau wissen: die Sportler. Für Tennis- und Baseballspieler, Fechter oder Boxer bedeutet Linkshändigkeit einen nicht unwichtigen Vorteil, schon weil Linkshänder in der Minderheit sind. Dadurch ist die Chance, daß ein Rechtshänder einen Linkshänder zum Gegenspieler hat, immer kleiner als umgekehrt. Ein Linkshänder «weiß» von sich aus ungefähr, wie ein anderer Linkshänder vorgeht, hat aber zugleich die Möglichkeit, sich auf die große Mehrheit der Rechtshänder einzustellen. Ein rechtshändiger Spieler wird sich dagegen niemals richtig an den einen Linkshänder gewöhnen, der ihm von Zeit zu Zeit über den Weg läuft.

Die Sportwelt hat noch mehr zu bieten: Die Asymmetrie der Hände ist nicht die einzige, mit der wir es zu tun haben. Auch bei den Fußballern ist eine Minderheit linksbeinig oder «beidbeinig», wie Johan Cruyff, und solche Spieler sind sehr gefragt. Was für die Hände gilt, trifft auch auf die Beine zu: Linksbeiner sind – wenn auch nicht in gleichem Maße – in der Minderzahl.

Aber wenn wir sowohl einhändig wie einfüßig sind, wie verhält es sich dann mit dem Rest unseres Körpers? Außer unseren Armen und Beinen besitzen wir nur noch einen einzigen Körperteil, mit dem wir aktiv so verfeinerte und komplizierte Handlungen durchführen, daß eine asymmetrische Vorliebe denkbar wäre: unsere Zunge. Zwar haben wir nur eine, aber sie ist wohl symmetrisch, und ihre beiden Hälften werden von der jeweils gegenüberliegenden Hirnhälfte gesteuert. Zudem muß sie eine der allerschwierigsten Aufgaben erfüllen: Sie ist zum großen Teil für die Bildung der verschiedenen Sprachlaute verantwortlich. Diese Laute hängen von ganz subtilen Biegungen der Zunge ab, die einander zu allem Überfluß auch noch in beeindruckend hohem

Tempo folgen müssen. Wenn man bedenkt, daß wir im allgemeinen ein Sprechtempo von ungefähr 180 Wörtern pro Minute erreichen und daß ein Wort im Durchschnitt aus ungefähr vier bis fünf verschiedenen Sprachlauten besteht, dann kann man sich in etwa vorstellen, was für akrobatische Kunststücke hinter unseren Zähnen vollbracht werden.

Manche Menschen scheinen in der Tat eine ausgesprochene Vorzugsseite zu besitzen. Wir sind uns ihrer gewöhnlich nicht bewußt, sie ist jedoch einfach herauszufinden. Man muß jeweils eine Seite der Zunge sanft rechts oder links zwischen die Zähne klemmen und, ohne sie loszulassen, irgendeinen Satz sprechen. Spricht es sich mit eingeklemmter Zunge rechts leichter und verständlicher, dann ist links die Vorzugsseite. Wie die Verteilung zwischen Rechts- und Linkszünglern aussieht und inwiefern sie mit Rechts- oder Linkshändigkeit zusammenhängt, darüber ist leider gar nichts bekannt.

Alle anderen Körperteile, bei denen man von einer Vorzugsseite sprechen kann, sind Organe, die weniger aktiv sind und mit denen wir unsere Umgebung wahrnehmen. Mit anderen Worten, sie haben weniger motorische als sensorische Funktionen. Die auffälligsten, zugleich die einzigen, über die wir ziemlich gut Bescheid wissen, sind unsere Ohren und Augen. Auch sie weisen eine gewisse Vorliebe für eine Seite auf.

Beim Sehen gebrauchen wir in der Regel das eine Auge als Guckauge und das andere als Meßauge: Das eine nimmt wahr, das andere mißt den Winkel, in dem wir das, was wir sehen, mit beiden Augen auf die gleiche Weise wahrnehmen, so daß wir den Abstand richtig einschätzen können. Das ist soviel wie dreidimensional sehen. Nun sind aber die Augen vieler Menschen nicht beide gleich gut. Brillen- und Kontaktlinsenträgern ist das bekannt, die meisten tragen Gläser oder Linsen von unterschiedlicher Stärke. Man sollte daher erwarten, daß die meisten Menschen ihr besseres Auge als Guckauge gebrauchen, aber das ist anscheinend nicht so. Die Vorliebe für ein Auge steht offensichtlich schon früh fest und ändert sich auch nicht, wenn die Sehschärfe dieses Auges nachläßt, oft mit Beginn der Pubertät.

Man kann die Vorliebe für ein Auge auf verschiedene Arten testen, die allerdings meist nicht sehr zuverlässig sind, weil die Vorliebe für die Hand mitspielt. So hat es zum Beispiel wenig Sinn, zu beobachten, wie jemand mit dem Gewehr zielt, da seine Lieblingshand bestimmt, wie er das Gewehr hält, also auch mit welchem Auge er guckt. Man kann besser darauf achten, mit welchem Auge einer durch ein Mikroskop oder durch den Sucher des Fotoapparats schaut. Für kleine Kinder hat man einen ausgezeichneten und ganz einfachen Test entwickelt. Dafür ist nicht mehr nötig als eine Röhre, zum Beispiel eine zusammengerollte Zeitschrift. Man schaut selbst auf der einen Seite hinein und läßt das Kind von der anderen Seite durch die Röhre zurückgucken. Das Auge, das das Kind an die Röhre hält, ist sein Vorzugsauge. Obwohl die Resultate der verschiedenen Untersuchungen mitunter voneinander abweichen, sieht es doch so aus, als bevorzuge jeder Mensch konsequent eines seiner beiden Augen. Ungefähr zwei Drittel von uns bevorzugen das rechte Auge, ein Drittel das linke.

Ohren sind ein Fall für sich. Ob es eine richtige Vorliebe für ein Ohr gibt, wissen wir nicht, aus dem einfachen Grund, weil es fast unmöglich ist, sich entsprechende Tests auszudenken, ohne daß einem andere Vorlieben in die Quere kommen. Außerdem scheinen zwei gesunde Ohren Geräusche nicht gleichwertig wahrzunehmen. Und seltsamerweise hängt die Antwort auf die Frage, welches Ohr bevorzugt wird, von der Art des wahrgenommenen Geräusches ab. Im allgemeinen scheinen wir Geräusche, die mit Sprache zu tun haben, also Sprachlaute, besser mit dem rechten Ohr zu hören als mit dem linken.

Die wichtigste Untersuchungsmethode ist die der sogenannten *dichotischen*, «zweiohrigen» Hörtests. Etwas vereinfacht ausgedrückt, werden der Versuchsperson verschiedene Wörter von zwei Seiten gleichzeitig durch einen Stereo-Kopfhörer ins Ohr gebrüllt, wonach sie das Gehörte wiederholen muß. Es zeigt sich, daß die Wörter, die rechts gehört wurden, oft besser im Gedächtnis haften als die, die das linke Ohr aufnahm. Handelt es sich um Geräusche, die mit Sprache nichts zu tun haben, wie etwa Musik, dann tritt eher der umgekehrte Effekt ein. Allerdings müssen wir die Resultate solcher Experimente mit Skepsis betrachten, denn dichotische Tests sind ziemlich schwierig für die Versuchsperson und daher stark von äußeren Bedingungen abhängig.

An den Ohren kann es nicht liegen, wenn wir Unterschiedliches wahrnehmen, denn sie sind in allen wichtigen Stücken gleich. An unterschiedlicher Empfindlichkeit liegt es auch nicht, denn ein weniger gutes Ohr hört sowohl Sprach- als auch andersartige Laute gleich schlecht. Es kann also nur etwas mit dem Unterschied zwischen den beiden Hirnhälften zu tun haben, die die Klänge verarbeiten.

Nun steht jedes Ohr mit beiden Hirnhälften direkt in Verbindung. Daher sollte man annehmen, die kürzere Verbindung sei die wichtigere, da sie schneller ist und weniger Hindernisse zu überwinden hat. Das aber ist eben nicht der Fall. Sprachlaute werden gerade mit dem rechten Ohr besser aufgenommen, während ihr Verarbeitungszentrum sich meist links befindet. Umgekehrt ist die rechte Hirnhälfte aktiver an der Verarbeitung von Melodien beteiligt, während wir diese Art Klänge besser mit dem linken Ohr hören. Es sieht also fast so aus, als wären die Nervenstränge, die vom gegenüberliegenden Ohr kommen, den anderen überlegen, ähnlich wie nah beieinanderliegende Telefonleitungen einander stören können.

Wenn die Ohren Sprachklänge und andere Klänge unterschiedlich aufnehmen, sollte man denken, daß auch die Augen einen Unterschied machen zwischen Buchstaben und Wörtern einerseits und Bildern und Mustern andererseits. Doch obwohl diese Vermutung naheliegt, ist sie weder zu beweisen noch zu entkräften. Zwar hat man entsprechende Versuche unternommen, doch traten dabei immer so viele störende Faktoren und

Unsicherheiten auf, daß man keine überzeugenden Schlußfolgerungen ziehen konnte.

All diese verschiedenen Asymmetrien legen natürlich die Frage nahe, ob nicht ein Zusammenhang zwischen ihnen besteht. Ist ein Linkshänder auch linksbeinig, linkszüngig und linksäugig? Falls ja, hat dieser Zusammenhang dann mit der Beschaffenheit des Gehirns zu tun? Könnte es sein, daß bei linksorientierten Menschen die Verteilung der Hirnfunktionen genau umgekehrt ist wie bei «normalen»? Einer, der felsenfest davon überzeugt war, war der Amerikaner Beaufort Sims Parson. 1924 veröffentlichte er eine untrügliche Methode, mit der man mittels eines selbstgebauten Apparates, des Manuskops, angeborene Linkshändigkeit feststellen konnte. Das Manuskop sollte das lästige Problem ein für allemal lösen. Denn Versuchspersonen geben nicht nur oft keine verläßlichen Antworten auf Fragen nach ihrer Vorzugshand, sie werden zudem regelmäßig von ihrer Umwelt zur Rechtshändigkeit gedrängt. Das geschieht vor allem, aber nicht ausschließlich, in der Schule. Auch zu Hause wird, da die meisten Eltern nun einmal Rechtshänder sind, alles rechts vorgemacht, und viele Apparate sind ganz auf den rechtshändigen Gebrauch eingestellt. Umgekehrt könnte es durchaus sein, daß ein von Natur rechtshändiges Kind linkshändiger Eltern sich bis zu einem gewissen Grad wie ein Linkshänder verhält.

Dieser soziale Druck fällt völlig weg, wenn es sich um das Vorzugsauge handelt. Wir sind uns normalerweise nicht einmal dessen bewußt, daß wir eins haben. Parson war der Meinung, daß «Äugigkeit» nicht nur etwas mit der Vorliebe für eine Hand zu tun habe, sondern sogar deren Ursache sei. Dieser Gedanke erfreute sich schon ein paar Jahre lang einer gewissen Popularität. Daher war Parson davon überzeugt, er habe mit seinem Manuskop, mit dem man seiner Meinung nach ganz einfach und sicher das Vorzugsauge feststellen konnte, das Ei des Kolumbus gefunden. Sobald das Vorzugsauge einmal bekannt sei, stehe damit zugleich auch die Links- beziehungsweise Rechtshändigkeit fest.

Bedauerlicherweise stellte sich schon bald heraus, daß von den Voraussetzungen der Äugigkeitstheorie rein gar nichts stimmte. Zwar sind die meisten Menschen rechtsäugig, wie auch die Rechtshänder in der Mehrheit sind, aber die Verteilung dieser beiden Vorlieben über die Menschen ist, wie wir bereits sahen, völlig verschieden. Außerdem sieht es nicht so aus, als ob Linkshänder auch häufiger Linksäuger seien als Rechtshänder. Menschen haben sowohl eine Vorzugshand wie ein Vorzugsauge, aber es hat den Anschein, daß diese Vorlieben sich unabhängig voneinander entwickeln.
Für Füße und Beine gilt mehr oder weniger dasselbe. Auch hier sind die Rechtsorientierten wieder in der Mehrheit, wenn auch nicht in gleichem Maße; überdies besteht anscheinend kein Zusammenhang zwischen Fuß- und Handvorliebe. Und bei der Zunge wissen wir es, wie gesagt, überhaupt nicht. Es wäre ja auch schon ein wenig verschroben, wenn man Menschen auffordern würde, mit eingeklemmter Zunge Gedichte aufzusagen.

Chirurgenarbeit

Trotz aller Einschränkungen haben direkte Untersuchungen des Gehirns doch einen interessanten Unterschied zwischen Links- und Rechtshändern zutage gefördert. Aus den Wada-Tests und aus der Tatsache, daß Verletzungen oder Defekte an einer Seite des Gehirns Sprachprobleme zur Folge haben können, konnte man schließen, daß die für die Sprache verantwortlichen Hirnfunktionen, die bei den allermeisten Menschen, Rechts- wie Linkshändern, ihren Sitz in der linken Hirnhälfte haben, bei Linkshändern öfter über beide Hirnhälften verteilt sind als bei Rechtshändern. Rechtshänder, bei denen die Sprachfunktionen sich ganz oder teils auf der rechten Seite befinden, sind selten, ebenso selten wie diejenigen, bei denen diese Funktionen sowohl links wie rechts vorkommen. Unter den Linkshändern gibt es eine stattliche Minderheit Rechtssprachler oder Doppelsprachler, zusammen etwa dreißig Prozent. Das heißt, daß die Vorliebe für eine Hand in der Tat mit der Verteilung der Funktionen über die beiden Hirnhälften zu tun hat, aber auch daß diese Vorliebe nicht direkt an den Sitz der Sprachfunktionen gekoppelt ist.

Dabei dürfen wir nie vergessen, daß diese Zahlen – ich erwähnte es bereits – ausschließlich auf Untersuchungen bei Menschen zurückgehen, bei denen eine ernsthafte Hirnschädigung festgestellt wurde, daß man also nicht sicher sein kann, ob sie repräsentativ für die Gesamtbevölkerung sind. So ist es zum Beispiel denkbar, daß Rechtssprachigkeit manchmal oder immer das Symptom einer bestimmten Veranlagung ist, die zu Problemen führen kann, derentwegen man schließlich beim Neurochirurgen landet. Wenn dem so ist, dann sind es besonders Rechtssprachler, die einem Wada-Test unterworfen werden, und wir erhalten ein verzerrtes Bild: Es hat dann den Anschein, als gäbe es viel mehr Rechtssprachler, als wirklich der Fall ist. Genausogut könnte umgekehrt die Zahl der Rechtssprachler systematisch unterschätzt werden. Das ist durchaus keine Haarspalterei, es wäre nicht das erste Mal, daß ein unwahrscheinlicher Zusammenhang sich doch als existent herausstellte. Die Korrelation zwischen Wochenbettfieber und Händewaschen zum Beispiel erschien den Kollegen des Entdeckers Semmelweis noch vor hundertfünfzig Jahren weit hergeholt. Die meisten seiner Kollegen weigerten sich anfänglich zu glauben, daß sie selber mit ihren sorgenden, aber ungewaschenen Fingern für den Tod mancher jungen Mutter verantwortlich waren, einfach weil sie es sich nicht vorstellen konnten.

Ein zusätzlicher Hinweis darauf, daß wir es vielleicht mit einem verzeichneten Bild zu tun haben, ist die Tatsache, daß die gleichen Untersuchungen, die bei Linkshändern eine freiere Verteilung der Sprachfunktionen über beide Hirnhälften ergeben, auch regelmäßig zeigen, daß diese Verteilung bei Frauen mehr variiert als bei Männern. Kurzum, Männer weisen mehr Ähnlichkeit mit Rechtshändern auf und Frauen mit Linkshändern. Das widerspricht Zählungen unter Gesunden, aus denen hervorgeht, daß Linkshändigkeit unter Frauen etwas weniger häufig ist als unter Männern. Dieses Problem wird erst dann zu lösen sein, wenn jemand eine einfache, sichere und billige Methode erfindet, mit der man die Verteilung der Sprachfunktionen über die Hirnhälften einer großen Anzahl gesunder Menschen untersuchen kann. In dieser Hinsicht ist noch einiges zu erwarten von den neu entwickelten, von Elektro-Enzephalogrammen ausgehenden Computertechniken, die das Einspritzen von Kontraststoffen in die Blutbahn überflüssig machen.

Natürlich kann man auch statt der Verteilung von Funktionen über die Hirnhälften die anatomischen Unterschiede zwischen diesen beiden Hälften untersuchen, also ihre unterschiedliche Form und Größe. Die Resultate ergeben wieder ein ähnliches Bild. Sehr viele Teile des Gehirns sind in der Regel auf der einen Seite immer größer und/oder anders geformt als auf der anderen. Bei Linkshändern scheinen die Unterschiede im Durchschnitt weniger ausgeprägt zu sein. Also auch was die Form und den Umfang der einzelnen Gehirnteile betrifft, läßt sich bei Linkshändern eine größere Variation feststellen als bei Rechtshändern, aber auch hier handelt es sich wieder um nicht mehr als eine Tendenz, da es sich bei der Mehrheit der Linkshänder genauso verhält wie beim durchschnittlichen Rechtshänder. Einen gewissen Zusammenhang könnte man also durchaus annehmen, aber von so etwas wie einem, phrenologisch ausgedrückt, «Einseitigkeitstalent» kann nicht die Rede sein.

Eine weitere, möglicherweise anatomische Ursache für Linkshändigkeit, die genaugenommen außerhalb des Gehirns liegt, wurde bis jetzt außer Betracht gelassen: Könnten Unterschiede zwischen den Nervensträngen, die das Gehirn mit den Armen und Händen verbinden, Einhändigkeit verursachen? Wie schon erwähnt, steuert die linke Hirnhälfte in erster Linie die rechte Körperhälfte und umgekehrt. Die Verbindungen zwischen einer Hirnhälfte, den Muskeln und beispielsweise dem Tastsinn der gegenüberliegenden Körperhälfte bestehen aus einem dicken Nervenstrang, der sich vom Gehirn durch die Wirbelsäule bis in alle Ecken und Enden dieser Körperhälfte verzweigt. Daneben gibt es auch (allerdings viel dünnere) Verbindungen zwischen den Hirnhälften und den ihnen entsprechenden Körperhälften. Diese sorgen dafür, daß eine einseitige Hirnverletzung nicht unbedingt zu völliger Lähmung oder Taubheit der von diesem Gehirnteil gesteuerten Körperteile auf der gegenüberliegenden Körperseite führen.

Aus jeder Hirnhälfte führen also zwei Nervenstränge zur Wirbelsäule, ein dicker in die gegenüberliegende Körperhälfte, und ein dünner vertikal nach unten. Die dicken Stränge kreuzen sich direkt unterm Gehirn und liegen daher schon oberhalb der Wirbelsäule auf der richtigen Seite. Der Umfang sowohl der dicken wie der dünnen Stränge kann sehr unterschiedlich sein, obwohl beide ungefähr gleich viel Körpermasse bedienen müssen. Interessanterweise sind bei ungefähr achtzig Prozent der Menschen der dicke und der dünne Strang, die zur rechten Körperhälfte führen, dicker als die Stränge auf der anderen Seite. Das verlockt natürlich zu der Annahme, Rechtshändigkeit werde durch eine bessere Infrastruktur auf der einen Seite verursacht, wodurch der Verkehr zwischen dem Gehirn und dieser Körperhälfte zügiger und genauer verlaufe. Dies scheint aber nicht zu stimmen: Eine Beziehung zwischen dem unterschiedlichen Umfang der Nervenstränge und der Vorzugshand gibt es nicht.

Zählarbeit

Zu den Dingen, die das ewig sich zankende Zeichentrickfilmduo Tom und Jerry so anziehend machen, gehören die unangenehmen Überraschungen, wie etwa die blinde Tür, hinter der sich eine Backsteinmauer verbirgt. Weniger lustig war es, als sich der Durchbruch, der sich auf der Suche nach den Ursachen von

Links- und Rechtshändigkeit um 1900 abzeichnete, als eine ebensolche blinde Tür herausstellte. Zwar war deutlich geworden, daß die Bevorzugung einer Hand mit einer Spezialisierung der Hirnhälften zu tun hatte, aber das Gehirn selbst konnte aus Gründen, die bereits erwähnt wurden, nur schwer direkt untersucht werden.

So versprach man sich einiges von indirekten Methoden: von psychologischen und statistischen Untersuchungen nach Eigenschaften, die so häufig bei Linkshändern auftraten, daß man den Zufall als bestimmenden Faktor ausschließen konnte. Auf diese Weise mußte zumindest festzustellen sein, ob der Hang zu einer Hand erblich ist oder nicht und ob es sich bei Linkshändigkeit um eine auf weitere Probleme hinweisende Anomalie handelt. Selbst wenn man die Entstehung der Einhändigkeit dadurch immer noch nicht würde erklären können, so würde man doch etwas darüber erfahren, warum auch heute noch einer von zehn Neugeborenen als Linkshänder zur Welt kommt. Inzwischen hat dies zu Bergen von Gutachten und Forschungsberichten geführt.

Aus praktischen Gründen richtet sich ein großer Teil dieser Untersuchungen auf Gruppen, die von sich aus irgendwie von der Norm abweichen: auf Schüler an Sonderschulen, Menschen, die in Krankenhäusern, Anstalten oder anderen Instituten in Behandlung sind, Gefangene und Kinder, die mit unterschiedlichen Problemen zu Schulärzten und Psychologen kommen. Erstens sind diese Gruppen bereits Teil eines Systems, in dem Untersuchungen ganz normal sind, so daß man ohne viel Umstände auch die Einhändigkeit mit untersuchen kann. Außerdem steht bei diesen Gruppen meist eine ganze Reihe von medizinischen und psychologischen Informationen als Vergleichsmaterial zur Verfügung; das hat den nicht unwichtigen Vorteil, daß die Studien relativ billig sind.

Ein zweiter, mindestens genauso wichtiger Grund für die Wahl gerade dieser Gruppen ist das seit Menschengedenken herrschende Vorurteil über Linkshändigkeit, das durch die Entdekkung der Spezialisierung der Hirnhälften noch verstärkt wurde. Linkshändigkeit ist nun einmal Sache einer Minderheit und wird daher automatisch als Abweichung betrachtet. Und Abweichungen sind in den Augen vieler Menschen – die -gogen und -logen aus allen Winkeln des Ärztestandes und der Humanwissenschaften am allerwenigsten ausgenommen – fast selbstverständlich negativ. Abweichungen sind fast grundsätzlich etwas, was korrigiert werden muß. Hierin zeigt sich wieder einmal, wie nachhaltig das dualistische Denken, das Denken in Gegensätzen wie dem zwischen dem, was der Norm entspricht, und dem, was auf irgendeine Weise von dieser Norm abweicht, unsere Haltung unseren Mitmenschen gegenüber beeinflußt.

Das gröbste Beispiel aus der jüngsten Vergangenheit der sogenannten wissenschaftlichen Forschung, das auf unerschütterlichen Vorurteilen beruhte – und die betrafen nicht nur die Linkshändigkeit –, ist das Werk des berüchtigten italienischen Schädelvermessers Cesare Lombroso (1835–1909). Lombroso glaubte, man könne Charaktereigenschaften und -züge an äußeren Merkmalen, wie der Gesichts- und Kopfform, der Körperhaltung und natürlich auch der Vorzugshand, ablesen. Ihm verdanken wir den noch heute hie und da auftauchenden Begriff «Lombrosokopf». Zu Beginn dieses Jahrhunderts richtete Lombroso seine Aufmerksamkeit auf die Linkshändigkeit und fand prompt eine stark erhöhte Konzentration an Linkshändern unter Kriminellen, besonders unter kriminellen Frauen. Als verstecktes Kompliment war zu werten, daß er die Linkshänder zu den zivilisierten Kriminellen rechnete: Es waren vor allem Schwindler und Hochstapler, von denen, Lombroso zufolge, nicht weniger als ein Drittel Linkshänder war, und dies bei einem Bevölkerungsanteil von ungefähr fünf Prozent. Mörder und Vergewaltiger legten seiner Meinung nach viel weniger spektakuläre Neigungen zur Linkshändigkeit an den Tag, sie kamen auf läppische neun Prozent.

Lombrosos Ergebnisse haperten an allen Ecken und Enden, doch obwohl sein Werk inzwischen längst seinen Platz im Kuriositätenkabinett der Wissenschaften gefunden hat, sind die bewußten oder unbewußten Vorurteile der Forscher noch lange nicht ausgestorben. So führte der Psychiater Stier 1911 im Auftrag der deutschen Heeresleitung eine Untersuchung nach Linkshändigkeit in der Armee durch. Stier hatte schon früher über Linkshändigkeit geschrieben; er war der Meinung, daß es sich dabei um eine erbliche Eigenschaft handle, die vor allem bei primitiven Völkern häufig vorkomme. Das sagt nicht nur etwas über die Vorurteile des Mannes aus, sondern entlarvt ihn zugleich als einen jener Gelehrten, die sich um Zahlen und Fakten nicht viel kümmern. So kann es nicht verwundern, daß er im allgemeinen nur vier Prozent Linkshänder antraf, unter den dümmsten Soldaten jedoch mehr als dreimal so viele. Der schon erwähnte Abram Blau frönte ebenfalls unter dem Deckmantel der Wissenschaft seinen Vorurteilen, und selbst ein so bedeutender Mann wie der englische Kinderpsychologe Cyril Burt vertrat nicht gerade wertfreie Auffassungen, als er mit seinen Untersuchungen der Linkshändigkeit begann. In seinem monumentalen Werk *The Backward Child* aus dem Jahr 1937 charakterisiert er die kleinen Linkshänder wie folgt: «Sie schielen, sie stottern, sie schlurfen und stolpern, sie zappeln wie die Seehunde auf dem Trockenen. Sie sind schwerfällig bei der Hausarbeit und ungeschickt beim Spiel – Schludriane und Stümper auf der ganzen Linie.» Von einem Forscher mit einem so gefärbten Blick hat man, wie einfühlsam er sonst auch sein mag, wohl wenig zu erwarten.

Lombroso, Stier und Blau sind natürlich keine leuchtenden Beispiele der Wissenschaft, und kein vernünftiger Mensch wird ihre Spinnereien heute noch ernst nehmen. Bei Burt liegt das anders, denn abgesehen von einer Affäre wegen Schummelei bei einer Arbeit über Zwillinge war er im großen und ganzen ein sorgfältiger Forscher, der sich auch heute noch eines guten Rufes erfreut. Daß er sich von traditionellen Vorurteilen so hinreißen ließ und daß es ihm nicht auffiel, wie wenige solcher stümperhaften Zappler ihm im Alltag über den Weg liefen, macht erneut deutlich, wie verräterisch die Vorurteile über Linkshändigkeit sind und wie schwer es ist, sie loszuwerden. Zweifellos haben diese Stereotype sowohl die Forschungsprojekte als auch die Interpretation der Ergebnisse nachhaltig beeinflußt.

Die Resultate von inzwischen Aberhunderten kleiner und großer Forschungsarbeiten über die Verteilung der Linkshändigkeit sehen im ersten Moment ziemlich beunruhigend aus. An welchem Manko die untersuchte Gruppe auch leiden mochte, fast immer schien Linkshändigkeit häufiger vorzukommen, als der Zufall es rechtfertigte: Stotterer, Dyslektiker, Schwachsinnige, schwererziehbare Kinder, Leute, die an Heuschnupfen, Asthma, Allergien und anderen Immunkrankheiten litten, Epileptiker, sie alle wiesen überdurchschnittlich viele Linkshänder auf. Zwei neuere Untersuchungen weisen einen Zusammenhang zwischen Linkshändigkeit und Alkoholismus beziehungsweise Kriminalität nach, und eine noch rezentere stellt in den Elendsvierteln einer amerikanischen Großstadt überdurchschnittlich viele Linkshänder unter Kettenrauchern fest.

Aber so wie eine Schwalbe noch lange keinen Sommer macht, so begründet auch eine Untersuchung noch kein unumstößliches Gesetz, obwohl die Zeitungen uns das oft weismachen wollen. Die Untersuchungsresultate sind höchstens ein Hinweis darauf, wie groß die Chance ist, daß ein vermuteter Zusammenhang zwischen zwei Phänomenen bestehen könnte, vorausgesetzt, die untersuchte Gruppe ist repräsentativ für die Gesamtbevölkerung. Im allgemeinen ist diese Chance bei veröffentlichten Untersuchungen ziemlich klein, höchstens fünf Prozent. Wenn das Resultat unsicher ist, wagen die meisten Forscher eine Publikation erst gar nicht, und die Resultate landen in den Schreibtischschubladen oder im Papierkorb. Wie gesagt, alles hängt davon ab, ob die Gruppe auch wirklich repräsentativ ist, und davon, ob sich keine störenden Faktoren oder Fehler in die Planung der Untersuchung schlichen. Was diese beiden Punkte betrifft, so ist an den meisten Studien etwas auszusetzen.

Das größte Problem ist, daß eben niemand weiß, was nun eigentlich ein normaler Mensch ist. Wüßten wir das, dann könnten wir Gruppen untersuchen, die ausschließlich in bezug auf die zu untersuchenden Faktoren von der Norm abweichen. Die Prozentsätze, die sich daraus ergäben, würden ohne weiteres für die Gesamtbevölkerung gelten. Aber so etwas ist natürlich völlig unmöglich, und somit bleibt es dabei, daß viele uns gänzlich unbekannte Faktoren das Resultat einer Untersuchung beträchtlich beeinflussen.

Die Methode, die dennoch zu einigermaßen zuverlässigen Ergebnissen führen kann, ist die Wiederholung: Wenn andere Forscher mit anderen Versuchspersonen, aber demselben Ansatz und derselben Methode wieder zu denselben Resultaten gelangen, ist die Wahrscheinlichkeit groß, daß das Endergebnis Aussagekraft hat. Denn die Wahrscheinlichkeit, daß die Forscher unabhängig voneinander stets aufs neue unbemerkt den gleichen Fehler begehen, wird mit jeder Wiederholung kleiner. Begehen sie jeweils einen anderen Fehler, dann müssen sich die daraus entstehenden Verzeichnungen auf die Dauer gegenseitig aufheben, und man erhält einen stabilen, recht brauchbaren Mittelwert. Ein Beispiel hierfür sind die Untersuchungen nach der Verteilung der Linkshändigkeit über die Geschlechter, mit der man sich sehr oft beschäftigt hat, da sie sehr einfach festzustellen ist. Und obwohl jede Untersuchung aus verschiedenen Gründen zu einem jeweils etwas anderen Ergebnis gelangte, ergibt sich aus allen zusammen doch ein allgemeines Bild, dem zufolge Linkshändigkeit bei Männern öfter vorkommt als bei Frauen.

Nun ist das Problem vieler Studien, die mit Linkshändigkeit allerlei Gebrechen assoziieren, daß sie bei einer Wiederholung nicht die gleichen Resultate zeitigen und außerdem oft überhaupt keinen Unterschied zu Rechtshändern sichtbar machen. Viele dieser Untersuchungen sind denn auch nie wiederholt worden. Es ist nun einmal eine Heidenarbeit, eine brauchbare Gruppe mit genügend Linkshändern zu finden, wenn diese auch noch ein anderes

Kriterium erfüllen müssen wie Dyslexie (eine Lesestörung aufgrund einer Hirnherdstörung) oder eine Immunkrankheit. Die Resultate solcher Studien müssen mit großer Skepsis betrachtet werden.

Ein mindestens ebenso großes Problem ist das Fehlen einer eindeutigen und allgemein akzeptierten Definition der Links- und Rechtshändigkeit. Manche Forscher teilen ihre Versuchspersonen in zwei Gruppen ein, andere handhaben eine Einteilung in Linkshänder, Rechtshänder und Mischhänder. Das eine Mal gelten alle, die nicht alles mit der Rechten tun, als Linkshänder, ein andermal besteht die Gruppe der Linkshänder nur aus Leuten, die alle Aufgaben mit der linken Hand erledigen. Meist wird mit einer Frageliste gearbeitet, aber gelegentlich müssen die Betreffenden auch ihre Künste vorführen. Im einen Fall wird aufgrund einer Strichliste entschieden, die nur aus drei Aufgaben besteht, bei der nächsten Untersuchung werden zehn bis zwölf Kriterien gehandhabt. Um den störenden sozialen Druck auszuschließen, achtet der eine Forscher bewußt nicht auf die Schreibhand, dem anderen gilt sie gerade als wichtiges Indiz. Das heißt, daß einer, der in der einen Untersuchung als Rechtshänder mitzählt, in der nächsten die Gruppe der Linkshänder verstärkt, und was das für die Zuverlässigkeit der Ergebnisse bedeutet, läßt sich leicht denken.

Trotzdem kann es als gesichert gelten, daß bei Menschen mit einer (vermutlichen) Hirnschädigung – wie leicht diese auch sein mag – mehr Linkshändigkeit vorkommt. Wir können uns hierbei, mit dem nötigen Vorbehalt, auf Untersuchungen stützen, die nach einem Zusammenhang zwischen Linkshändigkeit und einem Leiden suchen, das auf eine Abweichung oder Beschädigung des Gehirns hindeutet. Das wurde wiederholt untersucht und diente wiederum als Ausgangspunkt für Untersuchungen nach einem eventuellen Zusammenhang zwischen Linkshändigkeit und Schwergeburten beziehungsweise älteren Müttern; auch dies zeitigte ein relativ sicheres Resultat. Alles in allem jedenfalls sicher genug, um den Gedanken, Linkshändigkeit könne die Folge einer Hirnschädigung sein, nicht ohne weiteres vom Tisch zu fegen.

Hirnschädigungen können jedoch bei weitem nicht alle Linkshändigkeit erklären. Dafür gibt es zu viele Rechtshänder mit nachweisbaren Gehirnschäden und vor allem zu viele Linkshänder, denen es ausgezeichnet geht. Deshalb muß der Ursprung der Linkshändigkeit auch noch ganz woanders liegen.

Einen Hinweis auf Erblichkeit könnte man darin sehen, daß ein deutlicher Zusammenhang zwischen der Vorzugshand der Eltern und der ihrer Kinder besteht. Die Wahrscheinlichkeit, daß das Kind eines linkshändigen Elternteils Linkshänder wird, ist ungefähr zweimal so groß wie bei dem Kind zweier rechtshändiger Eltern. Sind beide Eltern Linkshänder, dann verdoppelt sich die Chance für das Kind nochmals. Aber ein wirklicher Beweis ist dies nicht. Man kann einwenden, daß Eltern ihre Handvorliebe bewußt oder unbewußt anerziehen, und das würde die Aussicht auf Linkshändigkeit vergrößern.

Dem widerspricht wiederum die Entdeckung, daß die Vorzugshand in einigen Fällen bereits vor der Geburt festzustehen scheint. Ungefähr fünf Prozent der ungeborenen Säuglinge lutschen bereits in der Gebärmutter am linken Daumen, und das können die Eltern nun wirklich nicht beeinflussen. Außerdem sollte man erwarten, falls es tatsächlich eine Sache der Erziehung ist, daß die Übereinstimmung zwischen der Handvorliebe der Eltern und der ihrer Kinder sehr groß wäre. Nun haben zwar ganze oder halbe linkshändige Elternpaare tatsächlich mehr linkshändige Kinder, die Mehrheit aber bleibt immer noch rechtshändig. Auch das Umgekehrte trifft zu: Die Mehrheit aller linkshändigen Kinder hat zwei rechtshändige Eltern. Wenn Nachahmung demnach überhaupt eine Rolle spielt, dann auf jeden Fall nur eine geringe. Für die meisten Linkshänder gibt es nämlich nichts nachzuahmen.

Neben kleinen Unfällen bleibt also nur Erblichkeit als mögliche

Ursache der Linkshändigkeit übrig, und auf diesen beiden Erklärungsmodellen beruhen denn auch die wichtigsten modernen Theorien: die genetische Theorie von Marian Annett und die Hormon-Testosteron-Theorie von Norman Geschwind.

Linkshändig durch Gene

Im Lauf des zwanzigsten Jahrhunderts wurden einige Versuche unternommen, Linkshändigkeit mit genetischen Unterschieden zu erklären, aber die meisten führten zu nichts, weil die genetischen Grundprozesse, die den Mendelschen Gesetzen gehorchen, nicht ohne weiteres auf die Handverteilung angewendet werden können. Das verhält sich so.

Jede gewöhnliche Zelle unseres Körpers enthält unser gesamtes Erbgut. Genetisch vererbbare Eigenschaften werden von Genen bestimmt, Minirezepten sozusagen, nach denen unser Körper sich in verschiedener Hinsicht zu entwickeln hat und die alle in den Chromosomen gespeichert sind. Ein Chromosom, das von außen wie ein Spaghettifaden im Zellkern aussieht, ist also so etwas wie ein Kochbuch für Tausende von Aspekten unseres Körperbaus und der zugehörigen Stoffe. Nun ist der Mensch ein dermaßen kompliziertes Ding, daß zu seiner vollständigen Rezeptur ein wirklich monumentales Werk von nicht weniger als dreiundzwanzig Bänden nötig ist. Anders gesagt: Wir besitzen dreiundzwanzig verschiedene Chromosomen in unseren Zellkernen. Durch die Art, wie wir uns fortpflanzen, befinden sich in jeder Zelle, außer in den Spermatozoen und den reifen Eizellen, zwei Exemplare von jedem Chromosom, also sechsundvierzig im ganzen.

Wenn bei der Fortpflanzung zwei normale Zellen von Vater und Mutter zum Anfang eines Kindes verschmelzen würden, dann würde das Kind nicht zwei, sondern vier Exemplare des Vererbungs-Kochbuches bekommen. Deshalb sind Fortpflanzungszellen insofern anders als andere Zellen, als sie im Augenblick der Befruchtung jeweils nur ein Exemplar enthalten. Auf die Art und Weise hat jedes Kind also genauso wie seine Eltern zwei vollständige Sets von dreiundzwanzig Chromosomen, wobei von jedem Chromosomenpaar das eine von der Mutter und das andere vom Vater stammt. Daß Kinder trotzdem nicht einfach die Summe beider Teile sind, hängt unter anderem damit zusammen, daß ein Gen verschiedene Varianten haben kann, von denen einige immer Vorrang vor anderen haben. In dem von der Mutter stammenden Chromosom kann ein Minirezept, ein Stückchen genetische Information, anders aussehen als dasselbe Stückchen im Chromosom des Vaters. Das Resultat hängt dann von den Vorfahrtsregeln ab, die zwischen diesen Varianten gelten.

Die Haarfarbe ist ein gutes Beispiel für eine Eigenschaft, die auf diese Weise zustande kommt. Der Einfachheit halber tun wir so, als gäbe es nur zwei verschiedene Haarfarben, Blond und Dunkel, und auch nur zwei Varianten des Gens für Haarfarbe, B für Blond und D für Dunkel. Außerdem tun wir so, als befände sich in jedem Chromosomenset von dreiundzwanzig nur ein einziges solches Gen. Jeder Mensch erhält also von jedem Elternteil ein Haarfarben-Gen in einer der lieferbaren Ausführungen B oder D.

Wenn einer sowohl vom Vater wie von der Mutter eine D-Variante bekommen hat, wird sein Haar garantiert dunkel. In seiner Erbmasse kommt nämlich kein Rezept für blondes Haar vor. Umgekehrt wird jeder, der von beiden Seiten die B-Variante erhält, selbstverständlich blond. Wenn aber ein Kind nun vom einen Elternteil mit einer B-Variante beglückt wird und vom andern mit einer D-Variante, dann befindet sich in seiner Erbmasse sowohl ein Rezept für dunkles wie eins für blondes Haar. Wer denkt, das Kind werde dann dunkelblond, täuscht sich. Das Resultat einer derartigen Kombination ist nicht die Mischung der beiden, sondern die Farbe, die von der sogenannten *dominanten* Variante bestimmt wird, die also Vorrang vor der anderen hat. Wer die Kombination DB besitzt, wird dunkelhaarig, so daß an seinem Äußeren kein Unterschied zu denen zu sehen ist, die die Kombination DD in ihren Zellen haben. Die Variante, die der anderen den Vortritt läßt, nennt man die zurücktretende oder *rezessive* Variante. Sie kommt nur zum Zug, wenn die dominante Variante fehlt. Bei der Haarfarbe ist die B-Variante also rezessiv. Blonde Menschen haben deshalb immer eine BB-Kombination, während dunkle Typen sowohl die Kombination DD wie DB mit sich herumtragen.

Was man selbst nicht hat, kann man auch nicht weitergeben; wenn also jemand mit der Kombination BB ein Kind zeugt, steuert er immer eine B-Variante bei. Sind beide Eltern blond, dann wird ihr Kind unvermeidlich BB, also auch blond. Umgekehrt können Eltern, von denen zumindest ein Teil die Kombination DD hat, nur dunkle Kinder zur Welt bringen. Ein solches Kind kann nämlich nie von beiden Seiten eine B-Variante erhalten. Da aber dunkle Eltern auch die Kombination DB besitzen können, können zwei dunkelhaarige Eltern sehr wohl ein blondes Kind zeugen: Zwei DB-Eltern können beide ihre B-Variante weitergeben. Ist der eine Elternteil blond und der andere dunkel, dann hängt es wiederum vom dunklen Elternteil ab, ob die Kinder blond werden können. Ist dieser dunkle Elternteil DD, dann kann es kein blondes BB-Kind werden; es wird immer DB und also dunkelhaarig. Wenn es den richtigen Partner findet, kann dieses Kind seinerseits allerdings wieder blonde Kinder bekommen, da es ja seine B-Variante vererben kann. So kommt es, daß rezessive Eigenschaften manchmal eine oder mehrere Generationen überspringen, um dann wie aus dem Nichts wieder zum Vorschein zu kommen.

Obwohl diese ganz normale, simple Form genetischer Vererbung, bei der nur ein einziges Gen beteiligt ist, offensichtlich unregelmäßige Ergebnisse zeitigt, liegt im großen und ganzen die zahlenmäßige Verteilung der Nachkömmlinge mit bestimmten Eigenschaften unumstößlich fest. Kommen beide Varianten des Gens gleich häufig vor, dann läuft etwa die Hälfte aller Individuen mit der Kombination dieser beiden Varianten herum, während sich die andere Hälfte in jeweils eine der beiden Varianten teilt. Mit anderen Worten, wenn die B- und D-Varianten des Haarfarben-Gens genausooft vorkommen, haben fünfundzwanzig Prozent der Bevölkerung die Kombination DD, fünfundzwanzig Prozent BB und fünfzig Prozent DB, das heißt drei Viertel der Bevölkerung sind dunkelhaarig.

Diese Zahlen gelten nicht für die Verteilung von Rechts- und Linkshändigkeit, selbst wenn die linkshändige Variante des Gens rezessiv wäre. Es gibt entschieden weniger als fünfundzwanzig Prozent eindeutiger Linkshänder. An und für sich macht das nichts aus, da wir wissen, daß Varianten eines Gens in der Praxis lange nicht so oft vorkommen, wie sie theoretisch vorkommen müßten. Ein Blick auf die Haarfarbe verschiedener Menschenrassen beweist das. Blonde Chinesen sind äußerst selten; innerhalb der Rasse kommt die B-Variante extrem wenig vor. Skandinavier hingegen sind relativ oft blond, so daß sie dafür in gewissem Sinn sogar berühmt sind. Das bedeutet, daß die B-Variante hoch im Norden besonders häufig ist. Da Blond jedoch rezessiv ist, ist die Wahrscheinlichkeit einer ganz und gar blonden Bevölkerung viel kleiner als die einer völlig dunkelhaarigen. Gäbe es die linkshändige Variante eines hypothetischen «Händigkeitsgens» – und sei sie noch so selten –, dann erhielten wir leicht exakte Prozentsätze von Links- und Rechtshändern.

Leider hilft uns das nicht weiter. Das Beispiel der Haarfarbe zeigt ja, daß Rassen oder Gruppen von Menschen, die für längere Zeit isoliert voneinander lebten, große Unterschiede in der Verteilung der Genvarianten aufweisen. Solche groben Unterschiede kennt die Links- und Rechtshändigkeit nicht. Überall und immer liegt die Anzahl eindeutiger Linkshänder um die zehn Prozent, und weshalb sollte das «Händigkeitsgen» sich standhafter verhalten als das Haarfarben-Gen?

Es gibt noch ein zweites Problem, das die Suppe dieser Hypothese versalzt. Wenn die Vorzugshand so einfach festgelegt würde, wie wir oben beschrieben haben, dann könnten Elternpaare, die beide Linkshänder sind, nur linkshändige Kinder zur Welt bringen, und das entspricht der Wirklichkeit in keiner Weise. Auch wenn beide Eltern Linkshänder sind, steigt der Anteil linkshändiger Kinder, selbst wenn wir die Definition der Linkshändigkeit sehr weit fassen, nicht über die Hälfte.

Aus diesen beiden Gründen müßten wir annehmen, die Vorzugshand werde von einer Vielzahl von Genen bestimmt. Die Frequenzunterschiede zwischen den Varianten all dieser Gene würden sich dann gegenseitig aufheben und in einen stabilen Prozentsatz von Linkshändern münden, während die große Anzahl verschiedener Kombinationen auch zur Folge haben könnte, daß rechtshändige Kinder von zwei linkshändigen Eltern stammen. Das ist nun aber eine sehr komplizierte und deshalb wenig ansprechende Sicht. Schlimmer noch, solange wir darüber im dunkeln tasten, welche Gene bei alldem die Hand im Spiel haben, bleibt es bei reiner Spekulation.

Zu allem Elend gibt es auch noch Zwillinge. Eineiige Zwillinge verdanken ihre Existenz der Teilung eines Embryos in seiner Anfangsphase. Beide haben also die gleiche genetische Mitgift. Ist der eine blond, dann ist es der andere auch, und umgekehrt. Wenn Linkshändigkeit ein genetisches Standardphänomen wäre wie die Haarfarbe, dann müßten beide Zwillinge demnach die gleiche Vorzugshand haben, und das ist nicht im entferntesten der Fall. Es gibt zwar doppelt so viele Linkshänder unter ihnen als normal, aber Zwillinge, die beide Linkshänder sind, muß man suchen wie die Nadel im Heuhaufen.

Das Allermerkwürdigste und auf normalem genetischem Weg nicht zu erklären ist die Verteilung bei zweieiigen Zwillingen. Diese entstehen entweder aus zwei zufällig gleichzeitig gereiften Eizellen oder aus einer Eizelle, die sich bereits vor der Befruchtung geteilt hat. Auf jeden Fall ist die Erbinformation mütterlicherseits nicht für beide Teile identisch, und es sind zwei Spermatozoen an der Sache beteiligt, so daß auch der vom Vater eingebrachte Chromosomenset von Individuum zu Individuum verschieden ist. Zweieiige Zwillinge sind eigentlich ganz normale Einlinge, die zufällig in der Gebärmutter zusammenhausen. Das Verrückte ist nun, daß bei solchen Zwillingen Linkshändigkeit ebenfalls in erhöhtem Maße vorkommt, allem Anschein nach ungefähr ebenso oft wie bei eineiigen Zwillingen, während das nach den allgemeinen Regeln der Genetik eigentlich gar nicht möglich ist.

All diese Einwände brachten die einfachen genetischen Theorien sehr bald zum Kentern. Was auch immer die Wahl unserer Hand bestimmen mag, es geht dabei anders zu als bei Eigenschaften wie der Haarfarbe. Auch ein Versuch, die Argumentationskette zu schließen, indem man behauptete, die rezessive linke Variante eines hypothetischen Händigkeitsgens funktioniere nicht richtig, so daß sogar Menschen mit zwei linken Varianten noch Rechtshänder werden könnten, taugte rein gar nichts. Die rezessive Genvariante müßte schon sehr schlecht funktionieren, wenn sie dafür verantwortlich sein sollte, daß eineiige Zwillinge nicht nur hin und wieder eine unterschiedliche Vorzugshand aufweisen, sondern auch Linkshändigkeit gerade in der Mehrzahl der Fälle nur bei einem der beiden Zwillinge vorkommt. Andererseits müßte sie doch wieder so gut funktionieren, daß sie für genügend Linkshändigkeit unter der normalen Bevölkerung sorgte.

Einen letzten, aber gewichtigen Anhaltspunkt dafür, daß die einfache Standardgenetik die Frage nach der Hand nicht zu beantworten vermag, verdanken wir den Experimenten mit Tieren, vor allem denen mit Ratten und Mäusen. Wäre die Handvorliebe genetisch bedingt, dann könnten wir mit gutem Gewissen davon ausgehen, daß das auch auf die Pfotenvorliebe zutrifft. Wir müßten sie also auch züchten können. Durch gute selektive Kreuzung kann man bestimmte Genvarianten sehr genau herausfiltern und dafür sorgen, daß alle oder fast alle Individuen eines Stamms mit der Zeit dieselben Eigenschaften besitzen. Aufgrund dieser Möglichkeit konnte der Mönch Gregor Mendel die Vererbungsgesetze entdecken. Wie gut selektive Kreuzung funktioniert, können wir tagtäglich feststellen: Rassehunde und verschiedene Kartoffelsorten, Schnittblumen und Zimmerpflanzen in allerlei Formen und Farben – es sind alles Züchtungen. Bei der Pfotenvorliebe jedoch versagt die selektive Kreuzung. Generation auf Generation blieb das Verhältnis zwischen links-, rechts- und mischpfotigen Mäusen konstant, wie sehr sich die Forscher auch anstrengten. Das bedeutete definitiv das Ende der Annahme, es gebe ein «Händigkeitsgen» mit einer linken und einer rechten Variante.

Den besten Versuch, Linkshändigkeit doch mit den Genen in Zusammenhang zu bringen, unternahm um 1970 Marian Annett, Psychologin an der Universität von Hull. Sie ging davon aus, daß sich die Verteilung der Handvorliebe bei Menschen zwar von der der Pfotenvorliebe bei Tieren unterscheide, daß beide aber Ähnlichkeiten miteinander aufwiesen. Bei Tieren scheint die Vorliebe vollkommen zufällig zustande zu kommen. Das Verhältnis entspricht einer erwartungsgemäßen willkürlichen Verteilung: ein Viertel der Tiere ist linkspfotig, ein Viertel rechtspfotig, und der Rest hat keine Meinung. Bei Menschen fand sich Annetts Auffassung nach dieselbe Relation, wenn man die Fälle von Linkshändigkeit unberücksichtigt läßt, die aus irgendeiner Verletzung resultieren. Es gibt eine Gruppe Linkshänder von etwa vier Prozent, eine Gruppe Rechtshänder, die ungefähr sechsundsechzig Prozent ausmacht, und eine Gruppe Mischhänder von dreißig Prozent der Bevölkerung. Geben wir diese Ergebnisse grafisch wieder, so erhalten wir für die menschliche wie für die tierische Gruppe eine normale Verteilung, die Glockenform, wie Figur N zeigt. Die menschliche Kurve hat allerdings einen kräftigen Ruck nach rechts gemacht.

Diese Verschiebung nach rechts ist nichts anderes als unsere bekannte schiefe Verteilung. Den dafür verantwortlichen Faktor nannte Annett logischerweise den rechtsverschiebenden Faktor *(right shift factor)*. Dieser Faktor werde durch ein Gen bestimmt,

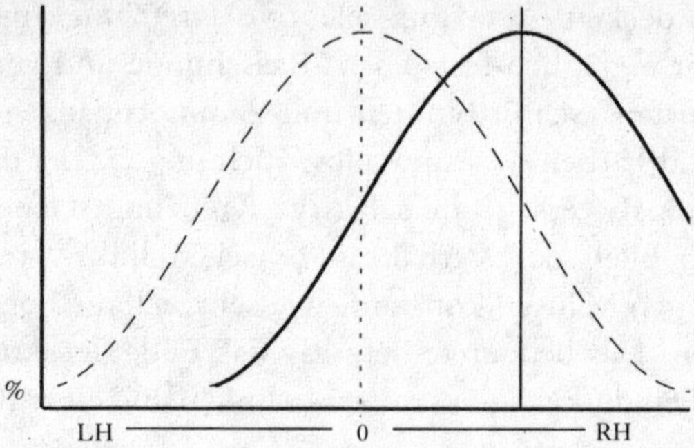

Figur N *Die Verteilung der Links-, Misch- und Rechtshändigkeit bei Menschen (durchgehende Linie) und Tieren (unterbrochene Linie) nach Marian Annett*

das nicht jeder von uns besitzt. Besitze man dieses Gen wohl, dann werde man garantiert zum Rechtshänder. Wem es fehle, bei dem sei es von den Umständen abhängig, ob er oder sie links-, misch- oder rechtshändig wird und in welchem Maße.

Der Deutlichkeit halber könnten wir den rechtsverschiebenden Faktor als eine Genvariante betrachten, die wir R nennen, die Rechtshändigkeit verursacht, während die andere Variante wirkungslos ist. Diese, wir wollen sie NULL nennen, verhält sich nach Annett rezessiv, so daß einer mit einer R-R-Kombination Rechtshänder wird und einer mit einer R-NULL-Kombination auch. Nur die NULL-NULL-Träger werden, je nach den Umständen, zum Teil Linkshändigkeit aufweisen. Sind die Umstände neutral, dann ist wiederum eine zufällige Verteilung zu erwarten: ein Viertel der NULL-NULL-Typen wird Linkshänder, die Hälfte Mischhänder und der Rest einfach Rechtshänder.

Auf diese Weise gelang es Annett nicht nur, die schiefe Verteilung recht gut zu erklären, sondern auch eine Antwort zu geben auf die Frage, warum Linkshänder eine größere Chance haben, linkshändige Kinder zu bekommen, als Rechtshänder. Die bereits erwähnte seltene Spiegelung der Eingeweide, oder situs inversus, scheint in dieselbe Richtung zu weisen. Aus Versuchen mit gespaltenen Salamandereiern ergab sich, daß situs inversus nicht durch die Beschädigung eines Gens verursacht wird, wie oft angenommen, sondern durch das Fehlen eines Richtungsgens für die Anordnung der Eingeweide. Durchschnittlich die Hälfte aller Individuen, die eine solche NULL-Variante besitzt, entwickelt sich normal; beim Rest wird der Rumpfinhalt gespiegelt. Mechanismen der Art, wie sie Annett vorschlägt, gibt es demnach auf jeden Fall.

Allerdings sind mal wieder die Zwillinge die Spielverderber. Mit Annetts rechtsverschiebendem Faktor läßt sich die Anzahl der Linkshänder und ihre Verteilung sowohl bei eineiigen wie bei zweieiigen Zwillingen immer noch nicht erklären. Bei eineiigen Zwillingen könnte man noch annehmen, daß es unter Zwillingen viel mehr NULL-NULL-Individuen gibt als sonst, aber des Pudels Kern ist das nicht. Die Zwillingsbrüderchen und -schwesterchen haben nämlich dieselben Eltern, und die müßten deshalb ebenfalls einen höheren Anteil an NULL-NULL-Varianten besitzen, also genauso viele Linkshänder zählen. Aber fast allen Untersuchungen zufolge ist das nicht der Fall. Außerdem kann Annetts Theorie auf zweieiige Zwillinge nicht angewendet werden.

Da außerdem neben jeder genetischen Erklärung der natürlichen Linkshändigkeit auch noch eine spezielle Deutung all der Fälle nötig ist, in denen Linkshändigkeit auf Beschädigungen des Gehirns hinweist, ist es kein Wunder, daß viele die Ursache der Linkshändigkeit weiterhin in einem Malheur oder einer Hirnschädigung vermuteten.

Linkshändig durch Hormone

Es wurde bereits erwähnt, daß Linkshändigkeit verhältnismäßig oft bei Personen vorkommt, die an einer Krankheit leiden, die auf eine Störung oder Beschädigung des Gehirns hinweist. Obwohl die Untersuchungen, aus denen dieser Zusammenhang hervorgeht, für sich genommen oft von zweifelhafter Qualität sind, sind sie doch so zahlreich, daß wir nicht umhinkönnen, die Ursache der Linkshändigkeit in einem genetischen Hirndefekt, einer Entwicklungsstörung vor der Geburt oder in einer Hirnverletzung vor, während oder kurz nach der Geburt zu sehen. Mit anderen Worten: Gleichgültig, ob Linkshändigkeit erblich ist oder nicht, es gibt auf jeden Fall so etwas wie eine traumatische Linkshändigkeit.

Diese Art der Linkshändigkeit muß verursacht sein durch eine Beeinträchtigung der Strukturen der linken Hirnhälfte, die für die Steuerung der rechten Hand zuständig ist, so daß die linke Hand besser funktioniert. Dementsprechend muß es auch traumatische Rechtshänder geben: natürliche Linkshänder mit einer unvollkommenen rechten Hirnhälfte, die bei typischen Vorzugshandlungen auf ihre rechte Hand umschalten müssen. Nun ist die Wahrscheinlichkeit einer Beschädigung durch äußere Einflüsse bei beiden Hirnhälften gleich groß, ebenso die eines genetischen Defekts. Dennoch werden mehr Linkshänder davon in Mitleidenschaft gezogen als Rechtshänder, und zwar aus folgendem Grund.

Angenommen, wir haben 1000 Embryos, von denen 10 Prozent natürliche Linkshänder sind, dann haben wir 100 zukünftige Linkshänder und 900 zukünftige Rechtshänder. Der Einfachheit halber gehen wir davon aus, daß 10 Prozent einer relevanten Hirnbeschädigung ausgesetzt sind. Die Aussicht auf ein Kind mit einer an der entscheidenden Stelle beschädigten linken Hirnhälfte beläuft sich dann auf 5 Prozent; das gleiche gilt für die Beschädigung der rechten Hirnhälfte. Die Aussicht auf einen traumatischen Linkshänder entspricht der auf einen natürlichen Rechtshänder, multipliziert mit der Aussicht auf eine beschädigte linke Hirnhälfte. In Zahlen ausgedrückt bedeutet das: 0,9 x 0,05 x 1000 (die Gesamtzahl der Embryos) = 45 traumatische Linkshänder. Umgekehrt ist die Aussicht auf einen traumatischen Rechtshänder genauso groß wie die auf einen natürlichen Linkshänder, multipliziert mit der Aussicht auf eine beschädigte rechte Hirnhälfte, das heißt 0,1 x 0,05 = 0,005. Nur fünf von 1000 Kindern werden demnach traumatisch rechtshändig. Bei den übrigen 50 Personen, die eine Hirnbeschädigung davongetragen haben, befindet sich der Schaden auf derselben Seite des Gehirns wie ihre Vorzugshand, so daß sich an ihrer Handvorliebe nichts ändert.

Unterm Strich behalten wir dann 855 natürliche Rechtshänder übrig, 45 sind traumatisch bedingte Linkshänder geworden. Hinzu kommen 5 traumatische Rechtshänder, so daß wir es schließlich mit 860 Rechtshändern zu tun haben beziehungsweise 86 Prozent. Das fällt kaum ins Gewicht, verglichen mit den anfänglichen 90 Prozent. Bei den Linkshändern dagegen sieht die Sache ganz anders aus. Von den anfänglich 100 natürlichen Linkshändern bleiben 95 übrig, da 5 traumatisch rechtshändig geworden sind. Dem stehen jedoch nicht weniger als 45 neue traumatische Linkshänder gegenüber. Das Resultat von 140 Linkshändern bedeutet eine Zunahme von beinahe fünfzig Prozent, und auch absolut gesehen gibt es viel mehr traumatische Links- als Rechtshänder. Kein Wunder also, daß die traumatischen Linkshänder eine auffälligere Gruppe bilden als die traumatischen Rechtshänder.

Ich muß allerdings darauf hinweisen, daß selbst bei einer mit 10 Prozent sehr hoch veranschlagten möglichen Hirnstörung, von der wir der Einfachheit halber ausgingen, der Mehrheit der Linkshänder immer noch nichts fehlt. In Wirklichkeit ist der Risikofaktor viel geringer und die Gruppe der traumatischen Linkshänder dementsprechend viel kleiner.

Was traumatische Linkshändigkeit genau verursacht, entzieht sich unserer Kenntnis, solange wir nicht wissen, wie die Vorzugshand im Gehirn festgelegt wird. Wie bei so vielen Schädigungen scheint auch in diesem Fall eine ganze Reihe von Ursachen im Spiel zu sein: ein genetischer Defekt, schwierige und langwierige Geburten, Kaiserschnitte, das relativ hohe Alter der Mutter, die Unvereinbarkeit der Rhesusfaktoren und anderes mehr. In keinem der Fälle ist der Nachweis eines Zusammenhangs mit Linkshändigkeit eindeutig; auch kommt die eine Untersuchung oft zu ganz anderen Ergebnissen als die andere.

Dennoch ist es verständlich, daß die Vorstellung einer traumatischen Linkshändigkeit viele Menschen durch ihre Einfachheit besticht: Es gibt nur eine Art Linkshändigkeit, und die wird durch Beschädigung einer bestimmten Stelle des Gehirns oder durch einen Defekt verursacht. Auch kann man sich so viele Arten von Hirnschädigungen ausdenken, wie man will, solange man nicht genau weiß, um welchen Teil des Gehirns es geht. Alle anderen Interpretationsmodelle müssen mindestens zwei Formen der Linkshändigkeit berücksichtigen, die nichts miteinander zu tun haben: die Form, die bei dieser Sicht der Dinge als natürlich gilt, und die traumatische Form, da diese nun einmal nachweislich besteht.

Ein Marsmännchen – wie man weiß, pflanzen diese Geschöpfe sich ungeschlechtlich fort und sind mit einem Schlag erwachsen – stünde vor einem vergleichbaren Problem, wenn es auf Paßfotos der Erdenbewohner viel mehr glatte als bärtige Wangen entdeckte und dafür eine Erklärung zu geben versuchte. Die Beobachtung, daß glatte Wangen oft mit Schnitten und roten Flecken auf dem Adamsapfel einhergehen, bringt es auf die Idee, glatte Wangen seien die Folge einer Beschädigung, der es den Fachterminus Rasur gibt. Nun kann das Marsmännchen die Existenz glatter Wangen am einfachsten erklären, indem es sie *alle* aufs Rasieren zurückführt. Daß zahlreiche glatte Wangen keinerlei Verletzungen aufweisen, erklärt es einfach mit einer geheimnisvollen, unsichtbaren Rasiermethode, die eben keine anderen Spuren hinterläßt als ein makellos rasiertes Kinn. Natürlich ist das falsch, aber immer noch einfacher und plausibler als die richtige Annahme, außer der Rasur gebe es noch zwei andere voneinander unabhängige Ursachen glatter Wangen: die Tatsache nämlich, daß Frauen und Kinder keinen Bartwuchs haben. Kluge Marsgelehrte werden unserem Forscher denn auch eine Provision gewähren, wenn er mit seiner Traumatheorie daherkommt. Fabuliert er jedoch von einer geschlechtlichen Fortpflanzung, für die es auf den Paßfotos keinerlei Hinweise gibt, dann könnte seine Karriere rasch beendet sein.

Mit der allgemeinen Traumatheorie – und das ist ihr zweiter Vorteil – läßt sich auch der höhere Prozentsatz Linkshändigkeit bei Zwillingen auf einfache Weise erklären. Man braucht nur anzunehmen, daß ihr etwas beengter längerer Aufenthalt in der Gebärmutter das Risiko einer Schädigung und damit einer Umkehrung der Vorzugshand ansehnlich erhöht. Zudem muß bei der Geburt immer einer von beiden länger warten, und auch das erhöht das Risiko des Sauerstoffmangels und also auch der Linkshändigkeit.

Auch die Anhänger der Traumatheorie stoßen, genau wie das Marsmännchen, letzten Endes auf das Problem der makellosen Wangenglätte. Nicht nur, daß es beträchtlich viele Linkshänder gibt, denen nachweisbar nichts fehlt, Linkshändigkeit kommt auch viel öfter vor als all die Abweichungen, mit denen sie in Zusammenhang gebracht wird. Es würde bedeuten, daß jeder Stoß, den eine ungeborene Frucht erhält, zu Linkshändigkeit führen müßte und nur bisweilen zu anderen Abweichungen. Da die Zahl der Rechtshänder mit einer tatsächlichen Abweichung die der Linkshänder mit derselben Abweichung fast immer in den Schatten stellt, erscheint das recht unwahrscheinlich.

Als traumatisch bezeichnet man einen Zustand, der nicht von vornherein gegeben ist, sondern durch äußere Einflüsse oder als Resultat eines Defekts herbeigeführt wird. In diesem Sinne ist auch die Theorie von Norman Geschwind, in den sechziger Jahren Professor der Neurologie am renommierten Massachusetts Institute of Technology (MIT), eine Theorie, der jede Linkshändigkeit als traumatisch gilt. Allerdings mit einem wesentlichen Unterschied: In Geschwinds Augen zieht Linkshändigkeit nicht unbedingt schlimme Folgen nach sich. Im Gegenteil, er sieht in der Linkshändigkeit nur ein leicht erkennbares Anzeichen dafür, daß die bewußte Person in geringerem oder größerem Maße ein anders konstruiertes Gehirn besitzt als andere, was mit einigen bemerkenswerten Eigenschaften einhergeht, nämlich einer besonderen Anfälligkeit für Immunkrankheiten – von Heuschnupfen bis zu den verrücktesten Allergien –, Migräne, Hasenscharten, Epilepsie und sonst noch einigem mehr. Andererseits können dem Linkshänder durchaus Gebrechen erspart bleiben, ähnlich wie in den Tropen Leute, die an Sichelzellenanämie leiden, weniger anfällig für Malaria zu sein scheinen.

Geschwind fand den Schlüssel zur Erklärung der Linkshändigkeit in zwei Symptomen. Da war zum einen die Tatsache, daß es unter Mädchen etwas weniger Linkshänder gibt als unter Jungen, ein statistisch so oft konstatiertes Phänomen, daß daran nicht zu rütteln ist. Zum anderen faszinierte ihn der augenscheinlich bizarre Zusammenhang zwischen Linkshändigkeit und Immunkrankheiten. Linkshändigkeit hat irgendwie mit der Verteilung der Funktionen über die Hirnhälften oder mit der Dominanz einer Hirnhälfte zu tun, aber welche Bedeutung Immunkrankheiten dabei zukommt, war völlig rätselhaft.

Geschwind fing mit dem Einfachsten an und stellte sich die Frage, worin sich die Entwicklung von Jungen und Mädchen vor der Geburt am meisten unterscheidet. Die Antwort lautete Testosteron, das männliche Sexualhormon. Die männlichen Embryos baden geradezu darin, sie produzieren es selber; bei weiblichen ist das nicht der Fall. Nun sind Jungen im allgemeinen auch empfänglicher für Störungen des Immunsystems, so daß es nahelag, nach einem Zusammenhang zwischen Testosteron und Immunkrankheiten zu suchen. Auch das gelang. Eine hohe Dosis Testosteron hat eine hemmende Wirkung auf die Thymusdrüse, die wichtige Aufgaben beim Aufbau und bei der genauen Abstimmung des Abwehrsystems erfüllt.

Der nächste Schritt war der Nachweis einer Verbindung zwischen Testosteron und dem Gehirn, um so zur Frage der Linkshändigkeit zu gelangen. Und auch dieser Nachweis glückte. Die linke Hirnhälfte entwickelt sich etwas früher als die rechte. Nun zeigte sich, daß hohe Konzentrationen Testosteron die Entwicklung der linken Hirnhälfte hemmen, und zwar in einer Phase, da diese Hälfte äußerst empfindlich ist. Dadurch dauert diese Phase länger, und das bedeutet ein doppeltes Risiko: Die linke Hirnhälfte kann sowohl besonders leicht beschädigt als auch von der rechten, die sich etwas später zu entwickeln beginnt, mehr oder weniger überflügelt werden. Was eine erhöhte Anfälligkeit für Abweichungen wie Dyslexie, aber auch für Linkshändigkeit mit sich bringt.

Es paßte alles wunderbar zusammen, bis auf das Problem der Mädchen. Weibliche Embryos produzieren kein Testosteron und werden trotzdem fast genausooft zu Linkshändern wie Jungen, und sie haben die gleichen Beschwerden – wenn auch etwas seltener –, die bei den Jungen mit einer Störung des Testosteronspiegels in Verbindung gebracht werden konnten. Die Lösung lag nach Geschwind in der Tatsache, daß die Mütter als Nebenprodukt verschiedener Prozesse etwas Testosteron produzieren. Dadurch steigt auch bei weiblichen Embryos der Testosteronspiegel über das normale Maß. Nicht die absolute Zufuhr an Testosteron, die bei Jungen und Mädchen ziemlich verschieden ist, ist also das Entscheidende, sondern die relativ hohe Konzentration.

Aber auch Geschwind hatte eine harte Nuß zu knacken, die eineiigen Zwillinge. Denn wie läßt sich erklären, daß von den meisten eineiigen Zwillingen, bei denen Linkshändigkeit vorkommt, nur einer Linkshänder ist? Für Jungen ist das vielleicht gerade noch plausibel zu machen, da sie ihr eigenes Testosteron produzieren. Zwei von drei Zwillingspaaren teilen zwar die äußere, aber nicht die innere Embryonalhülle. Solange bei diesen Zwillingen der von einem der beiden produzierte Testosteronüberschuß innerhalb der inneren Embryonalhülle bleibt, braucht das den anderen nicht zu beeinträchtigen. Aber auch hier regt sich ein Einwand: Es ist nämlich gar nicht so einfach, sich auszudenken, was bei identischen Zwillingen den einen Teil wohl, den anderen aber nicht zur Überproduktion von Testosteron bewegen könnte und was den einen empfänglicher für Testosteron macht als den anderen. Am Erbmaterial kann es nicht liegen, das ist bei beiden genau gleich. Aber die Umgebung ist das auch: Einflüsse, die von der Mutter herrühren, müßten beide Zwillinge in gleichem Maße affizieren.

Das gleiche Problem stellt sich noch schwerwiegender bei weiblichen Zwillingen. Das Testosteron, das bei ihnen für die erwähnten Abweichungen sorgt, stammt immer aus dem Mutterleib. Wieso dann die beiden genetisch identischen Damen in spe trotzdem ganz unterschiedlich beeinflußt werden, ist nicht eins, zwei, drei zu beantworten.

Sind Linkshänder verkappte Zwillinge?

Linkshänder seien anscheinend nur deshalb auf der Welt, so stellte 1967 der Psychologe Subirana mit einem Stoßseufzer fest, um den Neurologen das Leben zu vergällen. Nach dem Vorangegangenen könnten wir genausogut behaupten, Zwillinge seien dazu da, alle Erklärungsversuche für Linkshändigkeit zu sabotieren. Wie man es auch dreht und wendet, immer stehen sie auffällig im Wege.

Wäre hieraus nicht vielleicht die Lehre zu ziehen, daß alle Lösungsversuche, die wir bisher erörtert haben, von einem falschen Ausgangspunkt ausgehen? Zwillinge sind etwas ganz Besonderes. Wir haben uns daran gewöhnt, sie als eine Ausnahme zu betrachten, ohne weiter darüber nachzudenken. Aber was, wenn das für Linkshändigkeit nicht gilt? Was, wenn der Zwilling, wie selten auch immer, nun gerade der Normalfall wäre und der linkshändige Einling ein Ausnahmefall? Wir begeben uns mit dieser Idee in den Bereich der Spekulation, aber es ist ein verlockendes Gedankenspiel. Mal sehen, wie weit wir damit kommen. Dabei lassen wir die zweieiigen Zwillinge außer Betracht.

Wie unwahrscheinlich unser Ausgangspunkt auch anmuten mag, es gibt mindestens drei Fakten, auf denen man aufbauen kann. Zum einen gibt es unter Zwillingen etwa doppelt so viele Linkshänder wie unter Einlingen. Das ist bekannt, interessant wird es erst, wenn wir diese Tatsache mit dem zweiten Faktum kombinieren: Bei Linkshändern ist die Chance, daß sie Zwillinge bekommen, annähernd doppelt so groß wie bei ihren rechtshändigen Geschwistern. Das bedeutet, daß nicht nur zwischen Zwillingsschaft und Linkshändigkeit ein Zusammenhang besteht, sondern auch zwischen Zwillingselternschaft und Linkshändigkeit.

Drittens ist bei einem Linkshänder die Chance, daß er ein linkshändiges Kind in die Welt setzt, wiederum doppelt so groß wie bei einem Rechtshänder. Kombinieren wir diesen Sachverhalt mit dem zweiten Faktum, bedeutet das, daß Linkshänder eine größere Aussicht sowohl auf Zwillinge wie auf linkshändige Kinder haben. Dieser Zusammenhang ist vielversprechend.

Jetzt müssen wir einen Schritt weitergehen. Gesetzt den Fall, daß eineiige Zwillingsschaft die Ursache der Linkshändigkeit ist, daß also nur aus Embryos, die sich teilen, ein oder zwei linkshändige Embryos entstehen können. Damit würde die Vererbung nur einer einzigen Eigenschaft genügen, um sowohl Linkshändigkeit als auch die Existenz von Zwillingen zu erklären. Linkshändigkeit entspräche dann einer stärkeren oder schwächeren Neigung des ursprünglichen Embryos, sich zu teilen. Dies gilt allerdings nur unter der Bedingung, daß die Neigung von linkshändigen Eltern stärker vererbt wird als von rechtshändigen.

Das klingt zwar verheißungsvoll, aber leiden wir nicht unmittelbar Schiffbruch an der unleugbaren Tatsache, daß Zwillinge sehr viel seltener als Linkshänder sind? Wie kann jeder Linkshänder ein Zwilling sein, wenn auf einen Zwilling Dutzende von linkshändigen Einlingen kommen? Um dies zu beantworten, müssen wir das Entstehen von Zwillingen genauer betrachten.

Im Laufe der ersten acht bis neun Tage nach der Befruchtung teilt sich das Zellklümpchen in zwei ungefähr gleich große Teile, die beide zu selbständigen Embryos heranwachsen. Zumindest, wenn alles gutgeht. Wie oft alles gutgeht, das weiß niemand, schließlich geht es dabei um so winzige Zellenhäufchen, daß hinterher nichts mehr auffindbar ist. In Wirklichkeit wissen wir eigentlich kaum etwas Genaues darüber, wie Zwillinge entstehen. Wir wissen jedoch mit Sicherheit, daß die populäre Vorstellung von der Eizelle, die sich gleich nach der Befruchtung teilt, so wie alle anderen Eizellen es auch tun, nicht stimmt. Diese Vorstellung beruht auf den bekannten Experimenten mit Salamandereiern, die sich nach der künstlichen Teilung, ganz wie es sich gehört, zu zwei Salamandern entwickeln. Aber so funktioniert die Menschenwelt nicht. Menschliche Zwillinge entstehen in der Regel viel später. Am vierten Tag bildet sich ein Häutchen um das Zellklümpchen des entstehenden Embryos. Dieses Häutchen, die sogenannte innere Embryonalhülle, umschließt nur in einem von drei Fällen beide Teile eines eineiigen Zwillingspaares, und das bedeutet, daß zwei von drei Zwillingspaaren erst danach entstehen. Um den siebenten Tag herum bildet sich erneut ein Häutchen, die äußere Embryonalhülle, und dieses Häutchen umfaßt nun in der Regel alle Zwillinge. Die meisten Zwillinge entstehen also zwischen dem vierten und dem siebten Tag. In den ganz seltenen Fällen, in denen die Teilung noch später stattfindet, ist das Resultat – unter anderem die siamesischen Zwillinge – meist wenig erfreulich.

Was wir aus dieser späten Teilung ersehen können, ist, daß die Entstehung von Zwillingen ein ziemlich komplizierter und riskanter Prozeß sein muß. Wenn es nur um eine einzige Zelle ginge, dann könnte kaum etwas schiefgehen. Teilung ist etwas, was die meisten Zellen mit der linken Hand machen. Aber eine Struktur, die immerhin schon aus einer ganzen Menge Zellen besteht, teilt sich nicht von selbst so, daß bei beiden Teilen alle Voraussetzungen für eine Weiterentwicklung erfüllt sind. Es bleibt denn auch eine offene Frage, wie Mutter Natur das doch mit ziemlich großer Regelmäßigkeit hinkriegt.

Wir wollen diese Frage so einfach wie möglich angehen, indem wir einmal annehmen, daß es eine besondere Prozedur gar nicht gibt: Wenn ein Embryo sich teilt, dann geschieht das völlig willkürlich. Es ist eine einfache, aber auch ineffiziente Methode. In den allermeisten Fällen wird einer der beiden Teile nicht genügend Stoff zur Weiterentwicklung besitzen. Das ist es, worauf ich hinauswollte: All diese mißlungenen Teilungen ergeben schließlich nur ein einziges Individuum, oder anders: Die meisten Kinder, die als Zwillinge anfingen, kommen als Einling zur Welt. Das bedeutet, daß sich unendlich viel mehr Embryos teilen, als Zwillinge geboren werden. Der Prozentsatz der erfolgreichen Teilungen liegt, wenn unsere Vermutung stimmt, irgendwo zwischen einem halben und einem Prozent.

Zurück zu unserem Ausgangspunkt: Linkshändigkeit entsteht durch Teilung eines Embryos. Ein zusätzlicher Hinweis darauf ist noch, daß die Teilung in derselben Periode stattfindet, in der auch die Grundlage für die Symmetrie, vielleicht auch für die Asymmetrie geschaffen wird. Es kommt vor, daß solche Asymmetrien bei einem der Zwillinge umgedreht werden. Ein bekanntes Beispiel dafür ist die Form etwa des Ohrs, das beim einen Zwilling auf der einen Seite manchmal genau die gleichen Umrisse hat wie das Ohr des andern auf der anderen Seite. Genauso können wir behaupten, wir seien alle im Prinzip Rechtshänder, außer wenn diese Asymmetrie durch eine Teilung gestört wird und einer der beiden Embryos oder beide Linkshänder werden. Man darf dabei nicht aus dem Auge verlieren, daß es sich um eine Störung der normalen asymmetrischen Entwicklung handelt, die nicht unbedingt auch eine völlige Umkehrung mit sich zu bringen braucht. Linkshändigkeit kann also in vielerlei Abstufungen vorkommen, die wiederum mit anderen Unregelmäßigkeiten in der normalen Verteilung beispielsweise der Funktionen über die Hirnhälften zusammenhängen.

Die Chance, daß ein durch Teilung entstandener Embryo Linkshänder wird, liegt, wenn unsere Annahme stimmt, etwa bei zwanzig Prozent. Das können wir aus der Zahl der Linkshänder unter den eineiigen Zwillingen schließen, bei denen beide durch Teilung entstandene Embryos überlebt haben. Die große Zahl der Mißerfolge sorgt schließlich dafür, daß es insgesamt nicht mehr als zehn Prozent «natürliche» Linkshänder gibt.

Ist das wirklich möglich? Das bleibt die große Frage. Schon viel plausiblere Erklärungen für allerlei Phänomene hahen sich als falsch herausgestellt. Mit meiner Spekulation, die sich nicht beweisen läßt, habe ich zumindest Subirana einen Gefallen getan: Damit sind nämlich die Neurologen aus ihrer undankbaren Aufgabe entlassen, und wir können warten, bis die Embryologen herausgefunden haben, wie Zwillinge entstehen.

Aber auch dann sind wir noch nicht ganz fertig. Die Entstehung von Zwillingen kann vielleicht erklären, wie Linkshändigkeit entsteht und welche Regelmäßigkeit ihr zugrunde liegt, aber was Linkshändigkeit nun genau ist und wie sie im einzelnen funktioniert, das bleibt auch dann noch ein Rätsel.

Ungelöst: das Rätsel der Hand

Alle im Laufe der Zeit vorgeschlagenen Erklärungen und Theorien sagen etwas über den Ursprung der Linkshändigkeit aus, keine aber etwas darüber, was sie nun eigentlich genau ausmacht. Dazu wäre eine viel genauere Kenntnis des Gehirns nötig, die über das hinausführte, was man bis jetzt über Lokalisierung und Beschaffenheit weiß. Alle Visualisierungen der Hirnaktivitäten, ob sie nun von einem Scanner stammen oder von einem Enzephalogramm, und alle anatomischen Informationen über Form und Umfang der Hirnteile sowie über die Unterschiede zwischen ihnen können uns doch niemals mehr vermitteln, als daß bestimmte Teile des Gehirns an bestimmten Symptomen beteiligt sind. Aber welche Teilprozesse diese Symptome ausmachen, aus welchen Bausteinen die komplizierten Funktionen des Gehirns sich zusammensetzen, das können wir nicht ohne eine gründliche Analyse dieser Symptome selber ergründen. Dazu bräuchte man sozusagen eine Grammatik jedes dieser Symptome: eine Beschreibung auf abstraktem Niveau, abstrakter als in der Chemie, in der von Neurotransmittern und Synapsen die Rede ist, und viel detaillierter als die bunten Flecken auf einem Scannerschirm. Wie schwierig das ist, kann man schon aus der Tatsache ersehen, daß selbst die am leichtesten zu analysierende und daher am genauesten untersuchte höhere Hirnfunktion, unser Sprachvermögen, noch meilenweit von einer erschöpfenden Beschreibung entfernt ist. Erst wenn wir die Regeln, die das Spiel unserer Hände bestimmen, ein wenig besser begreifen, wenn wir beispielsweise wissen, von welchen Basisfunktionen des Geistes aus bestimmte Bewegungen entstehen, und wenn wir dieses Wissen auch noch an die physische Struktur unseres Gehirns koppeln können, dann besteht die Hoffnung, daß wir das Geheimnis des Ursprungs unserer Vorzugshand endgültig lüften können.

Folgen

Regelmäßig stößt man in Zeitungen und Zeitschriften auf Artikel mit Überschriften wie «Linkshändig und dennoch glücklich», in denen umständlich dargelegt wird, daß Linkshänder auf bestimmten Gebieten Überdurchschnittliches leisten. Oft wird betont, wie groß ihre musikalische oder künstlerische Veranlagung sei. Das alles in einem Ton, in dem ein Lehrer den Eltern mitteilt, daß ihre siebenjährige Anna leider nicht mitkomme in der Klasse, und, um die bittere Pille zu versüßen, hinzufügt, es sei aber ein liebes und hilfsbereites Kind, das wunderbar stricken könne. Dieser gewollt optimistische, mitleidige Ton legt die Vermutung nahe, Linkshändigkeit sei eigentlich etwas ganz Furchtbares, eine Krankheit, unter der man schwer zu leiden hat.

Dem stehen fast ebenso viele Geschichten von den grausamen Schulerlebnissen der Linkshänder gegenüber. Nie wurden sie für ihre Schönschrift belohnt, nie durften sie als Auszeichnung eine ganze Seite mit roter Tinte schreiben. Statt dessen erinnern sich viele an das Gefühl der Erniedrigung, wenn der Lehrer ihr Heft voller Flecken und Kratzer triumphierend der ganzen Klasse zeigte. Regelmäßig wird noch vom Lineal berichtet, mit dem dem Frevler, der es wagte, mit der Linken zu schreiben, ohne Gnade die Flausen ausgetrieben wurden. Das Erinnerungsbild des auf den Rücken festgebundenen linken Arms löst noch spät Rachegefühle aus. Noch im hohen Alter gedenken linkshändige Frauen mit unterdrückter Wut der spöttischen Herablassung, mit der die Handarbeitslehrerin sie von der ersten Unterrichtsstunde an behandelte.

Hin und wieder erscheinen in der Presse alarmierende Berichte über Linkshändigkeit. Irgendeine Untersuchung hat dann wieder einen Zusammenhang zwischen Linkshändigkeit und einem Defizit festgestellt. Einstweilen unübertroffen ist in dieser Hinsicht die 1991 veröffentlichte «Entdeckung», Linkshänder lebten durchschnittlich neun Jahre weniger als Rechtshänder. Darauf komme ich noch ausführlich zurück.

Man möchte schier verzweifeln. Linkshänder sein bedeutet, so könnte man glauben, viel Leid. Nur die Linkshänder selbst läßt das alles völlig kalt. Wenn sie sich auch an ihrem Stammtisch in Haßtiraden gegen die kurzsichtigen Lehrer ihrer ersten Schuljahre ergehen – um die Rolle des Opfers reißen sie sich nicht: keine Petitionen, keine Demonstrationen vor dem Bundestag, weder Therapie- noch Selbsthilfegruppen. Selbst nach der Veröffentlichung jenes schockierenden Berichts über die kürzere Lebenserwartung der Linkshänder erschienen keine entrüsteten Leserbriefe in den Zeitungen, weder bildeten sich Aktionskomitees, noch gab es Debatten im Bundestag. Dabei geht es, allein was die Bundesrepublik betrifft, um immerhin acht Millionen Menschen. Und obwohl bei uns sonst jede noch so kleine Minderheit eine Interessengruppe oder Vereinigung zur Verteidigung ihrer Belange bildet, scheint es unmöglich zu sein, einen Verein für Linkshänder zu gründen. Es will einfach niemand Mitglied werden.

Die Probleme der Linkshänder scheinen also ganz so schlimm nicht zu sein. Sie leiden zwar unter verständnislosen Lehrern, Chefs oder Kollegen, und sie ärgern sich darüber, daß beim Entwerfen vieler Apparate so wenig Rücksicht auf sie genommen wird. Aber ansonsten sind sie einfach Linkshänder. Sie funktionieren völlig normal, und sie finden das auch ganz selbstverständlich.

Das bedeutet nun nicht, daß Linkshändigkeit keine Folgen hat. Nur sind Folgen nicht immer gleich Probleme. Manchmal sind es sogar Vorteile. Und wenn Probleme entstehen, sind sie oft weniger schwerwiegend und leichter zu lösen, als ein Rechtshänder gewöhnlich denkt. Rechtshänder sehen oft zu Linkshändern auf wie das Publikum zum Zauberer, der ein kleines Waisenmädchen durchsägt: ein bißchen unheimlich ist es und unerklärlich. Der Linkshänder ist, wie der Zauberer, ein Spezialist auf seinem Gebiet. Von Natur hat er mehr Talent in seiner linken Hand, als ein Rechtshänder je haben kann, und er ist seit seiner frühsten Kindheit an die Welt der Rechtshänder gewöhnt. So halten sich Vorzüge und Nachteile mindestens die Waage.

Widerspenstig, pervers und krank?

Vorurteile über Linkshänder gibt es, wie wir gesehen haben, in Hülle und Fülle. Außerhalb des Schulsystems haben sie im allgemeinen kaum praktische Folgen; von «Linksismus» – oder müßte es «Rechtsismus» heißen? – kann keine Rede sein. Und doch ist es ärgerlich und gefährlich, wenn sogar Wissenschaftler herrschende Vorurteile unbesehen übernehmen. Dadurch wird es nämlich sehr schwierig, dahinterzukommen, ob Linkshändigkeit wirklich geistige oder körperliche Folgen hat. Auch entstehen so für Linkshänder ganz überflüssige Probleme: Nicht nur, daß man bei ihnen zu Unrecht physische Defekte vermutet, die überflüssige Untersuchungen und Behandlungen nach sich ziehen können, sie werden auch ins gesellschaftliche Abseits gedrängt. Besonders die Psychoanalytiker Wilhelm Stekel und Wilhelm Fließ, beide Freud-Schüler und begabte Jongleure mit Symbolen und alten Volksweisheiten, haben sich in dieser Beziehung einiges vorzuwerfen.

Stekel behauptete Anfang dieses Jahrhunderts, links sei in Träumen das Symbol für Verbrechen, weise «also» auf Homosexualität, Inzest und Perversität hin. Fließ ging noch weiter: Er übertrug Stekels Traumdeutung auf die Wirklichkeit und verband sie mit der uralten Kombination von links und weiblich. Ohne mit der Wimper zu zucken, erklärte er, Linkshändigkeit hänge mit einem unnatürlich hohen Anteil an Eigenschaften des jeweils anderen Geschlechts zusammen. Mit anderen Worten: Je «linker», desto lesbischer beziehungsweise schwuler. Doch damit nicht genug: Vermischung von männlichen und weiblichen Eigenschaften war in seinen Augen soviel wie Degeneration; daher wunderte es ihn auch nicht, daß es «so viele» Linkshänder unter den Verbrechern und Prostituierten gebe. All diese Erkenntnisse veröffentlichte er, ohne auch nur den Versuch zu unternehmen, seine Aussagen zu überprüfen, und ohne darüber nachzudenken, welche Folgen sein Geschwätz in der sexuell vernagelten Gesellschaft seiner Zeit für Linkshänder haben könnte – für Linkshänder und für Homosexuelle, die natürlich mühelos in die kriminelle Ecke gedrängt wurden. Freud selber war begeistert von den Gedanken seines Freundes über Bisexualität und die Vermischung von Eigenschaften; weniger überzeugend fand er den von Fließ suggerierten Zusammenhang mit der Linkshändigkeit. Es war ihm aber anscheinend nicht wichtig genug, sich öffentlich davon zu distanzieren.

Das schlimmste an diesem pseudowissenschaftlichen Humbug ist, daß er von renommierten Gelehrten vorgebracht wird, von denen man annehmen sollte, daß sie die Wissenschaft zu bereichern angetreten sind und nicht, um in ihrem Namen Minderheiten zu diffamieren.

Glücklicherweise gibt es in der Welt der Wissenschaft im allgemeinen mehr Skrupel, auch wenn der Einfluß zeitbedingter Vorstellungen spürbar bleibt. Daß Linkshändigkeit als Problem gesehen und in Zusammenhang mit bestimmten Krankheiten oder Abweichungen gebracht wird, versperrt die Sicht auf andere Begleiterscheinungen. Natürlich gibt es Linkshänder, die an Dyslexie, Heuschnupfen, Stottern, Persönlichkeitsstörungen, Schwachsinn oder anderem leiden. An manchen Übeln leiden sie sogar öfter als Rechtshänder. Aber die kausalen Zusammenhänge sind schwach. Ob umgekehrt auch Zusammenhänge bestehen zwischen Linkshändigkeit und Eigenschaften, die keine Gebrechen verursachen, ist unbekannt, ganz einfach, weil sich bisher fast niemand damit beschäftigt hat. Außerdem entsteht aus den einseitig auf die Frage nach Gesundheitsrisiken konzentrierten Untersuchungen und der Berichterstattung darüber fälschlicherweise die Vorstellung, Linkshändigkeit lasse grundsätzlich auf einen schlechteren allgemeinen Gesundheitszustand schließen. Dazu besteht kein einziger Grund, wie Norman Geschwind anhand des folgenden, treffenden Beispiels nachwies. In der modernen westlichen Welt sind Frauen anfälliger für bestimmte schwere Krankheiten, die bei Männern gar nicht vorkommen. Zum Beispiel Gebärmutterhals- und Brustkrebs; auch Schwangerschaften und Geburten sind trotz allem Fortschritt noch immer nicht risikolos. Und doch haben Frauen in jedem Alter größere Überlebenschancen als Männer, weil diese erhöhten Risiken ausgeglichen werden durch die geringere Anfälligkeit für andere oft tödliche Krankheiten wie Herzinfarkt oder Lungenkrebs.

Ein weiteres Beispiel, das bereits erwähnt wurde, ist das der Sichelzellenanämie. Sichelzellenanämie ist eine schwere erbliche Krankheit, die in tropischen Gegenden vorkommt. Dieselbe Krankheit aber schützt ihren Träger zugleich vor der nicht weniger unangenehmen Malaria, für die die Anfälligkeit dann anscheinend abnimmt. Und was die Linkshänder betrifft: Zwillingen, von denen einer an Schizophrenie leidet, ergeht es vergleichsweise besser, wenn einer von beiden (nicht unbedingt der Schizophrene) Linkshänder ist. Manchmal treibt die Natur eben den Teufel mit dem Beelzebub aus.

Vorerst besteht also kein Grund, anzunehmen, daß Linkshänder sich im allgemeinen geistig oder körperlich von Rechtshändern besonders unterscheiden. Wenn überhaupt ein Unterschied besteht, dann ist er jedenfalls viel zu klein, als daß man von der Linkshändigkeit einer Person auf ihren Gesundheitszustand schließen könnte. Es wäre genauso unsinnig, aus der Tatsache, daß ein Mann eine Glatze bekommt, zu schließen, er unterziehe sich einer Krebsbehandlung oder seine Frau vergifte ihn mit Arsen, obwohl beides unbestreitbar zu Haarausfall führt.

Intuitiv wäre allenfalls etwas dafür zu sagen, daß Linkshänder durchschnittlich etwas eigensinniger sind, obwohl auch das nicht zu beweisen ist. Nicht als ob dies wesentlich mit der Vorliebe für die linke Hand zusammenhängt, aber Linkshänder lernen eben schon bei ihren ersten Versuchen, Schnürsenkel zu binden, daß sie sich selbst helfen müssen und nicht einfach andere nachmachen können. Linkshänder müssen immer etwas mehr tun als andere: Sie müssen die Prozedur spiegeln. Rechtshänder haben das nicht nötig, außer in den seltenen Fällen, in denen einer als rechtshändiges Kind linkshändiger Eltern aufwächst. Auch wenn sie wollten, wären die meisten rechtshändigen Erzieher nicht in der Lage, alltägliche Verrichtungen mit der linken Hand vorzumachen. Die meisten sind schon froh, wenn sie Schnürsenkel und Krawatten in einer Richtung anständig binden können. Es ist auch gar nicht so einfach, sich klarzumachen, was man alles linksherum und rechtsherum tun kann, weil es meist Handlungen betrifft, die man ganz automatisch verrichtet. Nur der Linkshänder merkt es – meist realisiert er sich allerdings nur, daß Nachahmung nicht zum Ziel führt – und sucht einsam nach einer Lösung. In der Regel findet er die auch ziemlich schnell. Was wiederum zur Folge hat, daß er nicht auffällt und daß seine Umgebung somit noch weniger Rücksicht auf seine besondere Handvorliebe nimmt, womit der Kreis sich schließt. Ein Linkshänder ist dadurch von seiner frühen Kindheit an ein klein wenig mehr auf sich selbst angewiesen als andere. Folgsamer wird er dadurch nicht gerade.

Zwei linke Hände: die Ford-Skala

Die Ungeschicklichkeit der Linkshänder ist in buchstäblicher und in übertragener Bedeutung sprichwörtlich. Man braucht nur an das schauerliche Bild zu denken, das der Kinderpsychologe Cyril Burt von den blindlings durch den Porzellanladen stolpernden Stümpern skizzierte. Zu allem Unglück können sie, so sagt man, links und rechts nicht auseinanderhalten. Aber stimmt dieses Bild eigentlich, oder ist es die soundsovielte Volksweisheit, die mehr mit unserem dualistischen Denken zu tun hat als mit konkreten, nachweisbaren Fakten?

Bevor wir diese Frage beantworten, müssen wir erst wissen, was wir eigentlich unter «Händigkeit» verstehen.* Gemeint ist jedenfalls nicht Händigkeit im übertragenen Sinn: die Behendigkeit, unbemerkt durch die Maschen der gesetzlichen, moralischen oder gesellschaftlichen Netze zu schlüpfen. Auch nicht die Kunst, für jedes Problem eine überraschende, aber praktische Lösung zu finden. Zwar kann man dabei eine gewisse Geschicklichkeit oft gut gebrauchen, aber es zählt doch vor allem analytisches Vermögen und Kreativität. Auch die Fingerfertigkeit des Taschenspielers ist nicht gemeint, denn auch dabei kommt es mindestens ebenso auf psychologisches Einfühlungsvermögen wie auf Geschicklichkeit an. Ein guter Taschenspieler spielt mehr mit dem Publikum als mit seinen Karten. Diese Formen der Händigkeit sind zudem Eigenschaften, mit denen man sich im positiven Sinne hervortun kann. Von einem durchschnittlichen Menschen erwartet niemand große Taschenspielerkünste.

Wenn wir von Händigkeit im Zusammenhang mit Handvorliebe sprechen, dann meinen wir den Wert, den einer auf der imaginären Ford-Skala erreicht. Gerald Ford, von 1974 bis 1977 Präsident der Vereinigten Staaten, war ein Tolpatsch von Gottes Gnaden. Ein Flugzeug nicht stolpernd zu verlassen oder in einem Restaurant nicht mit dem Ober zusammenzustoßen glückte ihm selten. Ford gehörte zu den Menschen, die in keinem Buch blättern können, ohne ein Eselsohr oder einen Flecken zu hinterlassen, und die keine Tasse Tee trinken, ohne eine Überschwemmung anzurich-

* Im Niederländischen bedeutet «handigheid» bzw. «onhandigheid» in erster Linie Geschicklichkeit bzw. Ungeschicklichkeit. Die wörtliche Bedeutungsvariante ist im Deutschen leider nur mit dem ungelenken Wort «Händigkeit» wiederzugeben (Anm. d. Ü.).

ten. Er war Linkshänder und ein ebenso liebenswerter Mensch wie fähiger Präsident, eine seltene Kombination. Und doch bleibt er vielen vor allem dadurch in Erinnerung, daß er seinen großen Körper nur teilweise unter Kontrolle hatte und daher als Beweis für die linkische Art der Linkshänder galt. Mir erscheint es daher nicht unpassend, die Skala, an der diese Kontrollfähigkeit gemessen werden kann, nach ihm zu nennen.

Die Ford-Skala zeigt, wie gut oder schlecht einer das kann, was Ford so auffallend schlecht gelang: die alltäglichen motorischen Fertigkeiten, das Vermögen, den eigenen Körper unauffällig durch die Gegend zu steuern. Es handelt sich dabei um Fertigkeiten, in denen man sich, im Gegensatz zu den oben erwähnten, nicht auszeichnen kann, denn wer den höchsten Wert auf der Ford-Skala erreicht, ist ein ganz gewöhnlicher, unauffälliger Mensch: einer, der Gegenstände anfassen kann, ohne sie gleich zu beschädigen, einer, der Gläser und Tassen füllen kann, ohne über den Rand zu gießen, einer, der mit etwas Übung als Ober in einem Restaurant arbeiten könnte. Auf der Ford-Skala muß jeder zwei verschiedene Werte erreichen: einen für die Geschicklichkeit und die Kooperation von Hand und Auge und einen für das Manövrieren des eigenen Körpers.

In bezug auf Geschicklichkeit und die Koordination von Auge und Hand haben Untersuchungen wenig Unterschiede zwischen Links- und Rechtshändern ergeben. Es handelt sich dabei um Kleinstuntersuchungen, bei denen etwa beobachtet wird, wie schnell Menschen mit jeweils einer Hand kleine Stäbe in Löcher stecken, eine Figur genau nachzeichnen oder mit den Fingern trommeln können. Nahezu jeder Mensch kann das natürlich mit seiner Vorzugshand besser und schneller als mit der anderen. Interessanterweise stellte sich heraus, daß Linkshänder mit der linken Hand ungefähr genauso schnell arbeiten wie Rechtshänder mit der rechten. Ein wirklich ins Gewicht fallender Unterschied tritt nur auf, wenn wir uns an die Allerungeschicktesten halten. In dieser Gruppe ist der Prozentsatz der Linkshänder etwas höher als normal; die Erklärung dafür liegt in der relativ großen Anzahl traumatischer Linkshänder, das heißt jener Rechtshänder, die durch eine Hirnverletzung zu Linkshändern wurden, also ihre Nichtvorzugshand gebrauchen müssen, weil ihre eigentliche Vorzugshand nicht mehr richtig funktioniert.

Linkshänder erreichen demnach im allgemeinen normale Werte auf der Ford-Skala. Ihr schlechter Ruf muß daher eine Frage der Wahrnehmung sein: Trotz gleich guter Leistungen *gelten* sie als ungeschickt. Das ist weniger unlogisch, als es scheint. Manchmal liegt die Ursache einfach in den Instrumenten und Apparaten, die für Linkshänder ungeeignet sind (darüber weiter unten mehr). Aber auch unabhängig davon wäre eine ganze Reihe Gründe zu nennen, die alle nichts mit der Ungeschicklichkeit der Linkshänder, dafür aber um so mehr mit dem Unverständnis der großen rechten Welt für die kleine linke zu tun haben.

Linkshänder machen vieles einfach andersherum, auf jeden Fall irgendwie anders als Rechtshänder. Die rechtshändige Mehrheit findet das immer merkwürdig und manchmal sogar unheimlich. Denn was immer so ein Linkshänder tut, ob er nun Brot schneidet, eine Krawatte bindet oder strickt, die Art, wie er oder sie es tut, verletzt alle in jedem Rechtshänder verankerten Regeln der Kunst. So rannte die Mutter einer garantiert nicht linkischen, lediglich linkshändigen Tochter aus der Küche mit dem Ausruf, sie könne «das schaurige Getue mit der linken Hand» nicht mit ansehen, sobald ihre Tochter Brot, Fleisch oder Gemüse zu schneiden anfing. Küchenmesser sind gefährliche Dinge, und der Mutter war seit ihrer Kindheit eingeprägt worden, daß sie mit Sorgfalt zu handhaben seien. Was das liebe Töchterchen tat, verunsicherte die Mutter anscheinend zutiefst, obwohl dazu kein Grund vorlag.

Manchmal allerdings gebrauchen Linkshänder in der Tat Methoden, die ein bißchen merkwürdig sind oder zumindest wenig elegant, aber nur, weil sie es nicht besser gelernt haben. All die hunderttausend kleinen Fertigkeiten, die man sich vor seinem zehnten Lebensjahr angeeignet haben muß, werden in neun von zehn Fällen mit der rechten Hand vorgemacht. Rechtshänder brauchen nichts weiter zu tun, als dem Beispiel folgen. Aber der Linkshänder hat diese Möglichkeit nicht, er muß herausfinden, wie er das, was er sieht, umdrehen kann, wenn das überhaupt geht. Eigentlich wäre etwas mehr Respekt für die praktische Kreativität der Linkshänder angemessen, denn sie finden fast immer eine passende Alternative, auch wenn sie den rechtshändigen Vorschriften nicht entsprechen.

Dazu kommt, daß das, was ein Linkshänder gemacht hat, oft ziemlich lästig für den Rechtshänder ist, der daran weiterarbeiten soll. Wer als Rechtshänder den Arbeitstisch eines Linkshänders übernimmt, merkt zu seinem Ärger, daß alles auf der falschen Seite steht. Wer nach einem Linkshänder Brot schneiden will, muß damit rechen, daß das Brot in der falschen Richtung abgeschnitten und dadurch für ihn unschneidbar geworden ist. Um es einmal böse auszudrücken: Wo ein Linkshänder drübergelaufen ist, da wächst kein rechtshändiges Gras mehr. Der Linkshänder hingegen ist an diese Umkehrungen gewöhnt. In neun von zehn Fällen übernimmt er die Arbeit eines Rechtshänders. Ihm fällt es schon gar nicht mehr auf, daß die Sachen alle falsch stehen, daß das Licht, bei dem er arbeiten muß, von der falschen Seite kommt, und so weiter und so fort. Er kommt gar nicht auf den Gedanken, über den Rummel, den sein ungeschickter rechtshändiger Vorgänger hinterlassen hat, zu klagen.

Nun zu dem anderen Wert auf der Ford-Skala: die Kontrolle über den eigenen Körper. Linkshänder haben in dieser Beziehung einen schlechten Ruf, sie gelten als Menschen, die polternd und stolpernd durchs Leben gehen, wie Jugendliche in der Pubertät, die zu schnell in die Höhe geschossen sind und mit ihren plötzlich so viel länger gewordenen Gliedmaßen erst umgehen lernen müssen. Es ist die Art Bewegung, die die Franzosen mit dem Wörtchen *gauche*, wörtlich links, zu deutsch linkisch, andeuten. Auch in dieser Beziehung ist in Wirklichkeit vermutlich wenig los; es gibt zumindest keine Erhebungen – wenn das denn überhaupt möglich sein sollte.

Aber das Fehlen von Fakten hat Leute, die sich von Berufs wegen Theorien und Lösungen ausdenken, noch nie abgeschreckt. So sind nach Meinung des Psychologen Stanley Coren Linkshänder im gesellschaftlichen Umgang ungeschickt, weil sie von Natur aus die Neigung hätten, sich gegen den Uhrzeigersinn zu bewegen. Dadurch stießen sie leicht mit anderen zusammen und was des Elends mehr sei. Auf den ersten Blick ist dieser Gedanke gar nicht so verrückt. Es ist mehr oder weniger bekannt, daß Menschen an einer Weggabelung oder beim Betreten eines Saals, wenn sie die Wahl haben, meist im Uhrzeigersinn eher rechtsherum als linksherum gehen. Supermärkte und Ausstellungen sind aufgrund dieser Erkenntnis meist so eingerichtet, daß der Besucher, indem er immer wieder rechts statt links einbiegt, automatisch an möglichst vielen Artikeln oder Kunstschätzen vorbeikommt. Bei öffentlichen Anlässen kann man Entsprechendes feststellen: Wenn einer sich zum Beispiel umdrehen muß, tut er das normalerweise im Uhrzeigersinn. In den Armeen der angelsächsischen Länder lautet der Befehl «rechtsum marsch» deshalb einfach *about face*. Daß das Gesicht sich rechtsherum drehen muß, ist anscheinend selbstverständlich. Beim Standardtanz dreht man sich bei den meisten, vor allem bei den kompliziertesten Bewegungen, rechtsherum, so daß der führende Tänzer sich um seine Körperachse dreht und nicht um seinen ausgestreckten linken Arm. Das kommt dem Gleichgewicht zweifellos sehr zugute. Coren zufolge verspüren Linkshänder jedoch den unbezwingbaren Drang, sich linksherum zu drehen, so daß sie sich buchstäblich gegen den Strich bewegen und viele Turbulenzen um sich herum verursachen.

Coren machte ein ingeniöses Experiment, das seine Idee vollauf zu bestätigen schien. In einem kahlen, viereckigen und fensterlosen Raum mit einer von einem Vorhang verhängten Tür in der Mitte der hinteren Wand stellte er links und rechts von der Mitte zwei völlig gleiche Tische und Stühle auf. Beim Eintreten wirkte der Raum also vollkommen symmetrisch. Diejenigen, die sich am Experiment beteiligten, bekamen einen Fragebogen, den sie drinnen ausfüllen sollten. In Wirklichkeit ging es Coren natürlich vor allem um die Frage, an welchen Tisch sich die Versuchspersonen setzten: Würden sie sich beim Eintreten nach links oder nach rechts wenden, und inwiefern hatte das mit ihrer Handvorliebe zu tun?

Das Resultat wies aus, daß die große Mehrheit der Teilnehmer, wie zu erwarten, sich an den Tisch rechts vom Eingang setzte. So verhielten sich gut zwei von drei Rechtshändern, aber nur einer von drei Linkshändern. Letztere wiesen eine Neigung zum Linksabbiegen auf, die zweieinhalbmal so groß war wie bei den Rechtshändern. Damit sah es Cohen als bewiesen an, daß Linkshänder sich falschherum bewegen, und das erkläre ihren Ruf als Tolpatsche.

Aber Coren triumphierte zu früh, froh darüber, seine Vorurteile bestätigt zu finden. Denn schauen wir uns an, wie sich seine Ergebnisse in der Praxis beispielsweise eines Tanzsaals bewähren. Erwartungsgemäß werden etwa zehn Prozent der Damen von einem linkshändigen Herrn geführt. Die übrigen neunzig Prozent der Herren sind ganz normale Rechtshänder. Ein linkshändiger Herr wird, Corens Berechnung zufolge, zweieinhalbmal soviel Fehler beim Wenden machen wie ein rechtshändiger. Wenn ein rechtshändiger Herr im Durchschnitt einmal am Abend durch eine falsche Wendung alles durcheinanderbringt, dann tut ein Linkshänder das also zweieinhalbmal. Wenn sich hundert Paare im Saal drehen, dann sind die Rechtshänder also neunzigmal für blaue Flecken auf Schienbeinen verantwortlich, die Linkshänder fünfundzwanzigmal, nämlich zehn mal zweieinhalb. Das aber bedeutet, daß das Risiko, von einem Linkshänder getreten zu werden, nur ungefähr zwanzig Prozent ist. Acht- von zehnmal ist es ein rechtshändiger Stümper, der danebentritt. Und das ist nun wirklich kein Grund, Linkshänder besonders zu verdächtigen. In

Corens eigenem Experiment drehte sich ein Drittel der rechtshändigen Teilnehmer, wie wir sahen, spontan linksherum, und das sind immer noch dreimal soviel Leute wie alle Linkshänder im Saal zusammen.

In zwei von zehn Fällen schuldig und dennoch für alles die Schuld kriegen, das ist wirklich nicht fair. Volksweisheit gepaart mit der Art und Weise, wie wir Dinge wahrnehmen, verzeichnet das Bild vom Linkshänder so sehr, daß wir ihn allen Fakten zum Trotz weiterhin für einen Tolpatsch halten. Steigt einem ein Rechtshänder auf die Zehen, dann ist er eben ein blöder und unaufmerksamer Kerl, und damit basta. Wenn es aber ein Linkshänder tut, dann ist unsere Reaktion: «Das sieht ihnen ähnlich.»

Zum Schluß noch ein drittes Manko, das der Volksmund Linkshändern in die Schuhe schiebt: Sie könnten links und rechts nicht auseinanderhalten. Daran könnte durchaus etwas sein. Linkshänder haben in der Kindheit gelernt, sich fast alles, was ihnen vorgemacht wurde, erst einmal seitenverkehrt vorzustellen, bevor sie es nachmachten. Auch in ihrem Erwachsenenleben geht das so weiter: Was andere rechts machen, machen sie in der Regel links. Schlimmer noch: Was andere rechts *nennen*, ist für sie oft links. Es ist nicht unvorstellbar, daß dies zu einer dauerhaften Unsicherheit in bezug auf rechts und links führt. Aber wir wollen dabei auch Freud nicht vergessen, einen eindeutigen Rechtshänder, der seinem Freund Fließ anvertraute, daß er nicht nur als Kind Schwierigkeiten mit rechts und links hatte, sondern sich auch noch als Erwachsener oft keinen Rat damit wußte. Räumliche Vorstellung, so gab er rundheraus zu, sei nicht seine Stärke. Zweifel, wie sie Pu der Bär hatte, sind also bestimmt nicht nur Linkshändern vorbehalten.

Der Zwang der Dinge

Den alten Griechen zufolge wurde das Universum in jenen allerfrühsten Zeiten, da es den Menschen noch gar nicht gab, von Uranos regiert. Seine Söhne waren die Titanen, deren jüngster Kronos hieß. Mit dem Aufstand des Kronos gegen seinen Vater Uranos begann der ewigwährende Kampf zwischen Vätern und Söhnen, in dem jeder Sohn, nachdem er selber Vater geworden ist, irgendwann selbst der Unterlegene sein wird. In jenen unverbildeten, vorweltlichen Zeiten ging es noch wenig zimperlich zu, wie die Methode beweist, mit der Kronos seinen Vater stürzte. Einer Überlieferung zufolge nahm er eine Feuersteinsichel in die Linke, kastrierte seinen schlafenden Vater und warf die Sichel und des Vaters Kronjuwelen ins Meer. Danach verbannte der ehrgeizige Jüngling seinen entmannten Erzeuger für ewig in die Unterwelt und nahm seinen Platz auf dem Himmelsthron ein, bis er seinerseits ohne viel Federlesens von seinem Sohn Zeus abgesetzt wurde. Aus den Hoden des Uranos und dem Schaum der See wurde Aphrodite geboren, die Göttin der Liebe, so daß aus der scheußlichen Tat doch noch etwas Gutes hervorging.

Wie alle Mythen, so beleuchtet auch diese Geschichte die uralten Themen des Lebens, die Triebfedern, denen wir alle gehorchen. Das ist nichts Besonderes. Auffällig ist jedoch die Rolle der linken Hand. Eine Sichel ist wie kein anderes Instrument für Rechtshänder entworfen, es gibt einfach keine Sicheln für Linkshänder. Daß Kronos so nachdrücklich seine Linke gebraucht, muß demnach eine symbolische Bedeutung haben. Vielleicht wollte man auf diese Weise das Frevelhafte der Tat betonen, die Auflehnung gegen die etablierte Ordnung.

Was auf Sicheln zutrifft, trifft auch auf die meisten anderen Gerätschaften, Apparate und Maschinen zu: sie sind alle für rechtshändigen Gebrauch entworfen. Das hat Tausende kleiner Probleme für den heranwachsenden Linkshänder zur Folge. Messer sind ständig an der falschen Seite geschliffen, so daß ein Linkshänder leicht schief schneidet. Scheren haben falsch geformte Fingergriffe, die schmerzhafte Stellen und sogar Blasen verursachen, und verkehrt zuklappende Schneiden, die bei starkem Druck nicht zusammen-, sondern im Gegenteil auseinandergehen und das zu schneidende Material knicken. Die Maßeinteilungen auf der Innenseite von Meßbechern sind für Linkshänder nicht zu lesen. Und so gibt es eine ganze Reihe von Gebrauchsgegenständen, mit denen ein Linkshänder nichts anfangen kann: Büchsenöffner, Broschen und Buttons (deren Verschluß immer auf der falschen Seite aufgeht), Kartoffelschälmesser, Stielpfannen oder Soßenlöffel mit einem Schnabel.

Die Fischkelle, das Fischmesser und die Kuchengabel mit scharfem Rand sind für Linkshänder vollkommen unbrauchbar, genauso wie die modernen Einweggabeln, die nur an einer Seite gezackt sind. Die Zentimetereinteilung auf Linealen veranlaßt einen Linkshänder, Linien auf die Null hin zu ziehen, was zu kapitalen Irrtümern führen kann. Genauso ärgerlich sind die ach so kundenfreundlichen Kugelschreiber an Bank- und Postschaltern, deren Kette dem Linkshänder immer im Weg und in den allermeisten Fällen auch noch zu kurz ist.

Aber auch viele Dinge, die einem nicht sofort einfallen, sind auf rechtshändigen Gebrauch eingestellt. Der Arm des Plattenspielers zum Beispiel, der sich immer rechts befindet. In Telefonzellen ist der Münzeinwurf rechts und der Hörer links; der Rechtshänder kann bequem mit der Rechten wählen und hat anschließend seine Schreibhand frei, während dem Linkshänder immer die verdammte Schnur im Weg ist. Will ein Linkshänder den Farbkontrast seines Fernsehapparats einstellen, verdeckt er mit seinem Arm den halben Bildschirm. Videokameras können nur auf der rechten Schulter getragen und mit der Rechten bedient werden. Kontrollabschnitte in Scheckbüchern sind für Linkshänder eine Plage. Die Schreibfläche sinkt mit jedem ausgeschriebenen Scheck tiefer, und der Stapel Kontrollabschnitte, auf die der Linkshänder notgedrungen seine Hand legen muß, wird zum Abgrund. (Es gibt übrigens inzwischen einige Banken, die Scheckbücher für Linkshänder anbieten.) Bügeleisen, deren Schnur seitlich befestigt ist, sind geradezu gemeingefährlich. Chirurgisches Material ist für Linkshänder ebensowenig geeignet, ganz zu schweigen von den übrigen Instrumenten im Operationssaal. Linkshändige Näherinnen und Schneiderinnen haben sich nicht nur mit der Tatsache herumzuschlagen, daß sich die Einstellungsknöpfe ihrer Maschine auf der falschen Seite befinden, sondern auch damit, daß sie andersherum abstecken wie Rechtshänder. Die Stecknadeln, die beim Steppen mit der Maschine wieder aus dem Stoff herausgezogen werden müssen, zeigen dann unvermeidlich mit ihren Köpfen zum Stepprand, so daß sie nur mit größter Mühe entfernt werden können. Elektrische Bohrmaschinen haben eine Einschaltsperre, so daß man den Drücker nicht andauernd festzuhalten braucht; dieser befindet sich – für einen Linkshänder vollkommen unbrauchbar – natürlich auf der linken Seite. Schlichtweg lebensgefährlich sind Handkreissägen, elektrische Heckenscheren und Kettensägen. Leider ist es immer der wirklich linkische Linkshänder, der sich das nicht realisiert. In den Fabriken ist es um kein Haar besser. Auch bei industriellen Apparaten und Steuerpulten ist die Bedienung immer auf rechtshändigen Gebrauch eingestellt, einschließlich eines eventuellen Notschalters.

Notgedrungen wissen sich Linkshänder ausgezeichnet anzupassen. Sie gebrauchen viel öfter als Rechtshänder ihre zweite Hand und entwickeln diese daher auch viel besser. Linkshändige Artikel sind selten – hauptsächlich Küchengeräte und Schreibwaren – und nur an wenigen Orten erhältlich. Nur Scheren findet man öfter. Daß es mit dem Angebot so schlecht bestellt ist, trotz des riesigen Käuferpotentials von immerhin zehn Prozent der Bevölkerung, hat seinen Grund. In der Regel hat sich ein Linkshänder, wenn er entdeckt, daß es von einem bestimmten Artikel auch eine linkshändige Ausführung gibt, längst auf die rechtshändige Version eingestellt. Hinzu kommt, daß jemand, der gelernt hat, mit einem linkshändigen Apparat umzugehen, nicht ohne weiteres den eines anderen, etwa seines Arbeitgebers, benutzen kann. Der Vorteil hält sich also in Grenzen, es sei denn, es handelt sich um Dinge, die nur von einer einzigen Person benutzt werden und nur an einer bestimmten Stelle oder die leicht mitzunehmen sind. Im allgemeinen finden sich Linkshänder deshalb lieber mit der etwas weniger idealen rechtshändigen Ausführung ab.

Das funktioniert meist recht gut. Daß etwa Stoff und Papier beim Schneiden knicken, kommt bei einer guten Schere nur vor, wenn man sie zu sehr belastet. Man nehme deshalb eine etwas größer bemessene Qualitätsschere zur Hand. Den armen Linkshändern im Kindergarten mit ihren Scheren von der Schneidekraft eines Nußknackers ist allerdings nicht zu helfen. Bei einem Lineal arbeitet man, wie gesagt, vom Ende zum Anfang der Linie, und auch das geht, wenn es auch etwas mehr Rechenarbeit und Konzentration erfordert und leicht zu Fehlern führt. So gibt es viele Möglichkeiten, die fehlende linkshändige Ausführung eines Artikels zum größten Teil zu kompensieren.

Linkshändige Versionen einfacher Gebrauchsartikel haben also drei Nachteile: Man entdeckt sie zu spät, außerhalb der eigenen vier Wände gibt es sie nicht, und neun von zehn Personen, mit denen man zu tun hat, können nicht damit umgehen. Aber das entschuldigt nicht die Nonchalance, mit der Ergonomen und Industriedesigner die Interessen der Linkshänder vertreten, zumal wenn das gefährliche Folgen nach sich zieht. Eine neutrale oder einfach umschaltbare Heckenschere müßte doch mit ein bißchen Kreativität zu entwerfen sein. Augenscheinlich besteht jedoch keine große Nachfrage, und kein Linkshänder ist so vermessen, sich danach zu erkundigen. Nachfrage entsteht eben nur, wo es ein redliches Angebot gibt.

Das alles hat übrigens nichts mit einer Diskriminierung der Linkshänder zu tun. Daß Designer und Ergonomen schludrig arbeiten, ohne nur einen einzigen Gedanken an das Problem der Linkshändigkeit zu verschwenden, zeigte sich überdeutlich bei

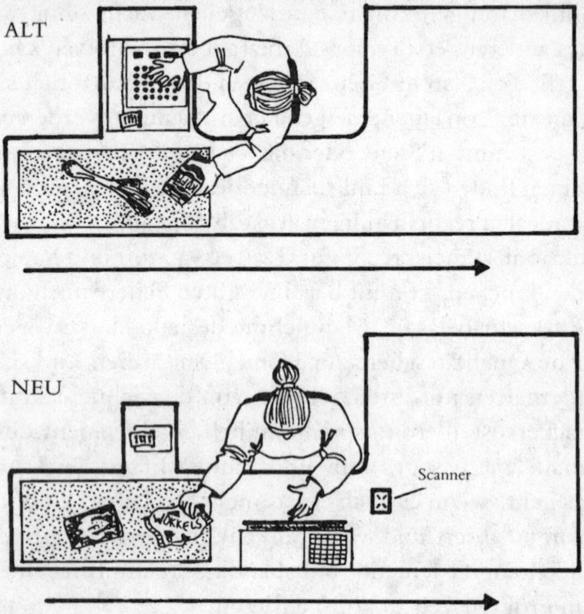

Figur O *Wie die gewöhnliche Supermarktkasse ungewollt zu einer Computerkasse für Linkshänder wurde*

der mühsamen Einführung elektronischer Kassen in Supermärkten. Die Kassiererin braucht nun keine Beträge mehr anzuschlagen, es reicht, wenn sie jeden Artikel über einen Scanner führt. Ein Computer und die Kodierung auf der Verpackung besorgen den Rest. Aus der erwarteten Zeitersparnis wurde allerdings nichts, weil allzu viele Artikel zwei- oder mehrmals über den Scanner gezogen werden müssen, bevor der Apparat den Preis registriert. Die Computerkasse wurde nämlich ungewollt zu einer Kasse für Linkshänder, die für neunzig Prozent des Personals nicht geeignet ist.

Die klassische Supermarktkasse war so aufgestellt, daß die Waren links an der Kassiererin vorbeirollten (Fig. O). Mit ihrer Linken nahm sie die Artikel vom Transportband und mit der Rechten bediente sie die für Rechtshänder entworfene Registrierkasse. Was für Linkshänder eine Heimsuchung war, bedeutete für die Mehrheit der Rechtshänder die bestmögliche Aufstellung. Mit der Einführung des Scanners drehte sich der Stuhl der Kassiererin um neunzig Grad, so daß sie nun direkt vor dem Transportband, dem Scanner und der Tastatur zum Eingeben von Waren ohne Strichkode sitzt. Während die Richtung des Transportbandes, vom Kunden aus gesehen, unverändert geblieben ist, muß die Kassiererin nun mit der Rechten die Waren annehmen und mit der Linken die Feinarbeit leisten, nämlich die Artikel über den Scanner führen, der sich links von ihr befindet, und das gelingt Rechtshändern nicht immer auf Anhieb. Zur Not muß sie dann eben des öfteren mit beiden Händen nachhelfen. Von Zeitersparnis jedenfalls kann nicht die Rede sein. In diesem Fall sind einmal die Linkshänder im Vorteil, aber nur deshalb, weil man sich über die Konsequenzen einer neuen Arbeitsmethode vor der Einführung nicht genügend Gedanken gemacht hat.

Schreiben und andere Handarbeiten

Zu den unangenehmen Erinnerungen von Linkshändern gehört unweigerlich der Schreibunterricht in den ersten Grundschuljahren. Vor nicht allzu langer Zeit wäre es einem Lehrer kaum in den Sinn gekommen, einen Linkshänder mit seiner von der Norm abweichenden Vorzugshand schreiben zu lassen, und in vielen Ländern hat sich daran bis heute nichts geändert. Die Gründe dafür haben nichts mit tatsächlichen Schreibproblemen zu tun, sondern mit weitverbreiteten Mißverständnissen, mit Tabus, Konformismus und einem deplacierten Drang nach Ordnung und Anstand. Der Linkshänder stört das gleichförmige Erscheinungsbild einer Klasse und hat sich anzupassen: schön zu zweit in der Reihe, die Arme übereinander, alle mit derselben Schreibhand an der Arbeit. Je autoritärer das Unterrichtssystem, desto stärker das Bedürfnis nach Uniformität.

Die einfachste Art, die lästige, wenn auch nur kleine Asymmetrie linkshändiger Kinder im Klassenzimmer auszumerzen, war jahrhundertelang die, sie zu zwingen, mit der rechten Hand zu schreiben, zur Not mit Hilfe von Erniedrigungen und Stockhieben. Heutzutage werden linkshändige Schüler in den aufgeklärten westlichen Ländern stillschweigend toleriert, aber das ist auch schon alles. Mit einer einfühlsamen und fachmännischen Unterstützung der Lehrer brauchen sie nicht zu rechnen. «Das mußt du selber wissen» ist die Parole. Lehrer werden und wurden in keiner Weise auf diesen Aspekt ihrer Arbeit vorbereitet. Jeder neue linkshändige Schüler konfrontiert sie mit diesem Manko. Obwohl Lehrer, auf eine entsprechende Frage, immer wieder beteuern, sie seien sich ihrer Unzulänglichkeit bewußt, und das Fehlen geeigneten Unterrichtsmaterials beklagen, unternimmt so gut wie keiner auch nur den Versuch, sich in das Phänomen zu vertiefen. Das gilt nicht nur für den Schreib-, sondern auch für den Werkunterricht. Der Spaß am Stricken, Häkeln, Sticken, Tischlern und all den anderen Handarbeiten ist Tausenden von Linkshändern auf diese Art gründlich vergangen. Wenn man bedenkt, daß es sich dabei etwa um jeden zehnten Schüler handelt, also um ungefähr drei pro Klasse, dann ist das schon erschütternd.

Die Bestürzung wächst, wenn man erfährt, daß viele Lehrer die mangelnden Leistungen linkshändiger Kinder beklagen, vor allem ihre Schreibgewandtheit. Linkshänder würden schlecht und vor allem zu langsam schreiben, klecksen, zu Spiegelschrift neigen, die Feder sonderbar festhalten, die Hand unbeholfen krümmen, als litten sie an schwerem Rheuma. Kurzum: man hat nur Ärger mit den Linkshändern, findet die Lehrerschaft. Aber selbst das vermag die Schulaufsichtsbehörde nicht zu bewegen. Nirgends wird untersucht, wie schlecht es mit der Schreibkunst der Linkshänder wirklich bestellt ist, und es gibt kaum gute und brauchbare Unterrichtsmethoden.

Hin und wieder erscheint zwar ein Bericht, eine Diplomarbeit und manchmal sogar eine Unterrichtsmethode, aber auch diese Fleißarbeiten stimmen eher traurig. Regelmäßig wird doch wieder eine Lanze für die Umschulung linkshändiger Kinder gebrochen, wobei man in der Regel von dem verwerflichen Phänomen der sogenannten angelernten Linkshändigkeit ausgeht. Sicher die Hälfte der Linkshändigkeit soll darauf zurückzuführen sein, aber was es eigentlich ist, weiß niemand. Vermutlich sind Mischhänder damit gemeint. Was sonst an Argumenten für die Umschulung zum rechtshändigen Schreiben vorgebracht wird, läuft auf zwei Punkte hinaus: die Seele des Linkshänders nehme Schaden, da sie einsam und verlassen durch die ansonsten rechtshändige Welt geistern müsse, und unsere Schrift sei dermaßen auf Rechtshändigkeit abgestellt, daß ein Linkshänder sich immer schwer damit tue.

Beide Argumente entbehren jeglicher Grundlage und zeugen von mangelnder Sachkenntnis. Zum Zeitpunkt, wo ein Kind, das von klein auf Linkshänder ist, in die Schule eintritt, hat es sich schon lange festgelegt. Und diejenigen, deren Handvorliebe noch nicht festliegt und die trotz des Vorbilds der rechtshändigen Mehrheit die linke Hand bevorzugen, kümmern die Einwände offenbar nicht, oder sie haben ganz andere, ernsthaftere Probleme. Auf die Idee, Linkshänder seien durch ihre abweichende Handvorliebe seelisch gefährdet, kann nur ein Rechtshänder verfallen. Natürlich wird manchmal getriezt, aber das geschieht, in viel schlimmerem Ausmaß, auch wegen Haarfarbe, Akzent, Zahnklammer, Nasenform, Kleidung, Eltern, Schulnoten und dergleichen. Linkshändigkeit bereitet anscheinend viel weniger Probleme als etwa Pummeligkeit.

Der Gedanke, unsere Schrift sei für Linkshänder prinzipiell ungeeignet, ist genauso aus der Luft gegriffen. Ihm liegt vor allem die unbewiesene These zugrunde, eine Bewegung vom Körper weg, wie sie ein Rechtshänder macht, sei natürlicher als die zum Körper hin. Warum dem so sein soll und wie sehr das ins Gewicht fällt, das bleibt ein Rätsel. Daß diese famose Bewegung nur ein Teil des Schreibprozesses ist und keineswegs der allerschwierigste, darüber schweigen sich die Kritiker der Linkshändigkeit aus.

In vielen Berichten findet sich auch die unbegründete Behauptung, die Kombination von Linksäugigkeit mit rechtshändigem Schreiben, und umgekehrt, habe schlimme Folgen für die Entwicklung eines Kindes. Auch einer voneinander abweichenden Hand- und Fußvorliebe müsse man unter allen Umständen vorbeugen. Öfters wird sogar nachdrücklich für eine vom normalen Schriftbild abweichende Schreibweise plädiert, wie die nach links sich neigende Schrägschrift, was Linkshänder erst recht zu Außenseitern macht, da diese Schrift in unserer Gesellschaft als unschön abgelehnt wird. Schon deshalb empfiehlt sie sich nicht. Die Schrägschrift nach links ist für Linkshänder auch weder natürlicher noch einfacher, wie die geringe Anzahl derjenigen beweist, die sich ihrer bedienen.

Schließlich wird der Linkshänder aus einer deplacierten Besorgnis heraus und aus dem Bedürfnis, sich hinter Sachverständigen zu verstecken, in Lehrerkreisen immer wieder als Problemfall betrachtet, der an einer Krankheit, einem Gebrechen leidet und dem man sich nur in der Begleitung von Schulärzten oder gar Psychologen nähern darf. Wenn etwas schädlich für das Seelenheil des armen Linkshänders ist, dann gewiß dies.

Wenn wir einmal sachlich alle Fakten zusammenstellen, so ergibt sich das folgende Bild. Erstens: Linkshänder klecksen und haben eine unleserliche Handschrift. Zweitens: Linkshänder schreiben in Spiegelschrift. Und drittens: Sie schreiben oft mit einer Hakenhand, das heißt mit der Hand über der Schreiblinie, die Spitze des Schreibgeräts sich selbst zugekehrt.

Das erste ist unbestreitbar. Jugendliche Linkshänder klecksen, und ihre Klaue ist oft erbärmlich. Aber das trifft auch auf viele Rechtshänder zu. Das auf der Schule mit so viel Hingabe gelernte Schönschreiben – die Grundlage unserer späteren Handschrift –

geht dem einen Kind nun einmal leichter von der Hand als dem anderen. Manche lernen es nie, ob sie nun Links- oder Rechtshänder sind. Außerdem weiß jeder, der einmal auf höheren Schulen unterrichtet hat, daß die meisten Schüler, ungeachtet ihrer Händigkeit, eine entsetzliche Klaue haben und erst nach ihrem fünfzehnten Lebensjahr eine richtige Handschrift entwickeln. Ein geübter Handschriftenleser ist jedenfalls nicht in der Lage, aus hundert willkürlichen Proben mit einiger Genauigkeit die Seiten herauszupicken, die von Linkshändern geschrieben wurden. Weder bei Schülern noch bei Erwachsenen.

Daß in der Grundschule weniger linkshändige als rechtshändige Kalligraphen sitzen – eine Annahme, die statistisch noch zu beweisen wäre –, kann angesichts des mangelhaften Unterrichts nicht verwundern. Schreiben gehört zu den schwierigsten motorischen Fertigkeiten, die es überhaupt gibt. Trotzdem erwartet man von Linkshändern, daß sie sich diese Kunst nicht nur ohne individuelle Anleitung zu eigen machen, sondern auch noch nach konsequent falschen, auf die rechtshändige Mehrheit zugeschnittenen Instruktionen. Einen Lehrer, der das Schreiben mit der linken Hand vormachen kann, muß man mit der Lupe suchen.

Weniger eindeutig ist die Frage der Spiegelschrift. Hier wird verschiedenes durcheinandergebracht. Es ist eine bekannte Tatsache, daß Kinder, die schreiben lernen, anfänglich dazu neigen, bestimmte Buchstaben zu spiegeln, vor allem die Großbuchstaben S und N und die Buchstabenpaare d und b und q und p. Sogar ungeübten Erwachsenen unterlaufen solche Verwechslungen. Es könnte sein, daß Linkshänder stärker und länger dazu neigen als Rechtshänder, aber das müßte erst noch belegt werden. Vorerst bleibt es ein Eindruck, und wie irreführend ein Eindruck sein kann, haben wir im Vorangehenden zur Genüge erfahren. Und selbst wenn Untersuchungen zeigen sollten, daß es für Linkshänder in der Tat ein Problem darstellt, nicht zu spiegeln, würden wir als erstes nach der pädagogischen Anleitung fragen, die ihnen zuteil wurde. Man macht es sich etwas einfach, wenn man Kinder absichtlich überbelastet und dann zu ihnen sagt: «Ich habe es doch gewußt, ihr könnt es nicht.»

Buchstaben spiegeln bedeutet nicht das gleiche wie Spiegelschrift schreiben. Spiegelschrift verläuft von rechts nach links. Nun sind zwar viele Linkshänder zu Recht stolz darauf, wie gut sie dieses Kunststück fertigbringen, aber das besagt noch nicht, daß sie das auch von Natur aus tun, wenn gefordert wird, normal zu schreiben. Dann genügt ein einfacher Hinweis in Form eines Kreuzchens am linken Rand und die Instruktion, bei diesem Zeichen anzufangen. Spiegelschrift muß nämlich am rechten Rand beginnen, weil dem Schreibenden sonst schon nach einem Zentimeter das Papier ausgeht. Schüler, die trotz dieses Hilfsmittels und anderer Tips auf ihrer Spiegelschrift beharren, sind selten, und in solchen Fällen ist die Konsultation eines Schularztes oder -psychologen wohl kein übertriebener Luxus.

Hiermit haben wir den letzten Punkt erreicht, die Auffassung nämlich, Linkshänder hätten die Neigung, mit einer angewinkelten Hand zu schreiben. Diese Haltung der Hand, die eine befriedigende bis gute Handschrift ergibt, ist übrigens nicht zu empfehlen, da man die Federspitze so weniger gut unter Kontrolle hat und zudem den Stift oft krampfhaft festhält, was Ermüdung und nachlassende Schreiblust und -leistung zur Folge hat. In der Tat gibt es recht viele Linkshänder, die so schreiben, und nur wenige Rechtshänder. Daher kam man auf den Gedanken, daß Leute, bei denen die Sprachfunktionen sich hauptsächlich in derselben Hirnhälfte befinden wie die Steuerung der Vorzugshand, eine solche angewinkelte Haltung entwickeln. Als ob sie beim Schreiben sozusagen sich selber gegenübersitzen. Wenn dies zuträfe, dann hätte es überhaupt keinen Sinn, ihnen diese Angewohnheit austreiben zu wollen. Die «Winkler» wären dann durch ihr Gehirn zu dieser Haltung verurteilt.

Ist diese Annahme wahrscheinlich? In Anbetracht unserer spärlichen Kenntnisse über das Funktionieren des Gehirns kann man sie nur als Spekulation bezeichnen. Es gibt eine viel einfachere,

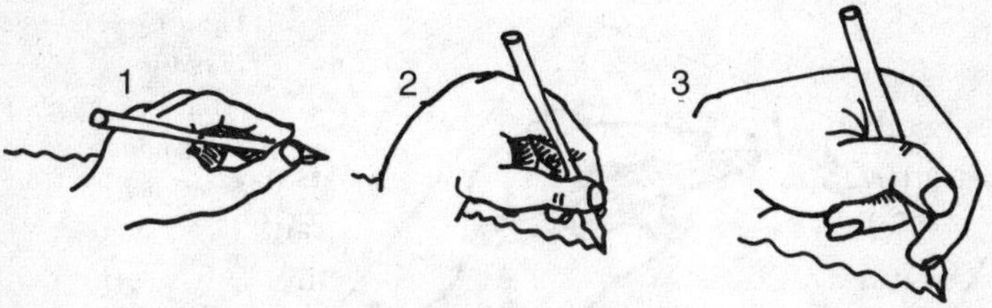

Figur P *Die Entstehung der gewinkelten Schreibhaltung: 1. falsch nachgeahmte rechtshändige Schreibhaltung: Flecken und keine Übersicht; 2. Hand nach hinten kippen, um zu spicken; 3. vollständige Hakenhand*

alltägliche Erklärung. Für Linkshänder, die keinen gezielten Unterricht bekommen und das rechtshändige Beispiel nachzuahmen versuchen, ergeben sich zwei Probleme: Da sie genau wie Rechtshänder das Papier so hinlegen, daß die rechte obere Ecke höher liegt als die linke, verdeckt ihre Schreibhand unvermeidlich alles, was sie gerade geschrieben haben; das Geschriebene wird durch den Handballen verwischt, und es entstehen Flecken. Überläßt man Linkshänder ihrem Los, dann ersinnen sie auf die Dauer einen Ausweg. Das sind sie schließlich von klein auf gewöhnt. Eine mögliche Abhilfe besteht darin, daß man die Hand ein wenig hochhebt, während die Spitze der Feder auf dem Papier bleibt. Man guckt sozusagen bei sich selbst ab. Um auf diese Weise unter der eigenen Hand hindurchsehen zu können, muß man sie von sich weg drehen: Das ist der Anfang der Winkelbewegung. Figur P zeigt, wie das vor sich geht.

Der Erfolg ist zunächst beträchtlich: Man sieht, was man schreibt, und es entstehen keine Flecken mehr. Wenn keiner beizeiten eingreift, kann der Linkshänder nicht wissen, daß es noch viel praktischere Schreibmethoden gibt. Das Resultat ist dann ein zufriedener Winkler, der unmöglich zu einer anderen Haltung zu bewegen ist. Die einfachste Art herauszubekommen, ob diese simple Erklärung stimmt oder ob die Winkelhaltung unentrinnbar vom Gehirn diktiert wird, besteht darin, Linkshändern end-

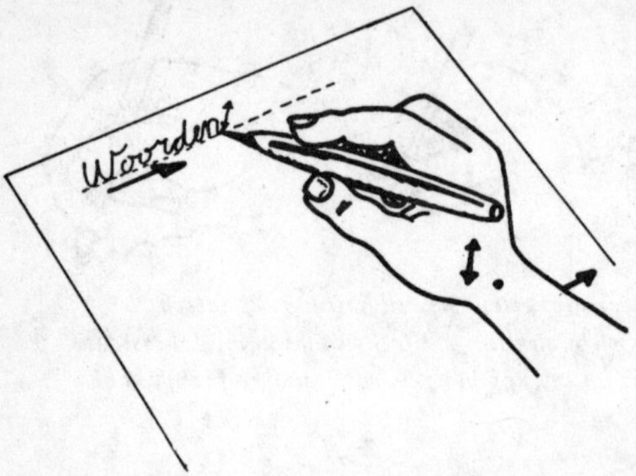

Figur Q *Wichtigste Hand- und Armbewegungen beim rechtshändigen Schreiben*

lich einmal einen angemessenen Schreibunterricht zu erteilen. Wendet ihnen ein wenig Aufmerksamkeit zu – allerdings ohne pädagogischen Overkill – und behandelt sie nicht wie bedauernswerte Behinderte. Sollte sich dann immer noch keine Besserung einstellen, dann hat es weiter wenig Sinn, ihnen die verkrampfte Schreibhaltung abzugewöhnen. Aber dieser Test kann erst durchgeführt werden, wenn es einen anständigen Schreibunterricht gibt. Ich will deshalb kurz darauf hinweisen, worin das Schreiben eines Linkshänders sich von dem eines Rechtshänders unterscheidet.

Beim rechtshändigen Schreiben befindet sich die Hand auf dem Papier ungefähr in der in Figur Q wiedergegebenen Haltung. Die Feder liegt locker zwischen Zeigefinger und Daumen und ruht auf dem Mittelfinger. Das Schreiben geschieht hauptsächlich durch zwei Bewegungen: kleine hin- und hergehende Bewegungen aus dem Handgelenk heraus, für die Auf- und Abstriche der Buchstaben, und einen langsamen Schwenk aus dem Ellenbogen heraus, um die Zeile vollschreiben zu können. Dieser Schwung beginnt etwa auf der Höhe der Körpermitte. Das Papier liegt schräg, die obere rechte Ecke etwas höher, so daß die Schreibhand immer unter der Schreiblinie bleibt. Die Hand eilt dem Geschriebenen voran, so daß es gut zu lesen ist und die Tinte trocknen kann. Der Druck, mit dem das Handgelenk das Papier berührt,

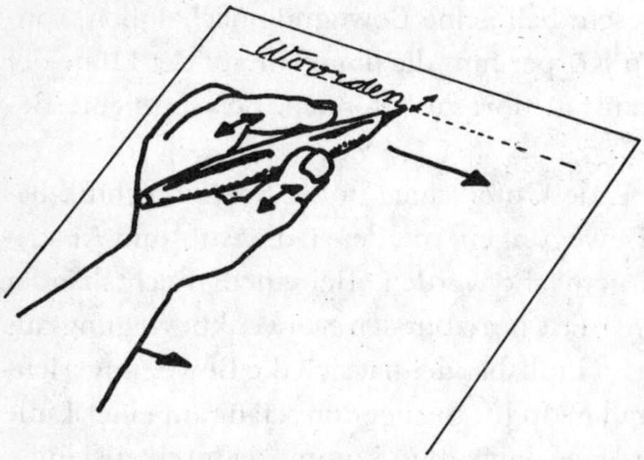

Figur R *Wichtigste Hand- und Armbewegungen beim linkshändigen Schreiben*

darf sicher nicht zu stark sein, damit der lange Schwung nach rechts in einer fließenden Bewegung verläuft. Die Kalligraphie betont diesen natürlichen Bewegungsablauf, indem sie die Aufstriche der Buchstaben feiner macht und die Abstriche dicker. Die Abstriche der Buchstaben macht man nämlich mit einer Bewegung aus dem Handgelenk auf den Körper zu, und diese Bewegung kann man kräftiger ausführen und leichter kontrollieren als die vom Körper wegführende Bewegung, die die Aufstriche macht. Ähnliches läßt sich beim Schälen von Kartoffeln feststellen: Wer probiert, vom Körper weg zu schälen, merkt, wie schlecht diese Bewegung zu kontrollieren ist.
Linkshänder schreiben zwar anders als Rechtshänder, sie tun es aber nach dem gleichen Prinzip, wie Figur R zeigt. Zunächst einmal ist dabei alles seitenverkehrt. Das gilt auch für den Winkel, unter dem das Papier auf dem Tisch liegt: Die linke obere Ecke liegt höher als die rechte. Die Art, wie die Feder gehalten wird, ist ungefähr gleich; es ist höchstens noch wichtiger als beim rechtshändigen Schreiben, daß sie nicht zu tief festgehalten wird und locker zwischen den Fingern ruht. Die Hand liegt auch hier unter der Schreiblinie, so daß die bereits geschriebenen Buchstaben sichtbar bleiben und keine Flecken entstehen können. Der langsame Schwung aus dem Ellenbogen heraus ist auch für den Linkshänder das Mittel, um vom Anfang zum Ende der Zeile zu kom-

men, nur ist es in diesem Fall keine Bewegung nach außen, sondern gerade eine zum Körper hin, die ungefähr auf der Höhe der Körpermitte endet, anstatt dort zu beginnen. Soweit nichts Besonderes.

Der wirklich gravierende Unterschied in der Schreibtechnik besteht in den kleinen Bewegungen, mit denen die Auf- und Abstriche der Buchstaben gemacht werden. Bei einem Rechtshänder geschieht das mit einer fast horizontalen Schwenkbewegung aus dem Handgelenk, beim Linkshänder hat sich die Bewegungsrichtung um neunzig Grad gedreht: Sie liegt ungefähr auf einer Linie mit Hand und Feder. Die Bewegung kommt dadurch zustande, daß man Daumen, Zeigefinger und Mittelfinger, die zu dritt die Feder festhalten, gemeinsam krümmt und streckt. Diese Bewegung ähnelt sehr der Art und Weise, wie man mit einer Stecknadel oder einem anderen spitzen Gegenstand etwas aus einer schmalen Röhre herauszufischen versucht.

Diese Bewegung ist viel subtiler und druckempfindlicher als die Schwenkbewegung des Rechtshänders. Die beiden Stile verhalten sich zueinander wie das Kartoffelschälen zum Herausziehen eines Splitters aus der Handfläche. Ungeübte Schreiber sind versucht, den Buchstaben zu formen, indem sie die Feder fest umklammern und die Spitze auf das Papier drücken. Während dies für die rechtshändige Schrift nur abträglich ist, ist es für die linkshändige geradezu katastrophal. Es gehört also schon etwas Konzentration dazu. Vom Gebrauch eines Kugelschreibers ist daher auch eher abzuraten, da er zum Überdruck einlädt. Aber ansonsten gibt es keinen ersichtlichen Grund, warum Linkshänder schlechter oder anders schreiben sollten als ihre rechtshändigen Artgenossen. Sogar die Aufstriche fein und die Abstriche breit zu machen ist ihnen nicht unnatürlich. Es betont die notgedrungen leichte, stoßende Streckbewegung nach oben und die kräftiger und sicherer gezogene Krümmung nach unten.

Schreiben lernen ist für jedes Kind ein ziemliches Kunststück, mit welcher Hand auch immer. Bei angemessener Unterweisung und

Begleitung, wie sie jeder Rechtshänder erhält, brauchen Linkshänder nicht schlechter zu schreiben als andere. Aber solange man sie im Unterricht durchweg in ihrem eigenen Saft schmoren läßt, werden viele Linkshänder kostbare Zeit damit verlieren, die unangebrachten Belehrungen zu umschiffen und nach eigenen, mehr oder weniger effizienten Methoden zu suchen. Das kostet nicht nur Zeit. Nachteiliger ist die ständige Erfahrung des Mißerfolges und der Zurechtweisung, die sowohl dem Selbstwertgefühl als auch der Begeisterung abträglich ist und unnötigerweise Problemkinder heranzieht.

Der Mythos vom frühzeitigen Tod

Im Jahr 1991 traf die Linkshänder die wohl beunruhigendste Nachricht ihrer Geschichte: Der amerikanische Psychologe Stanley Coren sagte ihnen äußerst medienwirksam ein durchschnittlich neun Jahre kürzeres Leben als den Rechtshändern voraus. Rechtshänder werden in den USA durchschnittlich fünfundsiebzig Jahre alt, Linkshänder dürfen sich glücklich preisen, wenn sie ein Alter von 66,5 Jahren erreichen. Solche verheerenden Folgen hatte bisher noch niemand der Linkshändigkeit zugeschrieben. Die Linkshänder selber, gewöhnt an unzählige Ammenmärchen über ihre Unarten, ertrugen auch dieses Attentat mit stoischer Gelassenheit. Weniger gnädig waren die Fachkollegen; sie zerpflückten Corens Arbeit und die seiner treuen Assistentin Diane Halpern. Es kann nicht schaden, Corens Untersuchung hier noch einmal unter die Lupe zu nehmen.

Während seiner langjährigen Forschungsarbeit war es Coren aufgefallen, daß Linkshändigkeit nicht nur bei Männern häufiger auftritt als bei Frauen, sondern auch bei Jüngeren häufiger als bei Älteren. Es sieht so aus, als verschwinde Linkshändigkeit im Lauf des Lebens. Oder, fragte sich Coren, sollten es etwa die Linkshänder sein, die verschwinden?

Zunächst sondierte er das Terrain, indem er sich die Baseballspieler der amerikanischen Profiliga vornahm, die einzige Gruppe der Welt, deren Händigkeit mit peinlicher Genauigkeit registriert wird. Er kam zu dem Schluß, daß Linkshänder durchschnittlich einige Monate weniger zu leben haben als vergleichbare Rechtshänder. Der amerikanische Wissenschaftler E. K. Wood vom California Institute of Technology verriß Corens Arbeit im Fachblatt *Nature* vom 15. September 1988. Coren habe seine statistischen Hausaufgaben schlecht gemacht; seine kleine Studie besage überhaupt nichts.

Aber Coren ließ nicht locker. Eine umfangreichere Untersuchung mußte her. Es galt, von einer großen Anzahl Verstorbener Daten zu sammeln, ohne die Familienangehörigen zu verletzen oder die Behörden gegen sich aufzubringen. Das gelang ihm schließlich bei etwa tausend Personen im Raum Südkalifornien. Neun Monate nach dem Tod einer Person ging den Angehörigen ein Fragebogen mit drei Fragen zu: Mit welcher Hand schrieb und zeichnete der Verstorbene und mit welcher Hand warf er einen Ball? Lautete die Antwort in allen drei Fällen, mit der rechten Hand, dann wurde die bewußte Person zu den Rechtshändern gerechnet. Andernfalls zu den Linkshändern.

Bereits das Auswahlkriterium der Untersuchung ist von zweifelhafter Qualität. Von Ihren nächsten Verwandten wissen Sie wahrscheinlich mit einiger Gewißheit, mit welcher Hand sie schreiben, aber wissen Sie auch, mit welcher Hand sie zeichnen? Auch bei denen, die das nicht gerade zu ihrem Hobby gemacht haben? Wie oft haben Sie Ihren Vater oder Onkel zeichnen gesehen? Und haben Sie einen Schimmer, mit welcher Hand Ihre Mutter oder Tante einen Ball wirft? Und sind Sie sich Ihrer Sache hundertprozentig sicher? Es ist bekannt, daß Leute bei Meinungsumfragen nicht immer zuverlässige Antworten geben, wenn sie nach ihrer eigenen Händigkeit gefragt werden. Wie verläßlich können dann Äußerungen zu Familienangehörigen sein, die zudem seit fast einem Jahr tot sind?

Coren verglich die von den Links- und den Rechtshändern erreichte Altersgrenze und machte die schockierende Entdeckung, daß die Linkshänder durchschnittlich neun Jahre weniger zu leben hatten und daß ihr Sterblichkeitsrisiko auf jeder Altersstufe größer war als das ihrer rechtshändigen Landsleute. Nun ging man früher auch in den USA viel strenger mit Linkshändern um als heute, und die Älteren unter den tausend haben darunter wahrscheinlich noch sehr gelitten. Dennoch war Coren – zu Recht – der Meinung, sozialer Zwang reiche als Erklärung nicht aus. Denn Meinungsumfragen aus der Jugendzeit dieser Leute hatten immer wieder gezeigt, daß der Prozentsatz derer, die sich zu ihrer Linkshändigkeit bekannten, nicht so viel niedriger war als heute. Woraus man schließen kann, daß man auch damals trotz des sozialen Zwangs seine Linkshändigkeit nicht einfach verleugnete. In diesem spezifischen Fall aber hinkt der Vergleich: Bei den alten Umfragen wurden Leute nach ihrer eigenen Vorzugshand gefragt, bei Corens Untersuchung dagegen ging es um die Vorzugshand anderer – ein entscheidender Unterschied.

Coren suchte nach einer Erklärung und fand sie. Seine Argumentation läuft darauf hinaus, daß Linkshänder anfälliger für Unfälle sind als Rechtshänder, so daß sie schon lange vor ihrem siebzigsten Lebensjahr so gut wie verbraucht sind beziehungsweise öfter tödlich verunglücken. Das liegt seiner Meinung nach daran, daß die Welt nun einmal auf Rechtshänder eingestellt und für die ungeschickten Linkshänder unverhältnismäßig gefahrvoller ist als für ihre rechtshändigen Brüder und Schwestern.

Ein gutes Beispiel dafür, wie Coren zu seinen Schlußfolgerungen kommt, ist seine Untersuchung von Autounfällen. Unserem Psychologen zufolge verursachen Linkshänder viel mehr tödliche Unfälle als Rechtshänder. Das komme daher, daß Linkshänder andere Reflexe haben als Rechtshänder. Wenn man jemanden heftig erschreckt, indem man ihm zum Beispiel einen Ball an den Kopf wirft, schützt er sich automatisch mit den Händen, indem er die Vorzugshand vor die Brust und die andere Hand vors Gesicht hält. Am Steuer bedeutet der gleiche Schreckreflex, so Coren, beim Linkshänder einen Ruck nach links auf die Gegenfahrbahn, während der Rechtshänder eine Bewegung mit dem Steuer nach rechts macht und den Wagen so aus dem Verkehr lenkt.

Das klingt zwar ganz akzeptabel, in Wirklichkeit aber taugt nichts an dieser Argumentation. Erstens besteht der Schreckreflex zu einem wesentlichen Teil daraus, daß man die Hände spreizt, und zwar mit nach vorn geöffneten Handflächen. Beim Fahren würde das bedeuten, daß man das Lenkrad in einer Notlage losläßt, statt es zu drehen. Zweitens kann man Coren entgegenhalten, daß in Ländern, in denen man links fährt, der Schreckreflex eine entgegengesetzte Wirkung haben und alptraumhafte Zustände auslösen müßte. In England und Irland zum Beispiel müßte das Autofahren ein höllischer Akt sein. Und tatsächlich ist Coren dieser Meinung. Zur Erhärtung seiner Theorie behauptet er, in England seien Verkehrsunfälle häufiger als im restlichen Europa. Um das zu beweisen, vergleicht er die Angaben über den englischen und den irischen Verkehr mit denen über den Verkehr von vierzehn europäischen Ländern *zusammen*. So kann man wirklich alles beweisen. Wenn man jedoch die europäischen Länder *einzeln* mit England und Irland und auch untereinander vergleicht, sind England und Irland guter Durchschnitt, Spanien und Frankreich, wo doch ganz normal rechts gefahren wird, absolute Spitzen an Unsicherheit.

Drittens gründet Coren seine These vom risikoreichen Autofahren des Linkshänders auf die Gesamtzahl der von ihm untersuchten tödlichen Autounfälle, ohne die Schuldfrage zu berücksichtigen. Noch schlimmer ist, daß er auch die Art des Unfalls außer Betracht läßt, während doch seine Schreckreflextheorie, wenn überhaupt, nur auf frontale Zusammenstöße zutreffen würde – und die machen nur einen kleinen Teil aller tödlichen Unfälle aus.

Coren zählt Äpfel und Birnen zusammen. Wenn wir davon ausgehen, daß der amerikanische Verkehr nicht sehr viel unsicherer ist als der deutsche, dann sind den Angaben des Statistischen Bundesamtes aus dem Jahr 1989 zufolge ungefähr ein Prozent von Corens Toten Verkehrsopfer. Wir sprechen dann also über ungefähr zehn Verkehrstote, einschließlich einiger Mitfahrer, deren Schreckreaktion völlig irrelevant war. Aber sei's drum, nehmen wir unserem Psychologen zuliebe einmal an, daß alle zehn selbst am Steuer ihres letzten Autos saßen. Coren behauptet, Linkshänder würden viermal so oft wie Rechtshänder tödlich verunglükken. Bei schätzungsweise zehn Prozent Linkshändern – ein Prozentsatz, der sich mit Corens Daten leicht in Übereinstimmung bringen läßt – würde das bedeuten, daß Coren seine weitreichende Folgerung auf maximal drei linkshändige Bruchpiloten gründet. Kurzum, Stanley Coren will uns auf den Arm nehmen.

Ich will noch einen letzten Einwand gegen Corens Berechnungen anführen. Er behauptet, von den zwanzig Prozent Linkshändern unter zwanzigjährigen Männern blieben nur fünf Prozent unter den fünfzigjährigen übrig und das komme durch die relativ hohe Sterblichkeitsrate. Der Statistik zufolge sterben etwa fünf Prozent aller Männer zwischen ihrem zwanzigsten und ihrem fünfzigsten Lebensjahr. Von hundert Zwanzigjährigen erreichen also im Schnitt fünfundneunzig das fünfzigste Lebensjahr, das wird in den USA nicht so viel anders sein als bei uns. Dann aber ist es vollkommen unmöglich, daß der Prozentsatz der Linkshänder zwischen diesen beiden Altersgrenzen von zwanzig auf fünf sinkt. Sogar wenn ausschließlich Linkshänder stürben, müßten doch noch mindestens fünfzehn Prozent Linkshänder übrigbleiben. Wer bis zu diesem Punkt noch Zweifel hegte, kann sie jetzt definitiv fahrenlassen: Coren ist seiner eigenen Begeisterung auf den Leim gegangen und hat auf der Grundlage von offensichtlich wenig repräsentativen Informationen und einer Methode, die nichts taugt, unsinnige Schlußfolgerungen gezogen.

Doch wie kann man sich die unleugbare Tatsache erklären, daß Linkshändigkeit ziemlich konsequent mit dem Alter abnimmt? Wie ist das möglich, wenn Linkshänder nicht vorzeitig sterben?

Dazu müssen wir eine der Abhandlungen näher betrachten, die Coren zu seinem in wissenschaftlicher Hinsicht mißglückten Versuch, Weltruhm zu erlangen, veranlaßten: die der Psychologen Ellis, Ellis und Marshall.

Diese viel besser konzipierte und durchgeführte Untersuchung erschien 1988 in der Neuropsychologenfachzeitschrift *Cortex* und betraf eine Gruppe von über sechstausend Personen zwischen fünfzehn und siebzig. In dieser Gruppe sank der Prozentsatz der Linkshänder von gut neun Prozent bei den Jüngsten auf gut fünf Prozent bei den Ältesten. Obwohl der Unterschied sehr viel weniger dramatisch ist als bei Coren, ist er doch noch immer zu groß, als daß man ihn mit dem nachlassenden sozialen Zwang, dem Linkshänder ausgesetzt sind, erklären könnte. Auch bei dieser Untersuchung wurde mit Fragebögen gearbeitet, nur gingen sie sehr viel weiter als Corens äußerst primitive Liste, auf der nur drei Fertigkeiten vorkamen. Die Teilnehmer mußten bei jeweils zehn verschiedenen Fertigkeiten ankreuzen, ob sie sie eher mit der Rechten oder mit der Linken machten. Wenn sie eine besonders ausgeprägte Vorliebe für die eine oder die andere Hand hatten, dann durften sie das mit zwei Kreuzen angeben. Maximal machte also jeder Teilnehmer zwanzig Kreuzchen.

Nun ist die Frage, wie die Verteilung der Kreuzchen der Jüngsten und der Ältesten ausfallen muß, um die konstatierte Abnahme der Linkshändigkeit zu begründen. Die Antwort ist einigermaßen überraschend: Je nachdem, wie viele doppelte Kreuzchen im Durchschnitt gemacht wurden, muß statistisch bei einem von zwei bis drei Teilnehmern genau ein Kreuzchen von links nach rechts wandern. Das bedeutet im konkreten Fall, daß es genügt, wenn einer von zweien bis dreien im Lauf seines Lebens für eine von zehn Fertigkeiten auf seine andere Hand umsteigt, um den Unterschied erschöpfend zu erklären. Ja, es reicht sogar schon, wenn der Betreffende in seiner Vorliebe etwas weniger ausgesprochen ist. Da das Alter, wie man sagt, mild macht, ist das letztere gar nicht so unwahrscheinlich.

Auch Corens kürzere Lebenserwartung stellt sich als eine Seifenblase, ein Reklamegag eines ehrgeizigen Professors heraus. Und zwar eines Professors, der höchst ungehörig mit den Gefühlen seiner linkshändigen Mitmenschen umgeht, die zum Glück so viel Hornhaut auf der Seele haben, daß sie sich durch ihn nicht um den Schlaf bringen lassen. Man kann nur hoffen, daß Lebens- und Unfallversicherungen keinen Mißbrauch von derartigen Schwindeleien machen und Linkshändern höhere Prämien abverlangen. Ob Linkshänder sich im allgemeinen schlechterer Gesundheit erfreuen als Rechtshänder, das bleibt, wie Geschwind schon nachwies, eine offene Frage.

Kreativ, musikalisch, genial und berühmt!

«Ist Ihr Kind Linkshänder? Dann ziehen Sie vielleicht ein Genie groß», lautete 1975 eine Schlagzeile der englischen Zeitschrift *The Listener.* Es war einer jener Artikel, die Linkshändern große schöpferische und künstlerische Gaben andichten, indem sie von der vermeintlichen Dominanz der emotionalen, kreativen rechten Hirnhälfte ausgehen. Aber ach! Der Wert solcher Vorhersagen ist recht eingeschränkt, obwohl sie natürlich für Linkshänder neben den vielen negativen Volksweisheiten, dem Unverständnis von Erziehern und Lehrern und den Hiobsbotschaften à la Stanley Coren eine willkommene Erleichterung bedeuten. Man hört ja recht oft, nicht nur unter Geistesgestörten, sondern auch unter Genies befänden sich ungewöhnlich viele Linkshänder. Aber was besagt das, wenn nicht einmal bekannt ist, wie viele Genies es in der Weltgeschichte gegeben hat? Regelmäßig wird auch auf berühmte Linkshänder der Vergangenheit, wie Michelangelo und Leonardo da Vinci, hingewiesen. Vergeblich, denn mit gleichem Recht und ebensowenig Erfolg könnte man Herren mit Glatze und Blutschwamm mit der Existenz von Michail Gorbatschow trösten und depressive Rothaarige mit dem Ruhm von Vincent van Gogh. Bis zum Überdruß wird auch die eine schon fast legendär gewordene Untersuchung zitiert, aus der hervorgeht, daß sich unter den Architekturstudenten einer technischen Hochschule relativ viele Linkshänder befanden, die im Durchschnitt auch noch besser abschnitten. Das mag ja alles stimmen, aber gesicherte Daten, aus denen hervorgeht, daß Linkshändigkeit besondere Talente nach sich zieht, gibt es nicht, weder zum Guten noch zum Bösen. Das einzige Gebiet, auf dem Linkshänder unumstößlich einen Vorsprung haben, sind Sportarten wie Tennis, Baseball, Boxen und Fechten. Dafür sind sie beim Hockey und beim Polo wiederum im Nachteil. Linkshänder sind bis auf weiteres einfach nur Linkshänder. Unter manchen Umständen hat das Vorteile, unter anderen Nachteile. Mehr kann man darüber nicht aussagen. Linkshänder können sich höchstens mit dem Gedanken schmeicheln, daß sie relativ unabhängig sind, da sie von Kindesbeinen an in einer Welt der Rechtshänder in vielerlei Hinsicht auf sich selbst angewiesen waren.

Seit Menschengedenken ist unsere Handvorliebe ein Rätsel, und sie wird es noch lange bleiben. Es muß noch unendlich viel geschehen, bis wir wirklich hinter den Ursprung der Rechts- und der Linkshändigkeit sowie ihrer ungleichen Verteilung kommen und bis wir begreifen, wieso jedes neue Menschenwesen eine Handvorliebe entwickelt. Der Schlüssel liegt unter unserer Schädeldecke, in unserem Gehirn, aber wie das funktioniert, ist eben immer noch größtenteils ein Rätsel. Wir wissen etwas von seiner Chemie und fangen ein bißchen an zu verstehen, wie es physisch zusammengesetzt ist. Aber den Schritt von den Bausteinen zu den Funktionen können wir noch lange nicht machen. Und damit geht die Lösung des Rätsels bis auf weiteres über unseren Horizont.

Namen, Wörter, Adressen und Literatur

Linkshänder befinden sich in guter Gesellschaft, lange Namenlisten außergewöhnlicher Linkshänder beweisen das. Nicht als ob das etwas bewiese, denn niemand weiß, wie viele Berühmtheiten, große Staatsmänner, Künstler, anerkannte und verkannte Genies es im Laufe der Zeit insgesamt gegeben hat. Mit anderen Worten, ob unter Linkshändern mehr oder weniger außergewöhnliche Menschen vorkommen als unter Rechtshändern, darüber vermag keine Liste etwas auszusagen. Eine solche Liste ist zudem immer ein subjektive, unzuverlässige Momentaufnahme. Nur bei wenigen Menschen läßt sich ihre Handvorliebe ermitteln, man kann schließlich nicht jeden persönlich fragen, und Fotos und Filme geben oft keinen Aufschluß. Selbst Fotos Schreibender lassen keine eindeutigen Schlüsse zu, da viele dieser armen Menschen zum rechtshändigen Schreiben gezwungen wurden. Noch schwieriger ist es bei historischen Persönlichkeiten; oft sind wir angewiesen auf zufällige spärliche Mitteilungen ihrer Zeitgenossen. Nur bei Graphikern und manchen Sportlern ist es etwas einfacher. Graphiker verraten sich durch die Richtung der Schraffur (ein Linkshänder schraffiert im Prinzip von links oben nach rechts unten, ein Rechtshänder genau andersherum); bei Sportarten wie Baseball und Tennis ist die starke Hand so wichtig, daß die wichtigsten Linkshänder allgemein bekannt sind.
Andererseits ist nicht immer ersichtlich, aus welchen Gründen historische Berühmtheiten als Linkshänder bezeichnet werden. Die Quelle ist selten zu ermitteln; wer weiß also, ob wir uns nicht etwas einreden, was letztendlich auf nichts beruht. Pablo Picasso, der Schöpfer des linkshändigen Picadors, ist ein gutes Beispiel dafür. Auf vielen Listen berühmter Linkshänder kommt er vor, schon vor seinem Tod im Jahr 1973. Wenn wir jedoch die Fotos des Meisters bei der Arbeit genau betrachten, findet sich keine

Spur von Linkshändigkeit. Es gibt nur eine einzige Zeichnung, die von einem Linkshänder stammen könnte, und zwar die des ungefähr achtjährigen Pablo. Sie stellt eine Szene aus einem Stiergefecht dar; die vier Tauben am oberen Papierrand stammen wahrscheinlich von Picassos Vater. Typisch für linkshändige Kinderzeichnungen sind die nach rechts gewandten Profile, die Schraffurrichtung und der Zuschauer, der mit seinem linken Arm winkt. Es wäre demnach durchaus möglich, daß Picasso als Kind Linkshänder war und später von sich aus oder gezwungenermaßen die Hand wechselte. Das letztere ist jedoch recht unwahrscheinlich, denn Picasso war kein braves Kind, das sich so einfach etwas vorschreiben ließ.
Die nachstehende Liste hat daher viel Zufälliges und noch mehr Lücken. Dennoch bringt sie einige bemerkenswerte Tatsachen ans Licht. Ist es etwa nicht interessant zu erfahren, daß fast alle erfolgreichen Gründer von Weltreichen Linkshänder waren?

Bildende Künstler

Raoul Dufy
(war hauptsächlich rechts, malte aber links)

Albrecht Dürer
M. C. Escher
Hans Holbein
Paul Klee
Leonardo da Vinci
Michelangelo Buonarroti
Sebastiano del Piombo

Geschichte und Politik

Alexander der Große
Otto von Bismarck (?)
Napoleon Bonaparte
George Bush
Julius Caesar
Winston Churchill
Bill Clinton
Gerald Ford
Benjamin Franklin
Friedrich II. der Große (?)
James Garfield
Georg VI. von England
(schrieb rechts)

Jeanne d'Arc
Karl der Große

Ronald Reagan
(schreibt rechts)
Nelson Rockefeller
H. Ross Perot
Tiberius
Harry S. Truman

Kriminalität

der Würger von Boston
J. Edgar Hoover
(Gründer des FBI)
Billy the Kid
Jack the Ripper

Musiker und Komponisten

Carl Philipp Emanuel Bach
Ludwig van Beethoven
Benjamin Britten
Pablo Casals
Paul McCartney
Bob Dylan
Elliot Easton
Crystal Gayle
Bob Geldof
Jimi Hendrix
Albert King
Rudolf Kolisch
(spielte auch linkshändig Geige)
Niccolò Paganini (?)
Cole Porter
Sergej Prokofjew
Otis Rush
Paul Simon
Ringo Starr
Bobby Womack

Schriftsteller

Hans Christian Andersen
Lewis Carroll (?)
Johann Wolfgang von Goethe
Günter Grass (?)
Heinrich Heine (?)

Sportler

John Barnes
Björn Borg
Bob Charles
(spielt nur linkshändig Golf)
Brian Close
Little Mo Connolly
Jimmy Connors
Marc Cox
Johan Cruyff
Guy Forget
Neale Fraser
Sara Gomer
David Gower
Herol Graham
Marvin Hagler
Goran Ivanisevic
Ann Jones
Bill Knight
Rod Laver
Henri Leconte
Michael Moorer

John McEnroe
Martina Navratilova
Manuel Orantes
Pelé
Tony Roche
Babe Ruth
Monica Seles
Mark Spitz
Roscoe Tanner
Roger Taylor
Guillermo Vilas
Mark Woodforde

Theater, Film und Medien

Carol Barnes
Charles Chaplin
Michael Crawford
Robert De Niro
Richard Dreyfuss
W. C. Fields
Greta Garbo
Judy Garland
Uri Geller
Whoopi Goldberg
Rex Harrison
Olivia de Havilland
Goldie Hawn
Thom Hoffman
Rock Hudson
Danny Kaye
Michael Landon
Shirley MacLaine
Marcel Marceau
Harpo Marx
Marilyn Monroe
Kim Novak
Ryan O'Neal
Richard Pryor
Robert Redford
Julia Roberts
Telly Savalas
Rod Steiger
Kenneth Williams

Wissenschaftler

Albert Einstein
Friedrich Nietzsche
Albert Schweitzer

Wer auf seine Linkshändigkeit stolz ist, nennt sich anderswo auf der Welt so:

AMERIKANISCH – *south-paw*, wörtlich: Südpfote, entstanden in einem alten Baseballstadion in Chicago, wo der Werfer den Ball in westliche Richtung zum Schlagmann werfen mußte und linkshändige Werfer mit ihrer Wurfhand demnach an der Südseite standen

INDONESISCH – *orang kidal*

KATALANISCH – *esquerrà*

CHINESISCH – *yung tso show teih*, wörtlich: einer von sehr vielen

DÄNISCH – *kejthandet*

ENGLISCH – *cack-hander*, abgeleitet vom franz. *caca* (Scheiße)

EWE (Togo und Benin) – *miasí, miãwolá*

FINNISCH –vasenkätinen

FRANZÖSISCH – *gaucher/gauchère*, abgeleitet von *gauche*: links, aber auch ungeschickt

HAWAIISCH – *hema lima* (poetisch: *kaohilani*); *hemahema* = ungeschickt

HINDI – *khabbalabra*

ITALIENISCH – *mancino/mancina*, abgeleitet von *mano*, Hand; Nebenbedeutungen: schelmisch, schurkisch, unehrlich, falsch, trübsinnig

JAPANISCH – *hidari-giki no*

NAVAJO (nordamerikanische Indianersprache) – *nishtla*

NORWEGISCH – *keivhendt*

POLNISCH – *leworeki/mankut*

PORTUGIESISCH – *canhoto*; Nebenbedeutung: ungeschickt, Tölpel; *el canhoto* ist der Teufel, das Böse

RUMÄNISCH – *stîngaci*; Nebenbedeutung: ungeschickt, Tölpel

ROMANI – *bongo*; Nebenbedeutung: schurkisch, schlecht

RUSSISCH – *levsjtsja*; Nebenbedeutung: Tölpel

SCHWEDISCH – *vänsterhänt (Person); vänsterstöt*

SPANISCH – *zurdol/zurda*; Nebenbedeutung: ungeschickt, Tölpel

SRANAN TONGO (indonesisch) – *kruktuk*

TSCHECHISCH – *levoruk*

TÜRKISCH – *solak*

UNGARISCH – *balkezes*

Nützliche Adressen

Versandhaus für linkshändige Artikel

Linkshandversand
Elisabeth Höhn
Pfälzer Str. 20
65551 Worms

Organisationen / Beratungsstellen

ONRS
Beratungsstelle für Linkshänder
Sendlinger Straße 17
80331 München

VEREINIGTE STAATEN
Lefthanders International (LHI)
P. O. Box 8249
N. Topeke Blvd.
Topeka, Ks. 66608
Tel. 913–2342177
LHI gibt eine zweimonatliche Zeitschrift heraus, *Lefthander Magazine*, und verkauft auch als Versandhaus eigene Produkte.

GROSSBRITANNIEN
British Association for the Left-Handed and Ambidexters
18 Hawkhearst Way
West Wickham
Kent BR4 9PF
Tel. 81–7776072

Weiterführende Literatur

Es gibt Hunderte von Artikeln und Büchern über Linkshändigkeit und die Unterschiede zwischen den Hirnhälften und ihre Spezialisierungen, aber nur wenige, an denen der interessierte Leser wirklich etwas hat. Zeitungs- und Zeitschriftenartikel enthalten für gewöhnlich wenig Neues. Die meisten wissenschaftlichen Aufsätze sind reine, auf Details sich beschränkende Forschungsberichte für Spezialisten; wer sich dafür interessiert, kann die wichtigsten Beiträge in den Literaturnachweisen der unten aufgeführten Bücher finden. Einige wichtige Artikel wurden in diesem Buch erwähnt.

Eine beachtenswerte Ausnahme ist der Artikel von Curtis Hardyck & Lewis F. Petrinovitch, «Left-Handedness» im *Psychological Bulletin* 84/3, Mai 1977, eine lesbare, anschauliche und kritische Übersicht über den Stand der Forschung, mit einer ausführlichen Bibliographie der wichtigsten bis dahin erschienenen Arbeiten.

Zwei Bücher, die schon deshalb Erwähnung verdienen, weil sie im Buch ausführlich behandelt wurden, sind William H. Calvins *The Throwing Madonna: essays on the brain*, 1983 erstmals veröffentlicht, 1991 in einer bearbeiteten Ausgabe erschienen bei Bantam, und *The Left-Hander Syndrom: the Causes & Consequences of Left-Handedness* von Stanley Coren, das 1992 bei John Murray herauskam.

Wer sich weiter mit Linkshändigkeit und Hirnforschung beschäftigen will, findet eine Fülle von Informationen in *Human Laterality* von Michael C. Corballis, Academic Press 1983. Interessant, aber mehr auf die psychologischen Aspekte des Links-rechts-Unterschieds konzentriert, ist *The Psychology of Left and Right* desselben Verfassers (zusammen mit Ivan L. Beale). Das Buch erschien 1976 bei John Wiley & Sons.

Das Standardwerk aus anthropologischer Sicht ist noch immer der Sammelband *Right and Left: Essays on Dual Symbolic Classification*, zusammengestellt von Rodney Needham, 1973 neu herausgegeben von der University of Chicago Press. Für Aberglauben und Volkserzählungen empfiehlt sich das *Handwörterbuch des Deutschen Aberglaubens* von H. Bächtold-Stäubli, Neudruck 1987 bei de Gruyter Berlin.

Sehr lesbar ist Martin Gardners Buch *The Ambidextrous Universe: Left,*

Right and the Fall of Parity, eine Pelican-Ausgabe aus dem Jahr 1982, in dem die Begriffe links und rechts in einen größeren Zusammenhang gestellt werden, der auch das Tierreich und die leblose Natur umfaßt.
Der biologisch Interessierte sei verwiesen auf den Sammelband *Neuropsychology of Lefthandedness*, zusammengestellt von Jeannine Herron (1980, Academic Press) und auf *Laterality, Functional Asymmetry in the Intact Brain* von M. P. Bryden (1982 im selben Verlag); den evolutionären Aspekt betont der Sammelband *Evolution and Lateralization of the Brain*, der 1977 von Stuart A. Dimond und David A. Blizard bei der New York Academy of Sciences herausgegeben wurde.
Zum Schluß noch einige literarische Werke. Linkshändigkeit wird nur in wenigen Erzählungen thematisiert. Alles, was wir mit Linkshändigkeit assoziieren, enthält die Novelle *Levsja* des Russen Nikolaj Leskov. Bemerkenswert ist auch die Erzählung *Linkshändig* von Günter Grass, die von einem Klub sich verkannt fühlender Linkshänder handelt. Der Verlauf der Erzählung läßt vermuten, daß Grass selbst Rechtshänder ist. Peter Handkes *Die linkshändige Frau* verwendet den Song «The lefthanded woman» des Country- und Blues-Sängers Jimmy Reed als Metapher für den Nonkonformismus der Hauptperson. Und schließlich gibt es *The Left Hand of Darkness*, mit dem die Science-fiction-Schriftstellerin Ursula K. Le Guin zu Recht sowohl den Hugo Award als auch den Nebula Award für den besten Science-fiction-Roman des Jahres 1969 gewann. Das Buch handelt von einer androgynen Welt, in der das Denken nicht der Zweiteilung und Polarisierung unterliegt: So kommt es zu einer erheblichen Verunsicherung unserer Gewohnheiten.

Register